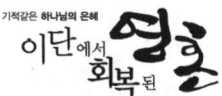

기적같은 하나님의 은혜
이단에서 회복된 영혼

기적같은 하나님의 은혜
이단에서 회복된 영혼

지 은 이 | 박상분
펴 낸 날 | 2014. 5. 30.
펴 낸 이 | 조효근
펴 낸 곳 | 도서출판 들소리
등   록 | 1987. 11. 27. 제 9-116호
주   소 | 서울특별시 종로구 창경궁로 16길 73-6(연건동)
전   화 | 02)3676-3082 팩 스 | 02)3676-3087
E-mail | dsr123@daum.net
홈페이지 | www.deulsori.com

ISBN 978-89-91654-46-4
값 12,000원

* 이 도서의 판매 수익은 이단 상담을 위한 지원금으로 전액 쓰여집니다.

기적같은 **하나님의 은혜**

이단에서 회복된 영혼

박상분 지음

길고 어두운 터널을 지난것만 같습니다
진리의 말씀 앞에 바로 서서
거짓된 영을 이기게 하소서

들소리

추 천 사

신천지 집단은 한국 기독교 역사에 나타난 이단들 중 가장 비열하고 교활한 집단이다. 이 집단에 미혹된 신도들은 소위 '입막음 교리'라는 것을 통해서 신천지 집단에 미혹된 사실을 감추고 거짓말과 연기로 주위 사람들을 속인다.

그래서 신천지 집단은 암과 같은 이단이라고 볼 수 있다. 가족들 중에 한 사람이 미혹되었을 때 초기에는 전혀 알 수 없다. 가족들이 발견했을 때는 이미 돌이키기에 늦은 상태가 되어버리기 때문에 가족들이 대처하기가 어려운 것이다.

이러한 점 때문에 대부분의 사람들은 가족들이 신천지에 빠졌을 때 구출하는 것을 포기해 버린다. 신천지에 가족들이 미혹되었을 때 어떻게 발견할 수 있으며 어떻게 구출해야 하는지 알 수 없기 때문이다.

이 책의 저자인 박상분 권사님은 남편인 강준홍 집사가 신천지에 빠졌을 때 어려운 과정을 통하여 신천지에 미혹된 것을 발견하고 이단 상담을 통하여 건져낸 인간 승리자이다.

 이 책은 박 권사님이 어떻게 남편이 신천지에 미혹된 것을 발견했으며 어떻게 구출했는가에 대하여 쓴 일기이다. 신천지 문제로 어려움을 당하는 이단 피해자들과 이단 연구가들, 이단 미혹의 위험에 노출되어 있는 모든 성도들에게 이 책의 출간은 참으로 반가운 일이다.

 이 책은 정통교회 성도들에게는 신천지 및 이단 예방도서로, 이단에 미혹된 가족이 있는 성도들에게는 이단에서 구출하는 대처법을 소개하는 매뉴얼로, 신학생들과 목회자들에게는 이단 상담에 대한 연구도서로 필독서라고 생각하여 강력 추천하는 바이다.

진 용 식 목사
한국기독교이단상담소협회 대표회장

추 천 사

예수님께서 솔로몬 행각에서 유대인들에게 경고하신 말씀, '너희가 내 양이 아니므로 믿지 아니하는도다 내 양은 내 음성을 들으며 나는 그들을 알며 그들은 나를 따르느니라'(요 10:26~27)가 새삼스러운 오늘의 현실이다.

예수를 따르는 무리가 많은 시대이지만 그 무리 가운데 예수를 믿지도 않고 맹목적으로 따라다니는 자들이 있기에 주님으로부터 인정도 받지 못하고 신자인 체 하며 살아가는 한심한 시대에 살고 있다. 이러한 무리는 비무장한 군인들 같아서 진리의 향방도 모르고 크리스천인 체 처신하고 있다.

아브라함이 소돔 고모라 성에서 의인 10인을 찾지 못하여 소돔 고모라 성을 포기했던 것처럼 이 시대에도 진리에 대한 방향감각이 뚜렷한 성도를 찾아야 할 시대에 이르지 않았는가(?) 심히 염려스럽다.

오늘의 한국교계를 혼탁하게 만들어 주님의 책망을 유도하게 된 책임이 누구에게서 유발되었을까? 진리가 범람한 만큼, 이단사설이 극성을 부리는 시대이기에 우리는 주님의 경고에 귀를 기울여야 한다. 교회들이 교회 정문이나 담벼락에 '신천지 출입 금지' 경고장을 부착한 것을 볼 때마다 도대체 신천지가 무엇이기에 한국 기독교가 온통 신천지 앞에 겁을 먹고 있는가 하고 기독교의 나약함을 탄식하게 된다.
 이런 현실을 보면서 이단사설의 침투가 얼마나 교묘하고 강력한가를 염려하지 않을 수 없다. 마치 진리의 좌표를 상실한 한국교회의 현실을 비웃고 있는 듯하다. 이에 대한 해답으로 금번에 '이단에서 구출된 영혼' 도서를 출판하게 되었기에 추천하는 바이다.

 본 도서는 일반 간증이 아니라 평범한 신앙인이 신천지에 빠졌다가 온가족의 도움으로 구렁텅이에서 탈출하여 새롭게 이전보다 더 건강하고 적극성 있게 신앙생활 하고 있는 승리로운 모습을 일기 식의 문학 장르로 펼친 것이다. 이해하기도 쉽거니와 이단에 빠져있는 우리의 이웃 형제들을 구원해 낼 수 있는 교리서가 되겠기에 자신 있게 추천하는 바이다.
 본 도서야말로 이단사설에 맞설 수 있는 '진리의 좌표'라고 감히 소개하고 싶다.

유 석 성 박사
서울신학대학교 총장

들어가는 말

한국교회를 위협하는 이단이 많고 그로 인한 고통이 얼마나 극심한가에 대해 우리 가정이 피해를 당하기 전까지는 전혀 알지 못했습니다. 이단보다는 그곳에 빠지는 사람들에게 문제가 있는 것이 아닌가 하고 무심히 넘겼습니다.

막상 남편이 이단에 미혹되었을 당시에는 이단에 무지했던 만큼 대처할 방법을 찾지 못해 혼란스러웠고, 오랜 시간 온 가족의 삶이 뿌리째 흔들리는 고통을 겪어야 했습니다.

교회에도 남편의 문제를 알렸지만 돌아오는 것은 무관심과 의심의 눈초리뿐이었습니다. 지금 생각하면 이단으로 인해 많은 교회들이 어려움을 겪는 상황이었고, 이단에 대한 대비가 부족해 도울만한 여력이 없었던 것을 이해하지만 그때는 30년 가까이 교회에서 구역장과 성가대 등 맡은 직분을 감당하며 물심양면으로 헌신했던 세월이 원망스럽기도 하고 암담했습니다. 그동안의 신앙생활이 허송세월이었나 하는 의구심마저 들어 괴로웠습니다.

이제는 옛일로 이야기할 수 있게 됐지만 지금 생각해도 도무지 방법을 찾을 수 없어 극단적인 생각까지 했던 아찔한 순간이 한두 번이 아니었습니다. 이단에 빠진 남편을 돌이키게 하려고 벌였던 사투는 온 가족이 교회에 출석하는 것으로 안심하며 너무도 안일하게 신앙생활을 해왔다는 것을 아프게 깨닫는 경험이었습니다.

요즘도 2006년부터 2012년 6월까지 신천지에 미혹된 남편을 돌이키기 위해 벌였던 영적 싸움을 기록한 일기를 가끔씩 펼쳐보며 다시 신앙 자세를 가다듬는 마음을 갖습니다. 일기를 책으로 만들 것을 제안 받았을 때 망설였지만 결국 출판을 결심한 것은 가족이 이단에 빠져 고통당하는 가정에 위로를 전하고 이겨낼 수 있는 힘을 북돋기 위해서였습니다.

당시를 돌아보면 아무리 생각해봐도 답이 없었습니다. 하늘을 쳐다보고 옆을 보아도, 주님의 이름을 불러도 답은 없었습니다. 육신의 질병은 죽으면 구원받고 천국 가지만 이보다 더한 지옥은 없는 것 같았습니다. 신천지인이 되어버린 남편은 성격이 변해갔습니다. 폭언을 일삼고, 친구들과도 문제를 일으켰습니다. 남편과 교리문제를 가지고 얘기하다가 자기가 불리하면 화를 냈고 감당이 안 될 정도로 폭력적으로 변했습니다. 아이들과 따로 흩어져서 남편을 떠나 살고 싶은 마음이 들었고, 남편 몰래 집을 팔아 잠적하고 싶은 생각까지도 들었습니다.

내가 이게 뭔가, 33년간의 나의 신앙생활을 되돌아보았습니다. 정말 열심히 뛰어 왔는데, 이건 우리 집안의 저주라고 여겨졌습니다. 두 딸도 엄마가 아빠에게 관심을 두지 않아 이단에 빠졌다며 저를 원망했습니다. 지루한 싸움이 계속되었습니다.

신학교를 졸업한 큰딸이 이단 상담하는 곳을 찾은 끝에 한국기독교이단상담소협회 경기북부상담소 소장이신 제자들교회 김남진 목사님을 만난 것은 암담한 상황에서 한줄기 빛과도 같았습니다. 김남진 목사님과의 상담은 우리 가족에게 많은 도움이 되었습니다. 목사님은 상담을 빨리 받는 것보다도 가족들이 상담을 받기까지 한마음 한뜻으로 기도하고, 무엇보다도 혼자 외로울 수 있으니 남편을 사랑으로 대하라고 조언해 주셨습니다.

또한 남편을 어떻게 설득해서 교회에 데려와야 하는지, 딸들과 저에게 남편을 어떻게 대해야 하는지 알려주고 확신을 심어주셨습니다.

신천지의 교리는 분명 잘못된 것이기 때문에 3일 동안 잘 듣기만 해도 90%의 내담자가 다시 기독교로 돌아올 수 있다고 하셨습니다. 쉬운 일은 아니었지만 그래도 방법은 이 길밖에 없다고 생각했습니다.

그렇게 지루한 영적 싸움을 하는 동안 누구에도 도움을 받을 수 없었습니다. 섬기던 교회의 목사님께서는 방법은 제시하시지 못하고, 사람들에게 말하지 말라고 당부하시며 주일에 기도만 해주셨습니다. 살아있는 마귀와 직접적인 전쟁을 하는데 교회에서는 관심과 배려가 없고 심방 한번 오지 않았습니다. 어쩌다 교회에서 목사님과 마주치면 딱하게 보는 시선만 느낄 뿐이었습니다. 그래도 저는 아이들과 살아내야 했습니다.

남편의 개종 상담을 앞두고 21일 간 아침 금식을 작정했습니다. 주님께서는 저희 가정을 버리지 않고 말씀을 주시고 꿈으로 보여주시며 확신을 심어주셨습니다. 여러 사람들에게 중보기도를 요청했습니다.

감사하게도 남편은 진지하게, 차분히 3일 동안 상담 받고 돌이켰습니다. 처음에는 이상히 여기며 신천지에 가서 물어보고 오겠다고 하더니 시간이 지남에 따라 자기가 잘못된 교리에 미혹되었던 것을 인정하고 다시 기독교로의 개종을 결정했습니다. 우리가 상담 받은 주간에 큰 형님, 시동생 내외, 언니, 교회 전도사님과 권사님께서 금식하며 기도해주셨습니다. 남편이 크게 말썽피우지 않고 상담을 잘 받았던 이유는 여러분들께서 함께 중보기도를 해주신 덕분이라고 생각합니다.

남편은 그 후 의정부 제자들교회에서 회복기를 1~2년 거치고 이제는 정착 안수집사로 섬기고 있습니다.

남편은 성경을 2독 하고 신앙의 성장을 이루며 이제는 교회에서 서먹서먹해하는 분들을 찾아가 식사하며 대화합니다. 저도 다니던 교회에 사정을 말씀드리고 나와서 남편과 함께 제자들교회에서 권사로 섬기고 있습니다.

제가 이 일기를 기록할 때의 참담한 심정을 어떻게 다 말로 표현할 수 있을까요. 그때 저는 어느 누구에게도 위로를 받을 수 없었습니다. 홀로 싸워야 하는 고통의 시간이었는데, 저와 같은 고통을 지금도 겪고 있을 분들에게 조금이나마 위로와 힘을 드리고자 이 일기를 출판하게 되었습니다. 또, 남편의 꿈을 통해서도 책이 출간될 것이라는 확신도 얻었습니다.

남편이 신천지에서 나오고 5년쯤 지나 그 일이 잊힐 때쯤 하나님께서 제게 다시 말씀을 주시고 저를 일으키셨습니다. '하나님을 두려워하는 너희들아 다 와서 들으라 하나님이 나의 영혼을 위하여 행하신 일을 내가 선포하리로다 내가 나의 입으로 그에게 부르짖으며 나의 혀로 높이 찬송하였도다'(시 66:16~17).

실망과 좌절의 과정을 거쳐 이 일기를 출간하게 되었습니다. 하나님께서 말씀하신 대로 이 일기를 번제로 드리려고 합니다. 저는 여전히 이단에 대해 관심이 없는 크리스천들과 주의 종들께 감히 용기를 내어 말하고자 합니다. 이것은 우리 주변에서 흔히 볼 수 있는 우리의 가족들에 대한 이야기입니다. 이단에 빠지는 일은 누구도 장담할 수 없고 우리 주변에서 지금도 일어나고 있습니다. 그리고 그럴듯하고 달콤하게 다가오는 교리에 미혹되어 이단에 빠지면 자기 힘으로는 빠져나오기 어렵습니다.

많은 사람들은 한번 이단에 빠지면 돌이킬 수 없다고 이야기합니다. 물론 그것은 어느 정도 사실일 수 있습니다. 그러나 가족과 교회가 모여 기도할 때 이단에서 돌이키는 것은 가능합니다. 바로 여기에 가족들을 비롯해 많은 사람들의 관심과 기도로 이단에서 빠져나온 한 남편이자 아버지, 가장이 있습니다.

지금도 예전에 섬기던 교회의 성도들을 만나면 강 집사가 완전히 이단에서 끊어졌냐고 물어봅니다. 여전히 의심하는 마음으로 말입니다. 저는 기쁘게 "그렇다"고 대답합니다.

기도 외에 더 해야 할 것이 있습니다. 이단을 겁내고 피할 것이 아니라 이단에 대해 공부하고 알아야 합니다. 이단에 대해 무지하면 저들을 대적할 수 없습니다.

이단 연구와 강연으로 교회와 그리스도인들이 적극적으로 대처하도록 안내하는 한국기독교이단상담소협회가 더욱 힘 있는 기관이 되도록 기도와 관심을 부탁드립니다. 지금도 가끔 '어머니 하나님에 대해 들어보았냐'고 하면서 접근하는 청년들에게 안타까운 마음으로 설득해 보지만 도무지 들으려 하지 않는 모습을 봅니다.

이 나라에 이단에 빠진 인구가 200만이 넘고, 자칭 하나님이 40여 명이 된다고 하는데, 저는 이 책을 통해서 한국교회가 이단에 대해 관심을 갖고, 대책을 세우고, 성도들이 기도에 힘쓰게 되기를 간절히 소망합니다. 감사합니다.

일기 내용 가운데 김남진 목사님에 대해 남편의 상담을 맡아주실 당시 전도사 신분을 그대로 표기하였습니다. 또한 신천지 관계자들의 이름은 가명을 사용하였습니다.

2014년 봄
저자 박 상 분

| 차 례 |

추천사 ··· 4

들어가는 말 ·· 8

1부 기도로 써 내려간 아내의 일기

1장 남편의 이상 징후 ································· 17

2장 신천지로 간 남편, 가정의 고통 ············ 53

3장 남편을 이끄소서, 도우소서 ·················· 109

4장 끈길긴 신천지, 회복되는 남편 ············· 155

5장 일상으로 돌아오다 ····························· 187

[부록] 아내의 회고록 ···························· 229

2부 신천지 대처 및 탈출 사례

1장 이단 신천지에 빠지는 원인과 대책 ·············· 237

2장 신천지에서 탈출한 신자들의 간증

- 쾌락 쫓는 삶 돌이키게 하신 하나님께 감사 ············· 249
- 신천지는 100% 거짓이었다 ·············· 260
- "하나님이 하셨습니다" ·············· 274

1부 기도로 써 내려간 아내의 일기 · 1장

남편의 이상 징후

2006년

초여름 경에 천국 전화번호가 66국에 3927번이라고 남편이 이야기한 적이 있다. 내 생각엔 아무래도 이때 역시 신천지 공부방을 하고 있었던 것 같다.

몇 달 뒤 자꾸 이상한 느낌이 들어 캐묻자 목사인 친구에게 가서 성경공부를 배우고 있었다고 이야기하였다. 그러나 그 사실을 친구 목사님에게 확인해 보지 않았다.

이따금씩 당회장 목사님에 대해 부정적인 소견을 가지고 있는 것을 드러내었고, 목사인 시동생에 대해서도 신뢰가 무너졌느니, 실력 없는 목회자라느니 그런 말을 하곤 하였다.

또 구약 성경은 메시아의 오심을 예언한 것이고 신약은 메시아이신 예수님의 재림에 대해 나타낸 것이란 것과, 성경은 구약 39권과 신약 27권으로 이루어져 있다는 얘기를 했는데, 평소 성경에 관심이 없던 사람이 성경에 대해 자주 이야기하는 것이 이상하다고 느껴졌었다.

2007년 2월

반평생을 아낌없이 드리던 십일조를 뜬금없이 아까워하며 반감을 가지고 있음을 드러냈다. 당회장 목사님과 광림교회의 김홍도 목사님에 대한 비리가 PD수첩에 방영되는 것을 보며 과격하게 흥분하는 모습을 보이기도 했다.

3월 24일

2000년 경 아침마다 우리 부부가 산을 오르며 운동을 할 때 유독 남편이 좋아하며 산에 다니다가 나중에 다른 사람들의 이목을 두려워하여 관계를 정리했던 한 부녀자가 있었다.

어느 목요일이었다. 남편은 목요일이면 시간을 내어 혼자 등산을 하곤 했었다.

나는 여느 때와 같이 구역예배 후 심방을 마치고 운전을 해서 돌아오는 길에 남편의 차를 산 방향이 아닌 다른 방향에서 보게 되었고, 남편의 차를 쫓아가 보았다가 남편이 그 여자와 함께 찜질방으로 들어가는 것을 보게 되었다.

집에서 남편에게 채근하며 다투었지만, 그는 말도 안되는 논리로 자신의 행동을 정당화시켰다.

7월

비가 오는 어느 날, 작은 언니가 오셔서 함께 식사를 하던 중 남편은 갑자기, "성경에 사도신경이 없는 것 아시죠?"라고 물었다. 깜짝 놀라기는 했지만 깊이 생각하거나 깨닫지는 못했다.

8월경

마태복음 24:16에 '그 때에 유대에 있는 자들은 산으로 도망할 지어다',라는 말씀에 있는 '산'이 어떤 특정한 산을 지칭하는 것이라고 말했다.

그때도 나는 역시 이상하다고 느끼지 못했다. 그저 '믿음이 없어서 그런 말을 하는 것이겠지'라고 생각했다.

또한 구원관에 대해서도 자기는 믿음으로 구원받는 것을 믿지 않고, 말씀을 다 알고 지켜야만 구원을 받을 수 있다고 생각한다고 말했다. 하지만 말과 달리 확신이 없어 보이는 얼굴이었다.

평소엔 전혀 구원에 대해 관심을 보인 적이 없던 사람이었는데, 신앙의 발전 단계이겠거니 생각하고 그냥 흘려버렸다. 그 당시 대학에서 신학을 전공한 큰 딸이 이 말씀에 대해 설명하려 애를 썼지만, 벽에 대고 얘기하는 것 같다고 했다. 딸에게 남편은 "구원은 그렇게 쉽게 받을 수 있는 것이 아니다"라고 말했다.

9월 초순경

큰 딸아이와 밖에서 절친한 친구인 김원우 교수가 소개했다는 선교사를 만나 앞으로 성경공부를 우리 집에서 하기로 약속하고 들어와 통보하는 식으로 이야기를 했다. 평소에 나와 모든 것을 미리 얘기하고 상의하던 모습과는 너무나 다른 방식이었다.

미리 내게 이야기 하면 거절 할 것 같아서 그랬다고 했다. 뭔가 이상하다고 느꼈지만 남편이 평소에 좋아하는 친구이고, 또한 열심히 사는 것으로 알고 있는 분이 소개했다고 하니 거절하지 못했다.

9월 30일

주일 저녁 8시 정남호 선교사라는 분이 우리집에 왔다. 요한 일서

3:2 말씀을 가지고 1시간 반 가량을 설교했다. 육이 죽고 영이 살아야 한다는 말씀이었다. 그러려면 영적인 사람이 되어서 성경을 영으로 읽어야 한다고 말했다. 별다른 이상한 점은 느끼지 못했다.

그 날 이후 주일 저녁 성경공부는 계속되었다. 남편이 너무 좋아하니 거절할 수도 없고, 또 평소 성경에 관심이 없던 남편이 말씀 공부를 하고 싶다는데 도와주지는 못할지언정 방해할 수는 없었다.

그래서 아이들을 설득하여 같이 참여하도록 하였다. 그러나 이따금씩 아이들과 내가 질문을 하면 명확하게 답변을 준 적이 없었다.

구원론도 교회와 똑같이 교육하였고, 예수님의 피 흘리심으로 우리의 죄가 사해짐을 말했다. 언젠가 내가 보혈이 귀신을 쫓는 능력이 실제로 있다고 말하자 남편과 정남호가 움찔하는 것을 본 기억이 난다 (신천지 강사인데 속이고 옴).

11월 중순경

남편 안주머니에서 요한계시록 시험 문제지를 발견했다.

확실히 기억할 수 없지만 갑자기 소름이 오싹하게 끼치고, 이것이 이단에서 나온 시험지구나 하는 생각이 번쩍 들었다. 시험지를 내밀며 남편을 추궁하면서 이야기 했더니, 시간을 달라며 며칠 뒤에 설명해 주겠다고 했다.

나는 본래 성격이 급한 사람이라 기다릴 수 없다고 말하니, 남편은 길에서 '심령이 가난한 자들의 모임'에서 나왔다는 사람들이 녹음 테잎과 초교파신문을 들고 와서 친절하게 나누어 주길래 녹음 테잎을 반복해서 들었고, 신문도 읽어 보았다고 말했다.

나는 같이 한번 들어보자고 말했다. 우리의 대화를 듣고 있던 큰 딸이 초교파신문은 이단에서 발행하는 신문이며, 신천지라는 이단 종파에 대해 이야기하였다.

한 시간 가량 딸이 신천지에 대해 인터넷에 나온 피해사례들을 제시하며 이단이라고 설명하였다. 남편은 전혀 몰랐다고 하면서 다시는 그런 곳에 신경 쓰지 않겠다고 나와 딸 앞에서 단언했고, 우리도 대수롭지 않게 여겼다.

주일 성경공부시간에 정남호 씨에게 남편이 신천지라는 곳에서 나온 녹음 테잎과 신문을 봤다고 얘기하니 그는 신천지는 분명히 이단이며, 그런 곳에 가면 안된다며 경고했다.

서재에서 새벽기도를 하던 중 남편의 가방을 보고 싶은 마음이 들어서 살펴 보기 시작했다. 가방에서 대학노트 한 권 분량의 요한계시록 강의요약이 발견되었다. 깜짝 놀라서 남편을 추궁하자 그날 저녁, 드디어 남편이 사실을 실토했다.

지난 5월부터 초급, 중급, 고급반 공부를 차례로 마쳤음을 말하면서 자신은 그곳이 이단인지 절대 몰랐다며 다시는 안하겠다고 말했다. 큰 딸 앞에서 핸드폰에 저장되어있던 화정 신학원 전화번호도 삭제하며 서경석 전도사라는 사람의 전화번호도 지우고 수신을 차단시켰다. 또한 그 사람에게 전화해서 본인은 그곳에 가지 않겠으니 다시는 전화하지 말라고 했다.

정남호 씨와의 주일성경공부는 계속되었다.
이 사실에 대해 정남호 씨에게 이야기 하니 정남호 씨가 남편에게 "집사님 또 속이는 것은 없습니까?"라고 하며 잘못 배운 말씀을 다 뽑아내야 한다고 말했다. 그러나 정작 잘못된 것을 바로잡아주는 시간은 갖지 않았다.
요한계시록 성경공부를 한 대학노트와 시험문제는 자신이 흔적을 없애버리겠다며 정남호 씨가 가지고 갔다.

11월 26일
아침 9시경에 남편이 출근한 후, 외출한 나는 10시 44분 경에 남편에게 전화를 걸었다.
지금 공업사에서 자동차의 엔진오일을 갈고 있다고 남편이 말했다. 공업사에 전화를 걸어 확인을 하니 남편의 차량은 들어오지 않았다고 했다.
다시 남편에게 40분 뒤 전화를 걸었다. 이번에는 강변북로 동서울이라고 말했다. 내가 언성을 높이며 "당신 어쩌려고 그러냐"고 다그치자 전화를 끊고 다시 걸어도 받지 않았다. 20번 정도 전화를 했으나 받지 않았다.

집으로 돌아와 내 자신의 힘으로는 해결할 수 없다는 것을 깨달은 나는 남편의 절친한 친구인 김재영 씨에게 이 사실을 알렸다. 김재영 씨는 아니지만 그의 부인은 크리스천이다.

김재영 씨의 설득으로 집에 돌아온 남편은 자신이 병원에 갔었던 것이라며, 다시는 거짓말을 하지 않고 잘 정리하겠다고 말했다. 내 눈을 보며 약속하겠노라고 말했다.

김재영 씨가 친구인 김원우 씨에게 정남호란 선교사를 소개한 적이 있냐고 묻자 그는 그렇다고 대답했다. 정남호에 대해서 계속 의심을 품고 있던 나는 김원우 씨가 그렇게 대답하자 김원우 씨에게도 의심을 품게 되었다.

그 이튿날 김재영 씨가 김원우 씨와 다시 통화를 하게 되었는데, 이때 김원우 씨는 전날의 대답을 뒤집어 소개한 적이 없다고 했다. 김재영 씨로부터 김원우 씨가 남편을 걱정하며 신천지에 가면 안된다고 말했다는 것을 전해 들었다.

11월 27일

남편에게 김원우 씨에 대해 추궁하며 어찌해서 정남호에 대한 말이 바뀌었는지에 대해 물었다. 그도 역시 신천지 사람이 아니냐고 묻자, 버럭 화를 내면서 김재영 씨에게 전화를 걸어 다시는 내 아내와 통화하지 말라고 화를 내며 전화를 끊었다. 김재영 씨가 황당해하며 다시 남편에게 전화를 걸자 더 심하게 말하면서 전화를 끊었다.

남편의 그런 모습을 30년 이상 같이 살면서 처음 보았다. 더욱이 친구에게 항상 잘 대하던 남편의 그런 모습은 너무나 충격적이었다.

그 뒤로 나는 오산리 기도원으로 향하던 중 사고를 당하여 며칠 동안 풍동 현대정형외과에 입원해 있게 되었다.

11월 29일

언니가 병문안을 오신다고 해서 거절했다. 며칠 뒤에 남편이 이단에 빠졌다는 사실을 알렸다.

12월 1일

큰딸의 음악콘서트에 갔다.

이날까지만 하더라도 내 힘으로 해결할 수 있으리라 생각했고, 남편을 설득했다. 이것조차도 속임수였다는 것을 나중에야 알았지만, 남편은 내가 정 그렇다면 다시는 가지 않겠다고 내 앞에서 다짐했다.

12월 초

서로 대화하던 중, 나는 우리끼리 대화할 때는 서로 눈을 보면서 진실로 대화하자며 권유했다. 눈을 보면서 이야기 하는데 갑자기 남편이 양쪽 손 검지와 중지로 내 눈을 가리키며 "악독과 궤계와 분냄은 떠나갈지어다"라며 주문을 외웠다.

두려워져서 나는 '예수 피'를 외쳤다. 남편은 일어나 작은 방으로 들어가 버리며, 예수 피를 말하지 말라고 했다. 다시 방언으로 내가 기도하자, 방언으로 기도하지 말라며 뒷걸음질 쳤다. 남편은 방언이 더럽다고 했다. 몇 시간 후 남편은 내게 전화로 다시는 귀신소리를 하지 말라고 당부했다.

12월 7일

평소 나와 가깝게 지내던 김 전도사님에게 상담을 하였다. 전도사님의 소개로 예전에 섬겼던 교회 청년부의 담임목회자였던 이 목사님을 만나게 되었다.

목사님의 권면을 통해 이 일이 사람의 힘으로는 도저히 해결할 수 없음을 깨닫게 되었다. 목사님께서는 순복음의 영성 안에서 기도와 말씀의 능력을 배우지 않았냐며, 기도의 능력을 믿어보라고 말씀하셨다.

12월 8일

남편이 드디어 자신의 정체를 드러냈다. 순복음교회는 그만 다니고, 신천지 교회로 가겠다고 통보를 했다. 이때까지만 해도 얌전히 주일마다 함께 교회에 다니고 있었다.

너무 놀란 나머지 나는 작은 언니와 김 전도사님에게 자정 12시에 전화를 걸어 기도를 부탁했다.

12월 9일

우리가 오랫동안 섬겨온 교회, 순복음교회의 일산 성전에서 2부예배를 남편과 함께 드리고 목사님께 안수기도를 받게끔 하려고 하였으나 남편은 거부하였다.

홍 목사님을 만나고, 박 전도사님을 만나 상담 뒤 집으로 돌아왔다.

남편을 말로 설득할 수는 없었다.

남편은 신천지 교회의 2시 예배에 참석한다며 가버렸다.

생각해보니 너무나도 기가 막히고, 마음이 참담했다. 예배를 마치고 집으로 돌아오는 길에 남편을 만나 같이 차를 타고 올 수도 있었지만, 나는 차라리 혼자 걷는 것을 택했다.

두 시간이나 걸려서야 집에 도착했고, 그제야 정신이 들었다. 오래 걷고 나니 시장기가 돌아 식사를 하려고 보니 어제부터 다섯 끼를 거른 후에 처음으로 하는 식사였다.

12월 10일

이날부터 새벽기도와 아침기도, 3시엔 김 전도사님을 모시고 지 권사님과 함께 하는 기도, 저녁엔 가족예배가 시작되었다. 가족예배는 당연히 남편을 뺀 나와 두 딸들이 함께 했다.

또 알고 지내는 여러 분들에게 중보기도를 부탁하였다. 기도를 시작한 이후 영적전쟁이 심하여 때로는 3시 기도시간에 권사님이 편찮으셔서 못 오시면 전도사님과 둘이 기도를 하기도 하였다.

작은 언니가 철야기도와 새벽기도를 할 때에도 방해를 받았다고 이야기했다. 저녁 가족예배 시간에도 방해를 받아 셋이서 찬양과 기도가 하나 되지 못하고, 딸아이들과의 불협화음을 내기도 했다. 아이들은 엄마가 잘못했기 때문에 아빠가 신천지에 관심을 두게 되었다고 불평을 했다.

12월 11일

3시 기도회를 마치고 전도사님이 집으로 돌아가시자 두려움과 공포가 엄습해왔다. 찬양을 들으며 그 시간을 이겨내었다. 저녁 가족예배 때에 회복할 수 있었다.

12월 12일

고향친구들이 원주에서 다들 올라와 집들이를 했다.

대접을 잘 한다고 했는데 마음이 다른 곳에 가 있는지라 정신이 하나도 없었다.

12월 13일

서울 친구들 집들이를 했다. 그래서 3시 기도회 시간을 약간 미루어 4시 30분에 전도사님, 권사님과 모여서 드렸다.

예배와 기도를 통해 점차 몸과 마음이 회복되는 것을 느낀다.

12월 14일

아침기도와 오후 3시 기도회에 큰아이가 함께 참석하여 큰 은혜를 받았다.

큰언니가 집에 오셔서 저녁기도에 함께 하셨다.

큰 아이는 최근 영성이 회복되어 더욱 뜨겁게 기도하였다.

◈ 못다 한 이야기 / 이단 상담소에 대해

당시를 돌이켜 생각해 보니 이 일기를 기록하는 것을 남편에게 숨겼고, 혹시라도 발각될까 하는 걱정에 이단 상담소에 대한 내용을 기록하지 않았었다. 그러나 오늘 여기에 남긴다.

영적 전쟁을 심하게 할 즈음인 11월 경, 딸아이가 인터넷을 검색하다가 이단상담소가 있다는 사실을 알아냈고, 그 사실이 희미하게나마 소망의 빛으로 다가왔었다.

또한 나 역시 여의도 순복음교회 상담실로 전화해 남편이 신천지라는 이단에 빠졌다고 말하니 현대종교 전화번호를 가르쳐 주었다. 현대종교에서는 자신들은 개종교육을 할 수 없고, 이단인지 아닌지 판정하여 알리는 것까지만 한다고 말하며, 안산상록교회 진용식 목사님의 전화번호와 의정부 제자들교회(당시 샘물교회)의 김남진 전도사님, 이 두 분이 이단 상담사역을 하신다며 연락처를 알려주었다.

상록교회에 전화를 했는데, 주일에 와서 예배를 드리고 나서 상담을 해야 한다고 했다. 직분자로서 주일 본 교회를 가지 않는 것은 좀 부담이 되었다. 그래서 다시 의정부상담소의 김남진 전도사님께 전화를 드려 12월 5일 수요일 오후로 가족상담 날짜를 잡았다.

그 당시 살고 있던 일산에서 의정부까지 가려는데 마음이 복잡했다. 일산에서 벽제까지 버스를 탔고, 벽제에서 의정부까지 다시 버스를 갈아탔다. 1호선 망월사역 근처인 상담소는 신흥대학 건너편 상가 3층에 위치하고 있었다.

　1층은 작은 슈퍼, 2층은 중국집이었는데 장사를 하지 않는 듯 보였다. 딸아이는 서울에 외출했다가 지하철을 타고 상담소로 찾아왔다.

　그날 상담 때, 전도사님과 많은 얘기를 나누었는데 특별히 기억나는 사실은 개종상담은 3일 동안 진행되며, 상담을 받는 동안 내담자와 가족들 모두 집으로 가지 말고 가까운 곳에 숙소를 정하여 이곳을 떠나지 말아야 한다는 것이었다. 또한 이단에 빠진 본인이나 내담자에게 절대 미리 말을 하면 안된다는 사실이었다.

　나중에 알게 된 것이지만, 이단에 빠진 사람이 개종상담 사실을 미리 알면 신천지 쪽 사람들과 반드시 상의해서 상담소에 오지 않던가, 와서도 상담을 듣지 않고 행패를 부리거나 한다는 것이다.

　이렇게 된다면 상담은 실패하는 것이며 다시 기회를 잡는 것이 결코 쉬운 일이 아닐 것이다.

　그날 전도사님께서는 우리에게 힘이 되는 말씀도 많이 해주셨다. 90%의 내담자가 상담내용에 귀를 기울이기만 하면, 반드시 돌이키게 된다는 것이다.

　큰 딸과 나는 어떻게든 상담날짜를 빨리 잡기를 원했지만, 한 주에 한 사람씩만이 가능한 이 상담은 내년 2월까지 예약되어 있었고, 전도사님께서는 빨리 상담하는 것만이 능사가 아니라고 하시며, 남은 기간 동안 열심히 기도하며 준비할 것을 권하셨다.

　또 한 가지 중요한 말씀을 해주셨는데, 남편을 배척하지 말라는 것이었다.

　사단이 와서 남편을 꾀었지만, 사랑받기를 원하는 가족의 일원이자 한 인간으로 대해야 하고, 이상한 말을 하거나 잘못된 말씀을 강요할 때야 당연히 받아들이지 말아야 하지만 그 외의 시간에는 가족 모두가 더욱 사랑으로 남편을 대해야 한다고 말했다.

그래서 처음엔 마치 사단을 대적하듯이 윽박지르고, 설득하다 안되면 성도 내었지만, 좋은 말로 잘 타이르고, 더욱 열과 성을 다해 남편을 섬기기로 하였다.

아이들 역시 아빠를 예전처럼 사랑으로 대하고자 힘썼다. 남편의 마음이 다시 다른 곳을 향하지 않도록.

우리가 기다리던 이 기간 동안에 상담을 받고 돌이킨 분들이 바로 지금 우리 '제자들 교회'를 섬기시는 윤우정 집사님, 김동희 집사님이시다. 얼마나 훌륭하고 귀한 분들인가!

이단에 자신을 송두리째 빼앗겨 유린당하고 자신들의 삶과 가족의 삶이 황폐하게 되었으나, 다시 하나님의 한량없는 은혜로 회복하게 되었다. 3개월이라는 시간이 처음엔 너무나 길게 느껴졌었다. 하지만 이 시간은 하나님께서 우리 가족을 준비시키시는 시간이었던 것 같다.

구정이 지난 후인 2월 14~16일을 개종상담 날짜로 잡고 기도하고, 영적싸움을 하며, 기다리며 인내하고, 나 자신을 돌아보며 때론 실망도 했지만 인간적인 마음을 내려놓을 수 있었다.

12월 15일

새벽기도 시간에 언니와 함께 기도하였다. 언니도 회복되어 가시는 모습에 정말 감사했다.

오후 3시 예배와 8시에도 역시 예배와 기도가 이어졌다.

그러나, 근심과 걱정과 염려는 계속되었다.

12월 16일 주일

큰언니와 작은언니가 집에 방문하여 함께 주일예배를 드렸다.

아침예배를 드리며 '삶과 고난'이라는 제목으로 말씀을 들었는데, 큰 힘을 얻었다. 시편 119:67 본문으로 한 말씀이었다.

인생은 고난을 위하여 태어났으며, 생로병사 그 자체가 고난의 연속이나 모든 고난에는 뜻이 있다. 특별히 4가지로 이 고난을 나누어 볼 수 있는데 인생과 일반적인 고난, 영광스런 고난, 특별고난에 대해 설명하시면 특별고난은 자기의 뜻과 생각, 의지를 따라 자기중심으로 살 때 징계로 깨뜨리시고, 이러한 고난을 통해 힘써 기도하여 신앙이 성장하고 믿음이 더욱 강해진다고 하셨다.

이러한 고난이 왔을 때, 하나님의 도우심을 구하며, 고난의 이유를 반성하고, 하나님께 전적으로 항복하며, 고난의 유익을 바라고 도우심의 때를 기다리라.

누구나 이런 고난을 당할 수 있으며, 이러한 때에 하나님의 도우심을 바라며 주님 품에 더욱 깊이 안기는 것이 승리의 길이라면서 말씀을 마치셨다.

예배 후 교구장 목사님을 만나 우리 가족의 상황을 털어놓고, 도움을 청했다. 하지만 무슨 벌레를 보시는 듯, 나를 보는 것처럼 느껴졌다. 아무 말씀도 없으셨다. 외로움이 몰려왔다.

큰언니는 교회에서 계단을 내려오시다가 엎어지셨다. 다행히 큰 사고는 아니었지만, 정말 아찔한 순간이었다. 마귀의 공격이 이어지는 듯 느껴졌다.

3시 기도회는 작은 언니가 인도를 맡았다.

빌립보서 4:13 말씀 '내게 능력 주시는 자 안에서 내가 모든 일을 할 수 있느니라.' 이 말씀으로 큰 힘을 얻었다. 말씀 외에는 붙들 수 있는 것이 없다.

12월 17일

남편이 자동차에 냄새를 제거해야 한다며 아침 10시에 집을 나섰다. 신천지에 가는 것 같았다. 낙심이 되었다.

12월 18일

기도원 성령 대망회 / 고린도후서 4:7~10

'우리가 이 보배를 질그릇에 가졌으니 이는 심히 큰 능력은 하나님께 있고 우리에게 있지 아니함을 알게 하려 함이라 우리가 사방으로 우겨쌈을 당하여도 싸이지 아니하며 답답한 일을 당하여도 낙심하지 아니하며 박해를 받아도 버린 바 되지 아니하며 거꾸러뜨림을 당하여도 망하지 아니하고 우리가 항상 예수의 죽음을 몸에 짊어짐은 예수의 생명이 또한 우리 몸에 나타나게 하려 함이라.'

말씀으로 힘을 얻었다.

예배를 마치고 박 전도사님을 만났는데, 신천지에 대한 자료를 주시겠다고 하셨다.

권사성가대를 마치고 성가대대장인 권사님과 함께 점심식사를 했다.

저녁에 남편이 김원우 교수와 통화하길래, 나를 바꾸어 달라고 했다. 통화 뒤 남편의 친구인 김원우 씨가 일산에 왔다.

남편의 친구는 나에게 남편을 믿고 잘 지켜봐 달라고 말했다. 나는 속상해서 더욱 뜨겁게 기도하였다.

12월 19일

선거일.

남편이 새벽 1시쯤 집에 들어와 가스 불을 켜놓은 채 잠이 들었다. 작은 딸이 4시쯤 잠에서 깨어, 다행히 불을 끌 수 있었다. 천만 다행이었다. 하나님께서 우리 가족을 지키시고, 보호하심에 감사한다.

선거를 마치고, 수요예배를 드리고 집에 오니 남편도 신천지 수요예배에 다녀온 모양이다. 또 한 차례 성경을 가지고 논쟁을 벌이다가 결국 각자의 길을 따르자며, 서로 포기하고 마쳤다.

12월 20일

남편에게 역사하는 신천지의 역사보다 내 안에 계시는 훨씬 더 크시고 높으신 하나님의 역사로 염려와 근심과 걱정이 사라지고, 문제

보다는 하나님을 바라볼 수 있게 되었다. 마음이 편안하고, 이길 수 있다는 담대함이 생겨났다.

남편은 또 신천지 예배에 가는 것 같았으나, 뭔가 관심의 폭이 크게 줄었음이 감지되었다. 감사했다.

예수님께서 2000년 전에 이미 승리하심을 감사, 지금 이 순간에도 주님께 순종할 수 있게 도와주심을 감사 모든 것이 감사하다. 남편이 비록 지금 신천지 예배에 참석하고 있지만, 그곳에서 눈으로 보고 들을 때 거짓을 깨달을 수 있게 해달라고 기도했다.

또 이번 주일에는 함께 본 교회에 출석할 수 있도록 간구하였다. 하나님께 영광을 돌리는 아들이 되게 하시기를 또한 간구하였다.

3일 작정 금식기도를 시작하였다.

이사야 58:6~11

'내가 기뻐하는 금식은 흉악의 결박을 풀어 주며 멍에의 줄을 끌러 주며 압제 당하는 자를 자유하게 하며 모든 멍에를 꺾는 것이 아니겠느냐 또 주린 자에게 네 양식을 나누어 주며 유리하는 빈민을 집에 들이며 헐벗은 자를 보면 입히며 또 네 골육을 피하여 스스로 숨지 아니하는 것이 아니겠느냐 그리하면 네 빛이 새벽 같이 비칠 것이며 네 치유가 급속할 것이며 네 공의가 네 앞에 행하고 여호와의 영광이 네 뒤에 호위하리니 네가 부를 때에는 나 여호와가 응답하겠고 네가 부르짖을 때에는 내가 여기 있다 하리라 만일 네가 너희 중에서 멍에와 손가락질과 허망한 말을 제하여 버리고 주린 자에게 네 심정이 동하며 괴로워하는 자의 심정을 만족하게 하면 네 빛이 흑암 중에서 떠올라 네 어둠이 낮과 같이 될 것이며 여호와가 너를 항상 인도하여 메마른 곳에서도 네 영혼을 만족하게 하며 네 뼈를 견고하게 하리니 너는 물 댄 동산 같겠고 물이 끊어지지 아니하는 샘 같을 것이라.'

3시 예배

김 전도사님과 지 권사님께서 오셔서 딸들과 함께 예배를 드리는데, 두 분들의 얼굴빛을 보고 우리가정의 심각한 현실을 다시한번 느꼈다.

8시 가족예배

기도의 제목(큰 딸 기록)

1. 사울이 바울로 변화된 것처럼 직접 나타나셔서 아빠를 변화시켜 주소서.
2. 잘못된 비 진리를 깨달을 영적인 분별력을 허락하소서.
3. 머리끝부터 발끝까지 주님의 보혈로 덮어주소서.
4. 더 이상 거짓말 하지 않도록 그 입술을 지켜 주세요.
5. 그 마음의 허망함과 상처가 치유되고 회복되어지게 하소서.

예배시간에 다니엘 12:3 말씀과 시편 46편, 마태복음 5:16~18 말씀으로 다시 한번 위로를 받았다.

밤이 되어 남편이 집으로 돌아왔고, 마태복음 9:14~15 말씀으로 대적하며 금식의 부당함을 내게 지적했다. 금식하는 것은 몸을 학대하는 것이라며, 몸인 성전이 무너진다며 금식을 만류하였다. 우리의 대화를 듣던 큰딸이 방으로 들어와 남편과 다투기 시작했다.

다툼 끝에 결국 서로의 노선을 가기로 했다. 아이들이 낙심하는 모습에 마음이 아팠다.

하나님이여, 남편을 치료하소서! 자녀들에게 하나님의 위로와 성령의 충만과 담대함을 주소서!

남편이 큰딸과 PD수첩에 나온 신천지의 비리와 만행에 대한 동영상을 시청했다. 조용히 보고 난 후에 남편은 내용의 80%가 거짓이라고 주장하며, 이미 PD수첩이 정정해서 공개사과를 했다고 말하며, 자료를 다음에 가져다 주겠다고 했다.

12월 21일

새벽 기도시간.

금식으로 인하여 기운은 좀 없지만 정신은 맑다.

하나님! 하나님이 기뻐하시는 금식이 되게 하소서!

마태복음 6:16~18

'금식할 때에 너희는 외식하는 자들과 같이 슬픈 기색을 보이지 말라 그들은 금식하는 것을 사람에게 보이려고 얼굴을 흉하게 하느니라 내가 진실로 너희에게 이르노니 그들은 자기 상을 이미 받았느니라 너는 금식할 때에 머리에 기름을 바르고 얼굴을 씻으라 이는 금식하는 자로 사람에게 보이지 않고 오직 은밀한 중에 계신 네 아버지께 보이게 하려 함이라 은밀한 중에 보시는 네 아버지께서 갚으시리라.'

하나님, 두 아이들의 아버지요, 저의 남편입니다.
그 아들을 불쌍히 여겨 주셔서 구원하여 주소서.
아브라함의 기도로 롯을 구하신 주님.
우리 가정을 위하여 중보기도 하는 가정이 많이 있습니다.
그 가정들에게 복 주시옵소서.
하나님의 크고 위대하신 능력을 믿습니다.
마귀의 궤계를 능히 이기신 주님의 능력을 의지합니다.
승리하게 하소서.
할렐루야!
위로의 주님, 평강의 주님 우리 가정에 임하소서.
주여 우리를 도우소서.
인간의 힘이 이렇게 미약합니다.
하나님만 의뢰합니다. 우리를 도우소서.

시편 119:71
'고난 당한 것이 내게 유익이라 이로 말미암아 내가 주의 율례들을 배우게 되었나이다.'

로마서 16:20
'평강의 하나님께서 속히 사탄을 너희 발 아래서 상하게 하시리라 우리 주 예수의 은혜가 너희에게 있을지어다.'

3시 예배는 김 전도사님께서 인도해 주셨다. 지 권사님께 전화를 드리니 편찮으시다고 한다. 우리 중보기도 때문에 공격을 받는가 싶어서 괜히 죄송스럽다.
반드시 승리한다. 반드시 축복하시리라. 아멘.

언약의 말씀
마태복음 16:17~18
'예수께서 대답하여 가라사대 바요나 시몬아 네가 복이 있도다 이를 네게 알게 한 이는 혈육이 아니요 하늘에 계신 네 아버지 이시니라.'

남편이 밤 9시 40분 경에 집에 돌아왔다. 감기 기운이 있다며 쌍화탕을 마셨다. 다시한번 나에게 금식을 만류하였다.

12월 21일
밥을 먹으라며 금식을 그만두라고 하였다.

디모데전서 6:15

'기약이 이르면 하나님이 그의 나타나심을 보이시리니 하나님은 복되시고 유일하신 주권자이시며 만왕의 왕이시며 만주의 주시요.'

막내딸이 어제부터 저녁예배에도 참석하지 않고 나와 눈을 마주치지 않는다.

김 전도사님께서 3시 예배를 위하여 오셨다. 시편 121편 말씀을 전해주셨다. 간절히 함께 기도했다.

시편 121편
'내가 산을 향하여 눈을 들리라 나의 도움이 어디서 올까 나의 도움은 천지를 지으신 여호와에게서로다 여호와께서 너를 실족하지 아니하게 하시며 너를 지키시는 이가 졸지 아니하시리로다 이스라엘을 지키시는 이는 졸지도 아니하시고 주무시지도 아니하시리로다 여호와는 너를 지키시는 이시라 여호와께서 네 오른쪽에서 네 그늘이 되시나니 낮의 해가 너를 상하게 하지 아니하며 밤의 달도 너를 해치지 아니하리로다 여호와께서 너를 지켜 모든 환난을 면하게 하시며 또 네 영혼을 지키시리로다 여호와께서 너의 출입을 지금부터 영원까지 지키시리로다.'

남편이 오후 2시쯤 집을 나가 8시 반쯤 집에 돌아왔다.
교육을 받았다고 한다. 나에게 비진리 교회 목사들의 말을 듣지 말고 자신의 말을 들으라고 간절히 설득하려 하였다. 남편이 가장 가까운 사람인데 자기의 아내를 잘못된 길로 인도하겠느냐며 설득한다. 정말 끈질기다.

금식하는 중이라 기운이 없어 듣는 척을 하니 나더러 비진리에 속고 있으며, 순복음교회 출신이라는 이국송 변호사란 사람의 명함을 들고 와서 이러한 화려한 과거를 가진 사람도 신천지에 속해 있다고 소개했다.

한참 설명을 하더니 감기 기운이 있다며 쌍화탕을 마시고 잠들었다.

12월 22일

꿈속에서 어떤 원로목사님에게 내가 안수를 받았는데 그분이 말씀하시길, 남편이 하는 얘기들에 일일이 따지지 말고 속아주는 척하라고 하셨다.

하나님, 환난 가운데에도 새 날을 주심을 감사합니다.
오늘도 하나님께서 인도하소서.
귀한 남편 신천지 예배에 가지 않도록 역사하소서.
예수님의 보혈로 덮어 주소서. 악한 거짓 영에게 나사렛 예수의 보혈로 명한다. 그 귀한 아들에게서 떠나가라. 우리는 예수님께서 이천 년 전에 승리하신 싸움에 순종하고 승리한다. 아멘.
오늘 그 아들 가운데 역사하셔서 그 아들이 하나님의 진리를 바로 깨닫고 돌아오게 하소서.
우리의 인간적인 방법으로는 할 수가 없습니다.

하나님. 도와주소서. 승리할 줄 믿습니다. 역사하실 줄 믿습니다. 아멘.

12월 23일

주일 3부 예배를 다녀왔다.

말씀 제목: 당연지사(當然之事)와 은혜

은혜를 깨닫지 못할 때에는 모든 것이 당연지사여서 크게 감동하거나 감사할 것이 없습니다. 부모의 은혜나 하나님의 은혜도 깨닫지 못할 때는 당연지사일 뿐입니다. 우리는 은혜를 잃어버렸을 때 비로소 그 귀중함을 깨달아 다시 찾았을 때 감격하여 감사하고 행복합니다.

탕자의 비유를 통하여, 탕자가 아버지와 함께 있을 때는 당연으로 여기던 모든 것을 아버지를 떠난 뒤 깨닫게 된 것에 비유하여 은혜를 알아야 하는 것에 대한 말씀을 전해주셨다.

나의 기도 :

지금까지 지내온 것 하나님의 은혜였습니다.

자녀들을 잘 길러주신 것 감사합니다.

남편이 아직 돌아오지 않고 있습니다. 예수님의 보혈로 덮어주셔서 악의 소굴에서 깨어나게 하소서, 깨닫게 하소서. 그 아들을 속이고 있는 악한 영아! 나사렛 예수의 이름으로 명한다. 그 아들에게서 떠나가라. 일곱 길로 도망 할 지어다. 다시는 들어오지 말지어다.

하나님! 제가 그 아들의 마음을 편안하게 하지 못한 적이 있습니까? 저를 회개시켜 주세요. 생각나게 해주세요. 용서하여 주세요.

예전 회사 동료 동기모임에 갔다가 남편이 밤 12경에 집으로 돌아왔다.

저녁을 안 먹었다며 미역국에 밥을 말아 맛있게 먹는다. 거기까지는 참 좋은데, 오늘도 이상한 얘기들을 늘어 놓는다.

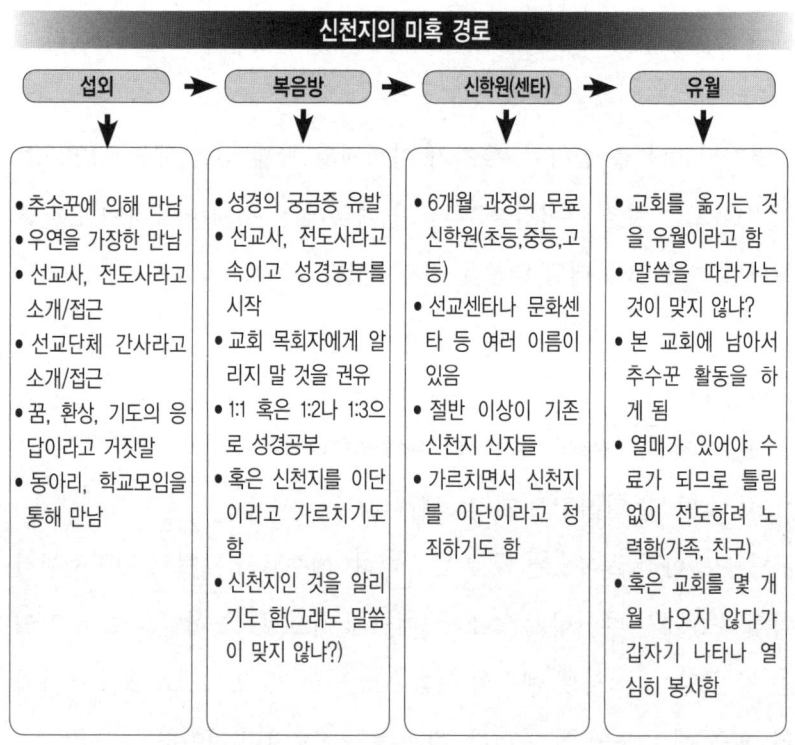

▲신천지는 포교 대상에 대한 정보를 수집해 사전에 계획을 세우고 거짓말과 연기로 접근하며 미혹한다.

※출처 : 한국기독교이단상담소협회 경기북부상담소

기성교회 목자들은 삯꾼 목자다. 목구멍이 포도청이다. 조용기 목사님, 광림교회 목사님 같은 분들은 다 아니다라며 자기는 아내와 딸들이 자기 뜻을 따라주지 않는 데 대해 분개한다고 강한 어조로 말했다. 얼굴에 독기가 흘렀다.

나도 지지 않았다. 당신이 그들에게 속고 있는 것이라고 주장했다. 그러나 더 이상 건드리지는 않았다. 화제를 다른 데로 돌려 다행히 논쟁은 끝이 났다.

남편은 마음이 허전했는지, 1시가 넘었는데도 TV 채널을 이리저리 돌리며 마치 시험을 하는 척하며 방에 들어오지 않고 시간을 보냈다. 표정을 보니 조금은 누그러 든 것 같아 잠을 청했다.

잠자리에서도 남편은 잠결에 몸이 닿아도, 정신이 있을 때에는 피부접촉을 꺼리는 듯 했다. 일부러 내가 등도 만져주고, 얼굴도 만져주었다. 그러나 남편은 필요한 이야기만 하고, 애정이 없는 말투다.

하나님! 신천지에 빼앗긴 남편을 돌려주세요!

로마서 16:20
'평강의 하나님께서 속히 사탄을 네 발 아래에 상하게 하시리라 우리 주 예수의 은혜가 너희에게 있을지어다.'

시편 42:11

'내 영혼아 네가 어찌하여 낙심하며 어찌하여 내 속에서 불안해 하는가 너는 하나님께 소망을 두라 나는 그가 나타나 도우심으로 말미암아 내 하나님을 여전히 찬송하리로다.'

신명기 28:1~7

'네가 네 하나님 여호와의 말씀을 삼가 듣고 내가 오늘 네게 명령하는 그의 모든 명령을 지켜 행하면 네 하나님 여호와께서 너를 세계 모든 민족 위에 뛰어나게 하실 것이라 네가 네 하나님 여호와의 말씀을 청종하면 이 모든 복이 네게 임하며 네게 이르리니 성읍에서도 복을 받고 들에서도 복을 받을 것이며 네 몸의 자녀와 네 토지의 소산과 네 짐승의 새끼와 소와 양의 새끼가 복을 받을 것이며 네 광주리와 떡 반죽 그릇이 복을 받을 것이며 네가 들어와도 복을 받고 나가도 복을 받을 것이니라 여호와께서 너를 대적하기 위해 일어난 적군들을 네 앞에서 패하게 하시리라 그들이 한 길로 너를 치러 들어왔으나 네 앞에서 일곱 길로 도망하리라.'

12월 24일

늦게 일어나서 9시쯤 아침 식사를 했다.

남편은 이야기를 해도 눈을 마주치지 않고 이야기 한다. 악령이 이런 것이구나. 이기적이고, 옆 사람에 대한 배려가 전혀 없다. 다시 한번 쓸데없는 소모전이 시작됐다. 신천지의 교주인 이만희, 이름을 부르지 못하게 한다. 이만희 선생이라 불러야 한다고 말했다.

벽을 보고 이야기 하는 답답한 심정이 들었다. 내가 돌아오기를 기다리겠다고 했다. 하지만 끝내 돌아오지 않으면 함께 살 수 없다고 완강하게 말했다.

하나님, 당신의 아들을 긍휼히 여겨 주셔서 죄 짓지 않게 도와주세요!

작은언니가 11시쯤 죽을 사가지고 집에 오셨다.
신천지 이만희의 약력과 그들의 전도방법, 신천지로 인한 피해 사례, 신천지에서 돌이켜 개종한 사람의 간증, '활천'이라는 기독 잡지 등을 가지고 오셔서 읽었다.
금식한 후 내 얼굴이 많이 밝아졌다며, 응답이라고 말씀하신다.
지 권사님과 통화를 했는데 체기가 많이 나아지셨다고 한다. 내 목소리를 들으시고는 금식 후에 많이 밝아진 것 같다며 응답이라고 말씀하신다.

남편의 옛 회사 선배 김승진 씨의 전화가 걸려왔다.
모임에서 만나 남편이 "형님 저 좀 보시죠" 하더니 포교활동을 시작했단다. 신천지라는 것은 밝히지 않고 기성 교회는 잘못하고 있고, 요한계시록을 기가 막히게 풀어주는 곳이 있다고 소개하며, 한번 같이 가보자고 했다고 한다. 그분도 순복음교회 교인으로, "너, 부인과 하나가 되어야지, 다른 노선을 타면 절대로 않돼"라며 설득 했는데 소용이 없었고 완강하게 자기 주장만 내세우더라고 말씀하셨다. 그분께서는 남편을 신천지에서 올해 내에 빼내는 것이 본인의 목표라고 말씀하셨다.

너무 감사했다. 절대로 혼자서는 만나시지 말라고 말씀드렸다.

자기 정신이 아니다, 기도 외에는 이런 유가 나갈 수 없다.

강하고 담대하게 기도하자!

남편도 어떠한 식으로든지 신천지의 포교활동에 넘어간 것일 텐데, 어떻게 부인인 나에게 그렇게 한마디 언급도 하지 않았는지…. 생각할 수록 답답하고, 궁금하고, 또 한편으로는 회개가 되었다. 남편을 잘 안다고, 대화도 많이 한다고 생각했는데 뒤통수를 맞은 꼴이다.

2년 전 막내시동생이 갑자기 새벽에 이 세상을 떠났다.

그때도 평소에 잘 하지 않던 행동을 했었다. 동생 산소에 절을 했다. 큰딸과 내가 말렸지만 사촌 형님이 하시는데 어떻게 내가 안할 수 있냐며, 하는 시늉만 했다는 핑계를 대었다. 그때도 평소와 다르다고 느꼈지만, 훗날 이런 일이 생기리라고는 전혀 생각지 못했다. 그동안 기도하며 남편 관리를 잘 하고 있노라고 믿었던 것이 교만이었나 보다.

신천지의 악한 영이 몇 년 동안에 걸쳐서 남편을 사로잡았을 텐데, 내가 영적인 감각이 이렇게 둔하다는 것이 속상했다. 하지만, 하나님께서 허락하신 고난을 인내하며 끝내는 승리하리라!

남편이 밤 11시쯤 귀가하여 막걸리 반 잔 정도 남아있던 것을 마시고 평소와 같이 식탁에 앉아 일상적인 이야기를 나누었다.

딸들이 교회에서 크리스마스이브 행사 관계로 12시가 넘어서야 집에 돌아왔다.

아이들이 귀가한 후 잠이 들었는데, 갑자기 남편이 성경을 읽어줄 테니 들으라며 내 귀에 대고 이사야 46장을 읽기 시작했다. 나는 잠을 자야겠으니 듣기 싫다고 하자, 나에게 바벨론 교회 거짓 목자의 마귀에 씌웠다고 하면서 험악한 얼굴로 성경을 더 큰 소리로 읽었다.

성경 읽는 소리가 왜 그렇게 듣기 싫은지 차라리 죽음을 택하고 싶은 생각마저 들었다.

이사야 46:10에 나오는 '모략'이라는 단어를 설명하면서, 자기들이 거짓말 하는 것을 정당화시키는 이야기를 했다. 험악한 얼굴로 결국에는 자기가 읽고 싶은 만큼 성경을 계속 읽어갔다.

영적 싸움의 시작인가요? 주님! 하나님은 제 편이시지요?

로마서 6:20
'평강의 하나님께서 속히 사탄을 너희 발 아래에서 상하게 하시리라 우리 주 예수의 은혜가 너희에게 있을지어다.'

하나님 우리 남편이 읽는 성경을 불로 태우소서. 생각을 성령의 불로 태우소서. 잘못 들어간 비진리의 영을 성령의 불로 태우소서.

시편 121편

'내가 산을 향하여 눈을 들리라 나의 도움이 어디서 올까 나의 도움은 천지를 지으신 여호와에게서로다 여호와께서 너를 실족하지 아니하게 하시며 너를 지키시는 이가 졸지 아니하시리로다 이스라엘을 지키시는 이는 졸지도 아니하시고 주무시지도 아니하시리로다 여호와는 너를 지키시는 이시라 여호와께서 네 오른쪽에서 네 그늘이 되시나니 낮의 해가 너를 상하게 하지 아니하며 밤의 달도 너를 해치지 아니하리로다 여호와께서 너를 지켜 모든 환난을 면하게 하시며 또 네 영혼을 지키시리로다 여호와께서 너의 출입을 지금부터 영원까지 지키시리로다.'

사람으로서는 저를 도울 자가 없습니다.
여호와 이레의 주님!

12월 25일
'예수님 탄생'

새벽 5시에 자리에서 일어나 새벽 예배를 드리고 아침에는 남편과 디도서의 말씀을 인용하여 우리 서로 각자의 신앙을 존중하고, 논쟁을 그만두고, 서로 지켜보도록 하자고 말했다. 하나님이 역사하시도록 인내하며 기다리자고 설득하였다.
우리 부부가 헤쳐왔던 어려웠던 날들을 생각하며 가족이 사랑으로 인내하며 기다리자, 행복의 틀을 깨뜨리지 말자고 얘기 하였다.

작은딸과 성탄절 4부 예배를 드렸다. 예배 후에 박 전도사님을 만났는데, 신천지에 대해 다시 한번 자세히 말씀해 주셨다. 신천지 교리를 반박할 수 있는 공부를 해야 한다고 하셨다. 작은딸이 평상시에 별로 관심이 없고 귀찮아했는데 전도사님의 말씀을 듣고 깨닫는 바가 있어 보였다.

집에 돌아오니 남편이 혼자 밥을 차려 먹고 있었다. 신천지 12시 예배를 다녀왔단다. 별 대화 없이 오후 시간이 흘러갔다. 남편도 표정이 무료해 보이고, 온 세상이 재미가 없는 얼굴이다. 기쁨을 도적에게 빼앗긴 공허한 얼굴이다.

오후 6시에 있었던 큰딸 공연에 혼자 다녀와서 E마트에서 남편과 함께 장을 보았다. 자기 자신밖에 다른 곳에는 전혀 관심이 없다. 먼 산을 바라보듯이 멍한 얼굴이다.

1부 기도로 써 내려간 아내의 일기 · 2장

신천지로 간 남편, 가정의 고통

12월 26일

아침 6시에 일어났다. 충분히 편안하게 잘 잤다. 딸들은 운동을 나가고 없었다.

하나님! 오늘 오전 10시 30분에 또 그곳(신천지)에 갈 텐데, 역사하소서!

하나님의 가장 좋은 방법으로 역사하셔서, 남편이 그곳에 정이 떨어지게 역사하소서!

하나님, 우리 가정에 임하소서! 우리 남편에게 사랑의 손길로 임하소서! 하나님, 긍휼히 여겨주소서!

하나님, 지금까지 잘못 살았습니다. 주님 이번에 돌이키고 주님을 만날 수 있도록 도우소서!

그 바윗돌 같은 마음이 녹아지게 하소서!

잘못된 비진리의 말씀을 뽑아내소서!

진리의 주님, 사랑의 주님, 은혜의 주님, 감사의 주님, 만나주소서.

그 아들을 버리지 마시고 잡아 주소서.

예수님의 이름으로 간절히 기도하옵나이다. 아멘.

고린도후서 4:7~10

'우리가 이 보배를 질그릇에 가졌으니 이는 심히 큰 능력은 하나님께 있고 우리에게 있지 아니함을 알게 하려 함이라 우리가 사방으로 우겨쌈을 당하여도 싸이지 아니하며 답답한 일을 당하여도 낙심하지 아니하며 박해를 받아도 버린 바 되지 아니하며 거꾸러뜨림을 당하여도 망하지 아니하고 우리가 항상 예수의 죽음을 몸에 짊어짐은 예수의 생명이 또한 우리 몸에 나타나게 하려 함이라.'

아침식사 후 남편이 또 말씀을 들고 이야기했다.

요한복음 4장에 나오는 수가성 우물가의 여인은 남편이 다섯이었다는 대목에서, 다섯 남편이 세상 교회의 다섯 목자라며 수가성 여인이 다섯 교회를 다녔지만 만족을 얻지 못한 것을 뜻하는 것이라 말했다. 신천지가 참 목자라고 주장하려 했던 것 같다.

서로 계속 논쟁을 했으나 역시 결론은 내리지 못했다.

내가 당신은 속고 있는 것이고, 온갖 이단들이 하는 말들을 당신이 하고 있다며 반박했다.

몇 분 뒤, 친구인 김원우 교수와 통화를 하더니 갑자기 부드러워졌다. 가정의 행복과 평화가 먼저라고 그가 말했다고 한다. 자기 집인 목포에 우리 부부와 오철수 씨 부부를 초대했다고 했다. 같이 가자고 나에게 말했다. 나는 절대로 함께 가지 않겠다고 거절했다.

수요예배를 참석하기 위해 남편보다 내가 먼저 집을 나섰다. 남편은 오늘 오후 신천지에서 하는 신학원에 가는 것 같다. 6시간 동안 교육을 받는다고 얘기한 적이 있다.

그곳에 하나님 역사하소서. 성령의 불 임하소서. 성령의 불로 태우소서. 그들의 죄악을 멸하소서. 악한 원수 마귀 궤계를 멸하소서. 그들의 계략이 무너지게 하소서. 하나님, 역사하소서. 하나님, 가장 선한 방법으로 역사하셔서 그들의 소굴인 신천지에서 남편을 건져내소서. 이 시간 역사하소서.

수요예배의 말씀.
사도행전 12:5 말씀 제목: '환란의 때에 기도하라'
제 2차 세계대전 때 영국의 30만 대군이 히틀러에게 포위되었다. 죠지6세 왕과 처칠 수상은 전 국민이 기도할 것을 요청하였고, 간절히 기도한 후에 독일 진영은 앞을 볼 수 없을 정도의 폭풍 속에 놓였고, 영국군이 머문 곳에는 해가 비치어 모두가 무사히 탈출할 수 있었다. 독일군이 나중에 다시 진격을 해왔으나 영국군이 재정비하여 30만 대군으로 2차대전을 연합군의 승리로 이끌어냈다는 예화로 말씀을 전해주셨다.

찬송가 342장 3절.
'밝을 때에 노래와 어둘 때에 기도로 위태할 때 도움을 주께 간구합니다. 세월 지나갈수록 의지할 것 뿐일세 무슨 일을 당해도 예수 의지합니다.'

저녁예배 7시 40분.
큰딸과 둘이 드렸다. 사도행전 12장 말씀으로 힘을 얻었다.
베드로를 감옥 철창에서 건져내신 주님. 남편을 신천지 소굴에서 건져내실 줄 믿습니다.

큰딸의 염려와 근심 걱정을 하나님께서 주관하시도록 또한 간구했다. 큰딸이 체하고 위장이 딱딱하게 굳어졌던 것이 많이 부드러워진 것을 느꼈다.

딸아이를 위해 나는 간절히 기도했다. 귀한 선물로 주신 딸을 위해, 어릴 적 기도로 양육하지 못하고 내 방법대로 때리고 상처 주었음을 회개 했다. 딸의 얼굴이 많이 밝아졌다.

나라와 민족을 위해, 교회들을 위해, 순복음교회를 위해, 주의 종들을 위해, 참 좋은 교회와 담임목사님, 엄 목사님, 장로님과 성도님들을 위해 기도하였다. 또 우리 가정과 큰언니 가정, 작은언니 가정, 제이싱어즈(J singers) 멤버들과 구역식구들을 위해 중보기도하고 기도를 마쳤다.

하나님께서 나와 우리 자녀들을 바로 세우시기 위해 마귀의 궤계를 허락하셨음을 깨닫게 되었다.

문제의 재판장이 되시는 주님. 시편 29편에서의 폭풍 속에 좌정하신 여호와 하나님을, 복음서에서 풍랑 위로 걸어오신 예수님을 바라보게 되었다.

하나님, 감사합니다.

밤 9시가 되어 가는데 남편이 아직 집에 돌아오지 않았다. 6시쯤에 전화 해서 어디냐고 물었는데 서해안이라고 했다. 목소리는 비교적 안정적이고 가까이 있는 것 같다. 아마도 화정에 있는 신천지 신학원이었을 것이다.

모른 척했다. 15분쯤 뒤에 막걸리와 족발을 사가지고 남편이 집으로 돌아왔다(이만희가 막걸리를 좋아한다는 얘기를 들은 적이 있는 것 같다). 반 병 정도를 마시고는 머리가 어지러워서 마신다고 했다. 11시쯤 누워 자려고 하는데 속옷차림으로 성경을 들고 와서는 침대에 누워있는 나에게 들으라며 읽기 시작했다. 하나님의 말씀인데 왜 그렇게 듣기가 싫은지….

나는 나에게 눈이 있고, 건강하니 내 힘으로 읽어도 되니까 제발 그만 두라고 했지만 그치지 않았다. 남편의 음성이 점점 커져갔다. 나에게 세상 삯꾼 목자의 마귀가 씌었다면서 큰일이라고 했다. 나는 절대 그렇지 않다며 반박했다. '눈을 뜨고 세상을 바라봐라 하나님께서 그를 잘 섬긴 미국을 어떻게 축복하셨으며, 또 이 나라가 어떻게 축복을 받게 되었는지를….' 남편이 듣든지 안 듣든지 나는 이야기했다.

남편에게 어떤 방법을 써야 하는지 나는 잘 모르지만 하나님은 아실 것이다.

나도 "평강의 하나님께서 속히 사탄을 네 발 아래에서 상하게 하시리라 주 예수의 은혜가 너희에게 있을지어다"라며 남편의 귀에 말씀을 들려주었다.

또 반드시 주님이 승리하실 터이니 기다려보라고도 차분하게 말했다.

사도행전 12:23 말씀을 인용하여, 헤롯이 영광을 하나님께로 돌리지 아니하므로 주의 사자가 곧 치니 벌레에게 먹혀 죽었다는 이야기 등을 했다.

조금 뒤 남편은 코를 골며 잠이 들었다. 할렐루야!

큰딸의 방에 가보니 울면서 기도하고 있었다. 딸을 위로하고, 나 자신도 위로 받고 승리하자고 권면하고 잠자리에 들었다.

반드시 승리할 것이다. 아멘.

하나님의 말씀 밖에는 위로가 없다.

베드로전서 4:12~13

'사랑하는 자들아 너희를 연단하려고 오는 불 시험을 이상한 일 당하는 것 같이 이상히 여기지 말고 오히려 너희가 그리스도의 고난에 참여하는 것으로 즐거워하라 이는 그의 영광을 나타내실 때에 너희로 즐거워하고 기뻐하게 하려 함이니라.'

12월 27일

아침 6시 기상.

아침 준비를 하고 잠깐 묵상했다.

작은 딸아이의 일로 기분이 상해 그동안 인내하고 참았던 모든 것들이 폭발했다. 마음이 너무 상했다(나중에 그것이 마귀의 방해 공작이었다는 것을 깨달았다).

하루 종일 마음에 무거운 쇳덩어리가 누르는 것 같은 짓누름이 있었다.

승용차 검사를 받았다. 97년형인데 관리를 잘했다고 앞으로 10년은 더 탈 수 있다고 검사하시는 분이 말했다.

집에 와서 은행에 들렀다가 백석동 아파트 모델하우스를 구경했다. 집들이 화려하고, 구경하는 잠깐 시간 동안은 시름을 잊어버릴 수 있었으나 다시 흑암이 엄습했다.

집에 돌아오니(오후 3시쯤) 큰딸이 울면서 기도하고 있었다. 같이 기도했다.

큰딸은 자기 방에서, 나는 내 방에서 답답한 침묵.

마음을 짓누르는 무거움이 계속되었다.

딸이 죽을 먹고 싶다고 해서 콩나물 죽을 끓여 먹었다. 식사 후에 또 각자의 방에서 침묵과 고요, 답답한 시간이 흘렀다.

저녁 8시가 되어 답답한 마음 가운데 가족예배를 드렸다.

"하나님의 신에 감동한 한 사람이 가정교회, 사회, 나라와 민족, 열방을 살립니다."

말씀으로 위로를 주셨다.

남편을 괴롭히는 악령을 물리치는 기도, 그리고 우리를 위해 중보 기도 해주시는 분들, 큰언니와 작은언니의 가정, 지 권사님(김영기 목사님과 사모님), 김 전도사님, 참좋은교회와 담임목사님, 장로님과 성도들, 제이싱어즈, 작은딸 친구 지인이, 큰딸 친구 효진이의 암 치료 회복을 위해, 효진이 어머니의 치료를 위해 기도했다. 딸아이들과의 상한 마음도 화해로 풀었다. 이 나라 대통령과 주의 종들을 위해 기도했다.

예배가 이렇게 우리를 회복시킴을 다시 한번 경험했다. 밝은 마음으로 피아노를 치며 찬양 연습을 하는 작은딸, 예배드리기 전과는 너무나도 다른 모습으로! 감사드린다.

기쁨으로 외출 준비를 하는 큰딸아이를 바라보는 내 마음이 너무 기쁘다.

여호와여, 우리 가정에 함께 하소서.

성령이여, 의지하고 모셔드리고 환영합니다.

남편은 밤 12시쯤 귀가했다. 잠자리에 드는데 보니 또 막걸리 냄새가 났다.

별일 없이 잠들었다.

12월 28일

아침 5시 기상.

주방 정리를 하고 하나님 앞에서 기다렸다.

주여, 오늘 하루도 함께 하여 주소서. 악한 마귀의 싸움에서 승리하게 도와주소서.

작은딸아이는 별일 없이 출근했다. 남편은 오전 11시에 이천에서 약속이 있었는데 취소되었단다. 준비를 끝내고 별말 없이 외출했다.

10시쯤 큰딸과 예배를 드렸다.

큰딸과 남자친구와의 관계가 정말 아름다운 관계로 매듭지어지길 간절히 기도했다. 큰딸의 마음 속에 있는 불안, 초조, 공포, 집착이 떠나가도록, 마귀에게 놀림 당하지 않도록 기도했다. 또한 담대함을 주시기를 기도했다. '우리 딸의 앞날이 행복하게 도와주세요.'

남편은 내일 오후에 또 신천지 신학원에서 교육받을 예정인 것 같은데, 하나님의 역사가 나타날 수 있도록 기도했다. 아브라함의 기도로 롯을 구출하신 하나님! 우리 가족의 기도와 중보기도의 힘을 믿습니다. 남편을 그 더러운 곳에서 뽑아내소서.

철야 예배를 드리고 오니 남편은 잠잘 준비를 하고 있었다. 별일 없이 하루가 지나갔다.

12월 29일

5시 30분 기상.

폭풍 전야였던가? 아침에 남편의 얼굴을 보니 고요해 보이고 안정적이다. 예정대로라면 오늘 오후에 신천지 신학원에서 6시간 교육을 받을 텐데….

오늘은 경부선으로 간다고 말했다. 잠깐 생각했다. 신천지에 가는 것이 조금 시들해진 것인가 아니면 나한테 거짓말을 하고 있는 것인가.

지금까지 남편은 어느 정도의 거짓말을 했지만 이렇게 감쪽같이 속이지는 않았었다. 내가 마귀에게 지금까지 속고 놀림을 당한 꼴이다.

오늘도 기도한다.

마귀가 어떠한 모략과 권세를 가지고 나올지라도 예수 이름으로, 예수님의 보혈로 반드시 승리한다.

하나님, 우리 남편을 불쌍히 여겨 주셔서 악한 원수 마귀의 소굴에서 건져내어 주세요. 우리 큰딸을 예수님의 보혈로 덮어주셔서 영육간에 건강하게 도와주세요. 작은딸도 보혈로 덮어주세요 큰딸과 작은

딸이 하나님께서 예비한 사람을 만나고, 예비된 길을 갈 수 있도록 지도해 주세요.

아침 식사 후에 남편을 살짝 건드려 보았다.

"난 당신 때문에 내 정신이 아니야. 사는 게 사는 게 아니고, 혼이 반쯤 나갔어."

어떻게 속여도 그렇게 속일 수가 있으냐고 했더니, 한번씩 웃으면서 하는 말이 나에게 듣는 귀가 열릴 때까지 기다리기로 했단다.

당회장 조용기 목사님도 평생동안 수고하신 분이지만 길을 잘못 가고 있다고 말하며, 요한계시록의 붉은 용이 우리나라고, 용의 일곱 머리와 열 뿔이 우리나라 사람 누구누구라고 말했다.

말도 안된다며 '당신은 이만희라는 사람에게 속고 있다, 그리고 이만희는 나쁜 놈이다'라고 했더니 극도로 흥분하며 다시 한번 이만희를 욕하면 가만두지 않겠다고 했다.

나도 지지 않고 하나님이 분명히 심판하실 것이고, 그때까지 기다리자고 얘기했다.

막막하고 답답하지만 기다릴 수밖에.

내 영혼이 잠잠히 하나님만 바람이여!

남편은 이제 4개월 정도 지나면 신천지 본교회에 등록이 된단다. 어떻게 해야 등록할 수 있느냐고 물으니 수요예배와 주일예배를 열심히 나가면 된다고 말했다. 거짓을 말하고 있는 것이다. 요구하는 것들이 분명 있을 것이다(헌금, 전도의 열매 등).

하나님이여 우리 가정을 도우소서!

오후 5시쯤 남편이 전화했는데 받지 않았다. 조금 후에 다시 전화가 왔다. 인삼랜드 휴게소라고 하는데 아닌 것 같다(보통 휴게소 같으면 주위 소리가 다르다).

그러냐고 하고 그냥 넘어갔다. 저녁 9시쯤 남편이 돌아왔다. 눈치를 보면서 이리저리 왔다갔다 한다. 12시쯤 잠이 들었는데 잠결에 자기는 하나님 편에서 잘 가고 있으니 걱정하지 말고 편안해지라고 말한다. 저녁 10시쯤 김원우 교수가 남편 휴대폰으로 전화했다. 흔적을 지워버렸다.

어떤 방법이 남편을 악한 소굴에서 나오게 할 수 있는 것인지, 무엇이 도움이 되는지 알지 못한다. 하나님 인도하여 주소서! 아이들이 늦게 귀가하여 예배드리는 소리가 났다.

12월 30일

5시 기상.

큰딸아이가 일찍 예배에 나감으로 콩나물국을 끓여 먹여 보내고, 우리는 늦은 아침을 먹었다. 겉으로 보기엔 평안하다. 남편이 신천지 예배에 가는 것 이외에는 일상생활의 평정을 찾은 것 같다.

밥 먹다가 남편이 자기가 마누라 잠자는데 성경책을 귀에 대고 읽어 준 것은 잘못했다고 이야기했다. 나더러 하나님의 말씀을 잘 분별하지 못하는 당달봉사라고 했다. 또 작은딸에게는 농아가 무엇인지 아느냐며, 한자로 풀이하면 용(사단)이 귀를 누를 것이란다.

우리를 영적으로, 사단이 눌러서 듣지 못하는 농아에 비유했다.

아침 11시가 되어 남편이 나가길래 나도 준비하고 나가서 4부 예배를 드렸다.

말씀 제목: '믿음 속에 사는 삶'
하나님의 말씀 외에는 위로가 없다.
'나의 힘이 되신 여호와여 내가 주를 사랑하나이다'(시편 18:1절).
히브리서 11:1~2
1. 믿음은 바람이 있어야 한다.
2. 믿음은 바라는 것이다.
3. 믿음 자체는 응답이 아니다.
4. 믿음은 보지 못하는 것들의 증거다.

믿음으로 남편이 하나님께 돌아올 것을 바라보고 기도한다.
예배를 마치고 2시 40분경에 집에 도착했는데 남편이 보이지 않는다. 그냥 관심 없이 둬버릴까 하다가 그래도 불현듯 불길한 예감이 들어 전화를 했다. 계속 받지 않았다. 음성메세지를 남겼다. 조금 후에 전화가 왔다. 오늘은 예배 시간이 오래 걸렸단다. 2007년 결산예배라고 그렇단다. 전도 시상도 있고, 뭐 다음은 이야기 안했다.
화정동 변호사사무소를 개업한 '이국송'이라는 사람이 자기랑 같이 신학원에서 공부하고 있는데 그 사람도 여의도 순복음교회에 다니는 사람이라고 했다. 인터넷이나 TV 에서도 자주 본 사람이다. 여의도 순복음교회에서도 목사님들을 비롯해 많은 분들이 이국송 씨 때문에 다녀갔다고 했다. 그분도 부인은 신천지에 빠지지 않은 듯 하다.

정남호 씨도 혼자 신천지에 빠져 부인은 속상해 하시는 것 같다.

저녁에 딸아이들과 씨푸드오션에서 송년 외식을 했다. 남들이 보기에는 정말로 평범함 가정인데, 주여 함께 하소서!

저녁 9시경인가. 김원우 교수에게서 남편 휴대폰으로 전화가 온 것 같다. 자세히는 알 수 없지만 무엇을 인터넷으로 보냈다는 것 같다. 남편은 그 교수에게서 돈을 빌리는 것인가? 저렇게 아침 저녁으로 챙기는 그 흉악범의 손아귀에서 과연 남편이 돌아설 수 있을까? 하지만 믿는다. 하나님의 능력을.

12월 31일

2007년의 마지막 날이다.

아침에 하나님의 말씀(여호수아서)을 읽고 기도했다. 아침 시간이라 간단히 기도했다.

괜히 몸이 피곤하고, 마음에 짜증이 들었다. 이 시간을 피해가고 싶은 마음이 들었다. 그래도 남편을 구슬려야 되겠기에 남편에게 사정했다. 연말인데 나도 생활비를 좀 더 달라, 나에게도 힘 좀 실어달라고 말했다.

폰뱅킹으로 이체를 시키는 것 같았다. 통장을 확인해 보니 평소보다 30만원을 더 넣었다.

지난번에는 내가 부자교회를 다니니 십일조를 줄여서 내라고 하고, 자기도 신천지교회에 십일조를 해야겠으니 생활비를 십만원 줄여서 주겠다고 이야기 했었다. 남편과 논리로 따지기 보다는 이렇게 구슬릴 수밖에….

저녁때가 되어 사우나를 같이 가자고 하는데, 예전같으면 같이 갔겠지만 왠지 같이 움직이기가 싫었다. 나는 바쁘다며 혼자 보냈다. 나더러 송구영신예배에 갈 것이냐고 물었다. 그래서 내가 거기도 송구영신 예배가 있느냐고 물었다. 남편은 "그럼 거기(신천지)가 정통인데 송구영신 예배를 안 드리겠어?"라고 말했다. 순복음교회를 (주일만) 30년 동안 다녔지만 남편이 어쩌면 저렇게 즐거운 얼굴을 하고 자발적으로 교회를 갈 수 있을까? 그런 모습은 지금이 처음이다. 남편은 밤 11시쯤 집을 나섰다.

나 혼자 송구영신예배를 드리러 가는 게 가슴이 아프고 싫어서 그냥 잠자리에 들었다.

2008년 1월 1일

누워 있는데 큰아이가 자기가 섬기는 교회에서 예배를 마치고 귀가했다. 나를 보고 "엄마 교회 안가셨어요?" 하더니 자기와 같이 예배를 드리자고 한다.

국민일보 가정예배란에 사무엘상 1:27 '이 아이를 위하여 내가 기도하였더니 여호와께서 나의 구하여 기도한 바를 허락하신지라'는 말씀을 읽고 우리 가정의 문제, 우리 가정의 절망의 문제를 소망으로 바꿔 주시라고 간절히 기도하였다.

남편이 두 시쯤 귀가하여 또 요한계시록을 펴들고 딸애와 나에게 들어보라고 했다.

딸아이가 싫은 얼굴을 하자 화를 냈다. 귀머거리 당달봉사란다. 세상에 있는 삯꾼 목자들에게 화가 난다고 하면서 다 잡아 죽이고 싶다고 했다.

내가 다시 구슬렸다. 거기 신천지에서 그렇게 시키느냐, 삯꾼 목자 잡아 죽이고, 그렇게 화내는 것이 하나님 뜻이냐고. 당신 말대로 한다면, 우리가 들을 귀가 열리지 않았는데 당신도 좀 인내하면서 기다려야 되지 않느냐고 했더니 누그러진 얼굴로 웃으면서 그렇다고 했다. 그러면 화낸 것 사과하라고 하자 화낸 것은 잘못이라고 말하며 잠이 들었다.

일본 후쿠오카 성전 담임이었던 사람이 신천지로 왔단다. 그녀의 동생이 신학원 원장이고 그의 남편은 순복음교회 성가대 대장이었는데 가족이 모두 나온단다. 일본 사람들도 말씀을 듣고 간다고 말했다.

말씀을 제대로 푸는 사람은 예수님과 이긴 자(이만희)밖에는 없다며 요한계시록 5장을 펴들고 말도 안되는 얘길 했다. 듣기 싫었다.

작은딸아이는 삼일교회에서 송구영신예배를 드리고 아직 귀가하지 않았다. 전화해보니 성도들이랑 같이 있는 것 같았다.

하나님! 오늘도 좋은 것으로 예비하실 줄 믿습니다. 기대합니다. 신뢰합니다.

신년을 맞이하는 마음은 심란하지만 만두를 만들어 가족들과 함께 식사를 하고, 예배시간에 늦어서 인터넷으로 신년축복예배를 드렸다.

창세기의 말씀으로 아브라함의 순종에 대해 박종순 목사님께서 설교하셨다. 예배 드리는 도중에 작은언니(성결교회 권사)가 전화하셔서 남편과 오랜 시간 통화를 했다는데, 남편은 통화 내용을 이야기 하지 않았다.

방에 있는데 미운 생각이 들었다.

결혼할 때부터 거짓말을 해서 결혼하더니, 결혼 생활 30년 내내 친구를 가정보다 더 좋아해서 쫓아 다니고, 육신의 정욕을 더 중히 여기고, 교회는 오로지 주일만 참석, 거의 반 정도는 졸면서 설교를 들었다. 안타까운 마음에 인간적인 방법으로 대했었다. 그런 남편의 본질적인 구원문제에 대해 간절히 기도하지 않은 것을 회개한다.

이제는 그 거짓 집단에 들어가서 거짓 훈련을 받고 가족과 친구들을 (마귀의 궤계를 정당화하면서, 모략이라는 이름으로 포장해서) 속이니 얼마나 재미가 있었을까?

예배를 마치고 나서 다시 한번 설전을 벌였다. 이것이 소망 없는 소모전인지 분간이 가지 않으나 그래도 지푸라기라도 잡는 심정으로….

이국송이라는 변호사가 인터넷으로 검색하면 나오니까 찾아보라고 했다. 그 사람의 사진과 함께 약력, 프로필이 나왔다. 남편은 만족한 웃음을 짓는다. 그곳에 얼마나 똑똑하고 훌륭한 사람이 많은데, 자기 얘기를 믿어보라고 이야기한다.

네이버에 '신천지 바로 알기' 까페 페이지로 가보았다. 신천지를 반박하는 글을 남편과 함께 읽었다. 보는 내내 험상궂은 얼굴로 "나쁜 놈들"이라며 흥분했다. 하나님을 믿는 사람은 그렇게 흥분하고 험한 말을 쓰면 은혜롭지 못하니 화를 내지 말라고, 보기가 흉하다고, 당신은 좋은 사람이 아니냐며 누그러뜨렸다.

　황의종 목사님 동영상을 틀었다. 같이 목사님 말씀을 듣는 중 얼굴색이 붉으락푸르락하며 흥분하고 욕을 했다(본래 남편은 성품이 온유한 편이라 그런 표현은 잘 쓰지 않았었다).

　그래도 한번 같이 잘 들어보자고 남편을 설득했다. 목사님 말씀에 대해 반박하고 싶은지 중간중간 손의 뼈마디를 뚝뚝 소리나게 꺾는다. 목사님은 성경의 근거를 가지고, 신천지인들의 오류를 짚어 주셨지만 받아들이는 얼굴이 아니다. 하지만 가랑비에 옷 젖는다고, 언젠가는 귀가 열리겠지….

　다시 한번 설득했다. 신천지는 거짓이다. 속지 말아라! 그곳에 가서 예배를 드리더라도 자세히 살펴보라고, 당신이 정신 차릴 때까지 기다리겠다고. 마음이 허전한지 남편은 드라이브를 가자고 했다. 예전에는 함께 드라이브 가는 것을 좋아했지만 지금은 당신 속에 있는 신천지 때문에 싫다고 했다. 바보 같은 짓을 그만두고 돌아와달라고 말했다.

　나는 밤 9시쯤 잠자리에 들고 남편은 운동을 나갔다. 12시경에 남편은 박지성이 나오는 축구경기를 보며 왔다갔다 하는 것 같았다.

1월 2일
새벽 4시 기상

　주방 정리를 잠깐 하고 여호수아서를 마지막장까지 읽고 간절히 기도하였다. 여호수아가 백성들을 향해 다짐 받는 내용이었다.

　여호수아 24:3~24

'내가 너희의 조상 아브라함을 강 저쪽에서 이끌어 내어 가나안 온 땅에 두루 행하게 하고 그의 씨를 번성하게 하려고 그에게 이삭을 주었으며 이삭에게는 야곱과 에서를 주었고 에서에게는 세일 산을 소유로 주었으나 야곱과 그의 자손들은 애굽으로 내려갔으므로 내가 모세와 아론을 보내었고 또 애굽에 재앙을 내렸나니 곧 내가 그들 가운데 행한 것과 같고 그 후에 너희를 인도하여 내었노라 내가 너희의 조상들을 애굽에서 인도하여 내어 바다에 이르게 한즉 애굽 사람들이 병거와 마병을 거느리고 너희의 조상들을 홍해까지 쫓아오므로 너희의 조상들이 나 여호와께 부르짖기로 내가 너희와 애굽 사람들 사이에 흑암을 두고 바다를 이끌어 그들을 덮었나니 내가 애굽에서 행한 일을 너희의 눈이 보았으며 또 너희가 많은 날을 광야에서 거주하였느니라 내가 또 너희를 인도하여 요단 저쪽에 거주하는 아모리 족속의 땅으로 들어가게 하매 그들이 너희와 싸우기로 내가 그들을 너희 손에 넘겨 주매 너희가 그 땅을 점령하였고 나는 그들을 너희 앞에서 멸절시켰으며 또한 모압 왕 십볼의 아들 발락이 일어나 이스라엘과 싸우더니 사람을 보내어 브올의 아들 발람을 불러다가 너희를 저주하게 하려 하였으나 내가 발람을 위해 듣기를 원하지 아니하였으므로 그가 오히려 너희를 축복하였고 나는 너희를 그의 손에서 건져내었으며 너희가 요단을 건너 여리고에 이른즉 여리고 주민들 곧 아모리 족속과 브리스 족속과 가나안 족속과 헷 족속과 기르가스 족속과 히위 족속과 여부스 족속이 너희와 싸우기로 내가 그들을 너희의 손에 넘겨 주었으며 내가 왕벌을 너희 앞에 보내어 그 아모리 족속의 두 왕을 너희 앞에서 쫓아내게 하였나니 너희의 칼이나 너희의 활로써 이같이 한 것이 아니며 내가 또 너희가 수고하지 아니한 땅과 너희가 건설하지 아니한 성읍들을 너희에게 주었더니 너희가 그 가운데에 거주하며 너희는 또 너희가 심지 아니한 포도원과 감람원의 열매를 먹는다 하셨느니라 그러므로 이제는 여호와를 경외하며 온전함과 진실함으로 그를 섬기라 너희의 조상들이 강 저쪽과 애굽에서 섬기던 신들을 치워 버리고 여호와만 섬기라 만일 여호와를 섬기는 것이 너희에게 좋지 않게 보이거든 너희 조상들이 강 저쪽에서 섬기던 신들이든지 또는 너희가 거주하는 땅에 있는 아모리 족속의 신들이든지 너희가 섬길 자를 오늘 택하라 오직 나와 내 집은 여호와를 섬기겠노라 하니 백성이 대답하여 이르되 우리가 결단코 여호와를 버리고 다른 신들을 섬기기를 하지 아니하오리니 이는 우리 하나님 여호와께서 친히 우리와 우리 조상들을 인도하여 애굽 땅 종 되었던 집에서 올라오게 하시고 우리 목전에서 그 큰 이적들을 행하시고 우리가 행한 모든 길과 우리가 지나온 모든 백성들 중에서 우리를 보호하셨음이며 여호와께서 또 모든 백성들과 이 땅에 거주하던 아모리 족속을 우리 앞에서 쫓아내셨음이라 그러므로 우리도 여호와를 섬기리니 그는 우리 하나님이심이니이다 하니라 여호수아가 백성에게 이르되 너희가 여호와를 능히 섬기지 못할 것은 그는 거룩하신 하나님이시요 질투하시는 하나님이시니 너희의 잘못과 죄들을 사하지 아니하실 것임이라 만일 너희가 여호와를 버리고 이방 신들을 섬기면 너희에게 복을 내리신 후에라도 돌이켜 너희에게 재앙을 내리시고 너희를 멸하시리라 하니 백성이 여호수아에게 말하되 아니니이다 우리가 여호와를 섬기겠나이다 하는지라 여호수아가 백성에게 이르되 너희가 여호와를 택하고 그를 섬기리라 하였으니 스스로 증인이 되었느니라 하니 그들이 이르되 우리가 증인이 되었나이다 하더라 여호수아가 이르되 그러면 이제 너희 중에 있는 이방 신들을 치워 버리고 너희의 마음을 이스라엘의 하나님 여호와께로 향하라 하니 백성이 여호수아에게 말하되 우리 하나님 여호와를 우리가 섬기고 그의 목소리를 우리가 청종하리이다 하는지라.'

하나님 감사합니다. 처녀시절 하나님을 영접하고 3가지의 기도제목이 있었는데 그 기도를 응답하셨습니다. 믿음의 가정으로 보내셔서 하나님의 길로 인도하심에 감사드립니다. 온전한 십일조를 드리지 않다가 큰아이가 5살 때에 어려운 문제 가운데서 주님을 인격적으로 만났습니다. 그리고 그 때부터 온전한 십일조를 드리게 되었음을 감사합니다. 4년 동안 구역장의 직분을 감당할 수 있는 능력을 주셨음을 감사합니다.

'87년도 5월에 조장으로 임명하셨음을 감사합니다. '87년 1월 1일 송구영신 예배 때, 예배의 자리에서 환상 중에 흰 옷 입은 사람들을 보내시어 저에게 (관인가) 선물을 주고 가셨지요. 어떤 의미인지 몰라 애태웠지만 5월에 저를 조장으로 임명하셨지요. 제 힘으로는 감당할 수 없었기에 기도원에 올라가 3일 금식 후 조심스럽게 사명을 감당했습니다. '88년도에는 순복음교회 전도 3등 상을 대표로 받게 하셨습니다. 지금 생각하니 모든 것이 주님의 은혜였습니다.

작정예배를 드리며 하나님의 역사하심을 일일이 열거할 수 없이 많이 체험했습니다. 전도상 시상 후 조가 분리되는 과정에서 마귀의 방해도 있었지만 승리하였습니다. 조장으로 사명 감당 후 강촌마을 코오롱 아파트를 허락하셨음을 감사드립니다. 하나님의 축복하심 가운데 이사도 잘 하고, 여러 가지 문제가 많이 있었지만 하나님의 은혜 가운데 어두운 골짜기를 통과하였음을 감사합니다.

돌이켜보니 지금 상황보다 더 암담했던 때도 있었습니다. 아침에 새벽기도를 드리는 날은 그래도 숨을 쉴 수 있었고, 어쩌다 새벽기도를 못 드리는 날에는 모든 것이 죽음이고, 희망이 없었던 날도 있었습니다. 그 어려운 때에, 지금은 자녀들이 다 자라서 저에게 도움이 되지만 그 때는 고등학생, 중학생이었습니다. 집안이 망하는구나 하는 불안감이 엄습했지만 하나님께서는 잘 인도해주시고, 사업도 일으키시고, 풍동 두산위브도 주셨습니다.

그동안 함께 하시고, 축복하시고, 인도하신 주님을 바라보자!

현 상황은 남편이 신천지라는 이단에 빠져 앞뒤 분간을 못하는 상황이다.

오늘 아침에도 황의종 목사님을 비아냥거리며 그런 동영상은 이제 보지 않겠단다. 미웠다. 흠씬 두들겨패고 싶었다. 오늘도 신천지 수요예배에 가는 것 같지만 어쩔 도리가 없다. 기도할 수밖에. 수요예배를 드리고, 권사 성가대 연습을 하고 오후 3시쯤 돌아오니 큰딸이 외출준비를 하고 있었다. 일기를 정리하고 잠깐 기도하고 크리스천 포털사

이트 갓피플의 '신천지 바로 알기'를 통해 황의종 목사님의 인터넷 카페에 들어가서 목사님의 말씀, 그리고 신천지에 빠졌다가 개종한 어느 의대생의 간증과 황 목사님의 딸인 자매의 간증을 들었다. 포기밖에 달리 방법이 없는 상황이지만, 남편을 소망 가운데 바라보면서 이 시간도 기도한다.

두 분의 간증을 들으니 그래도 마음에 위로가 되었다.

작은아이와 함께 저녁 8시에 예배를 드리고, 10시쯤 잠을 잤다. 남편이 무엇을 하는지, 언제 귀가하는지 궁금했지만 무시했다. 11시 반쯤 귀가 하는 것 같았다. 별일 없는 듯 하루가 갔다.

1월 3일

5시 10분 기상.

큰딸아이가 일어나 있었다. 새벽기도를 딸아이의 방에서 같이 드렸다.

누가복음 11:33~36

'누구든지 등불을 켜서 움 속에나 말 아래에 두지 아니하고 등경 위에 두나니 이는 들어가는 자로 그 빛을 보게 하려 함이라 네 몸의 등불은 눈이라 네 눈이 성하면 온 몸이 밝을 것이요 만일 나쁘면 네 몸도 어두우리라 그러므로 네 속에 있는 빛이 어둡지 아니한가 보라 네 온 몸이 밝아 조금도 어두운 데가 없으면 등불의 빛이 너를 비출 때와 같이 온전히 밝으리라 하시니라.'

오전 10시 30분 신년축복성회-조용목 목사님

시편 126:5~6절

제목: 삶을 복되게 하는 눈물

1. 회개의 눈물

2. 감사의 눈물

3. 간구의 간절한 기도

4. 이웃을 위해 흘리는 눈물

1월 4일

오전 6시 기상.

아침식사 준비로 예배를 드리지 못했다.

아침식사 도중 남편과 신천지에 대해 대화 하다 말씨름이 있었다. 남편이 신천지에 대해 회의를 좀 느끼나 했는데 여전히 변함이 없다. 자기는 이긴 자 선생에 대해 확신한단다.

작은딸아이 방에 가니 8시 45분인데도 아직 출근하지 않고 있었다. 순간 울컥하며 화가 났다. 작은아이를 나무라려고 하는데 큰아이가 막아섰다. 큰아이와 충돌이 있었다. 험한 말들이 오고 간 것 같다. 큰아이는 방문을 꽝 닫고 들어갔다. 화장실에 가보니 남편은 헐크 같이 변해있었다. 지금까지 잘해줬더니 안되겠다며 소리를 질렀다. 꼴 보기 싫으니나도 나가라고 했다. 남편은 작은 방에 들어가 거래처에 전화를 하고 나는 신년 축복 예배를 드리러 집을 나섰다. 예배를 드리고 와서 큰딸아이와 3시 예배를 드리고는 침묵.

저녁을 먹고 8시 반 예배 준비.

남편은 하루종일 무소식.

예배를 드리고 자녀들과의 관계가 회복되었다. 마귀의 궤계였음을 깨닫게 되었다.

남편이 몇 시에 귀가했는지 모르나 부드러워져 있었다. 잠결에 왜 그렇게 부드러운지 물으니 마귀의 역사였다고 말한다.

하나님! 오늘도 또 승리하게 하셔서 감사합니다. 오늘 하루 동안 천국과 지옥을 몇 번 왔다 갔다 했는지 모릅니다.

아이들도 다 컸으니 방을 얻어주어 각자의 삶을 시작하게 할까도 생각해보고, 아무도 모르는 곳에 가서 숨어버릴까 하는 생각도 들었다.

하나님 인도하여 주소서!

1월 5일

5시 기상.

사사기를 읽고 기도 시작.

8시에 아침 식사를 하고 별일 없이 예배에 참석했다.

사랑의교회 옥한흠 목사님께서 신명기 1:29~33 말씀으로 '안아주심'이란 제목의 설교를 하셨다.

'내가 너희에게 말하기를 그들을 무서워 말라 두려워하지 말라 너희보다 먼저 가시는 너희의 하나님 여호와께서 애굽에서 너희를 위하여 너희 목전에서 모든 일을 행하신 것 같이 이제도 너희를 위하여 싸우실 것이며 광야에서도 너희가 당하였거니와 사람이 자기의 아들을 안음 같이 너희의 하나님 여호와께서 너희가 걸어온 길에서 너희를 안으사 이 곳까지 이르게 하셨느니라 하나 이 일에 너희가 너희 하나님 여호와를 믿지 아니하였도다 그는 너희보다 먼저 그 길을 가시며 장막 칠 곳을 찾으시고 밤에는 불로, 낮에는 구름으로 너희가 갈길을 지시하신 자이시니라.'

1. 전능하시고 자비로우신 주님을 자주 묵상하라. 시 23편.
2. 하나님의 품에 안겨있는 것 같이 행동하라.

하나님! 우리 남편이 신천지란 이단에 빠져 불 가운데를 지나고 있습니다. 천지 분간을 못합니다. 이 상황 속에서도 남편의 영혼 문제를 놓고 기도하기 보다는 저와 아이들이 빠져나갈 구멍을 먼저 찾았음을 회개합니다. 하나님, 용서하여 주소서. 남편을 악한 거짓 영의 세계에서 구원하여 주옵소서. 신천지(이만희)의 영보다 크신 하나님의 능력을 믿습니다. 이 시간 남편이 어디에서 무엇을 하는지 알지 못하오나, 하나님! 남편에게 역사하여 주소서. 하나님의 방법으로 역사하소서. 사망의 음침한 골짜기로 다닐지라도 하나님께서 저를, 저희 자녀를, 남편을 안고 보호하고 계시지요.

부동산 문제 때문에 마음이 조여왔다. 여러 가지 방법이 있겠지만, 하나님께서 문을 닫고 계신다. 하나님의 인도하심을 기다릴 수 밖에. 자녀들의 결혼문제, 취업문제, 우리 가정이 처한 현실을 바라보면 엎어지고 자빠질 수밖에 없지만 오늘 이 시간도 도우심을 그하며 하나님만 바란다.

하나님! 김원우 교수가 먼저 깨닫게 해 주세요. 김원우 교수가 먼저 뛰쳐나오게 도와주세요. 정남호 씨가 회개하고 돌아오게 도와주세요. 그 영혼들을 구해 주세요. 그들을 바라보는 남편도 회개하고 돌아오게 도와주세요.

남편은 밤 10시 반쯤 귀가하여 왔다 갔다 하더니 잠자리에 들었으나 한숨을 푹 쉬고는 집 팔릴 길이 보이지 않는다며 위장이혼을 하자고 했다.

나는 이혼을 하려면 정식으로 하자고, 무엇 때문에 위장이혼을 하느냐며, 시댁에 시어머니, 시숙, 시동생에게 다 이야기하고 정식으로 하자고 말했다. 남편이 갑자기 소리를 버럭 질렀다. 남편이 변했다. 갑자기 손으로 벽을 쳤다. 고래고래 소리를 질렀다. 바벨론 교회의 개, 돼지 같은 놈들의 얘기를 듣고 자기 말을 안 듣는단다. 어떻게 내가 남편의 말을 듣지 않겠느냐며 나도 소리를 질렀다.

요한계시록이 열린 지 25년이 되었는데 어찌 가짜 얘기만 듣느냐고 한다. 4복음서를 읽어보라고 했다. 신천지는 진실한 말씀만 나오는 교회란다. 소리를 버럭버럭 지르며 얘기하길래 나는 입을 닫아 버렸다.

하나님! 저런 사람도 용서하실 건가요? 용서해 주세요. 하나님! 저런 사람하고 어떻게 살아요? 아버지 도와주세요!

1월 6일

5시 기상.

일기를 정리하고 아침 준비를 했다.

남편의 얼굴을 어떻게 보나 걱정이 앞선다. 오늘 남편은 신천지 교회에 갈 텐데, 하나님의 역사가 나타나서 깨닫게 하시고, 그곳에서 도망하여 돌아오게 도와주세요. 출애굽하게 도와주세요. 하나님의 능력을 믿습니다. 사울이 바울로 변화되었던 것처럼 남편에게 변화가 일어나게 도와주세요.

시편 42:5

'내 영혼아 네가 어찌하여 낙심하며 어찌하여 내 속에서 불안해 하는가 너는 하나님께 소망을 두라 그가 나타나 도우심으로 말미암아 내가 여전히 찬송하리로다.'

늦은 아침을 먹었다. 아침 내내 침묵이 이어졌다. 얼굴을 쳐다보기도 싫었다. 남편도 아마 마찬가지일 것이다. 부지런히 내 일만 했다. 설거지, 청소. 남편이 무얼 하든지 신경도 안쓰고 내버려 두었다. 양복에다 파카를 입고 남편은 신천지 예배에 갔다.

나도 준비하고 4부예배를 드리러 나갔다.

말씀 제목: '주고 받고, 심고 거두고.' 고린도후서 9:6~9.

하나님께서 인간을 지으신 이유는 하나님과 함께 하는 자녀 된 가족을 원하셨기 때문입니다. 그러나 첫 인류의 조상은 마귀의 유혹에 빠져 하나님을 반역했기 때문에 하나님은 깊은 고통을 당하셨습니다. 그때부터 하나님은 인류를 다시 구원하시기 위한 계획을 세우셨고 그 결과 예수님을 세상에 보내 주셨습니다. 하나님께서 예수님을 이 땅에 보내 주신 것은 하나님의 많은 자녀들을 얻기 위함이고, 예수님이 한 알의 밀알이 되신 것은 많은 밀알의 열매를 맺기 위함이었습니다. 바로 여기에 주고 받는 것과 심고 거두는 법칙이 시작된 것입니다.

1. 주고 받고 심고 거두고.
① 주고 받고 : 먼저 섬기고 주면 하나님께서 더욱 풍성히 갚아주심. '주라 그리하면 너희에게 줄 것이니 후히 되어 누르고 흔들어 넘치도록 하여 안겨 주리라'(눅 6:38).
② 심고 거두고 : 옥토에 뿌린 씨는 백 배, 육십 배, 삼십 배를 결실함 (마 13:23).

2. 신앙생활에도 적용되는 법칙.
① 겨자씨 한 알을 심어 큰 나무가 됨 : 천국의 법칙은 모든 씨보다 작은 겨자씨 한 알 만큼의 믿음의 씨앗을 심으면 큰 나무가 되어 새들이 가지에 깃들게 됨(마 13:31~32).

② 심는 자의 축복: 적게 심는 자는 적게 거두고 많이 심는 자는 많이 거둠(고후 9:6~9). 심는 자를 도우시는 하나님의 은혜로 모든 것이 넉넉하여 하나님께 감사함(고후 9:10~11).

3. 삶의 문제를 당했을 때

'너희에게 믿음이 겨자씨 한 알 만큼만 있어도 이 산을 명하여 여기서 저기로 옮겨지라 하면 옮겨질 것이요 또 너희가 못할 것이 없으리라' (마 17:20).

① 한 사람이 간질로 고생하여 불에도 넘어지고 물에도 넘어지는 아들을 데리고 예수께 나아와 제자들이 고치지 못하므로 예수께서 고쳐주시기를 호소함. 이에 예수께서 제자들을 꾸짖고 아이를 불러 귀신을 쫓아내시니 아이가 나음(마 17:14~19).

② 크고 작은 인생 문제 : 산은 생명이 없고 겨자씨는 눈에 보이는 씨앗이며 생명이 있음. 씨앗은 땅에 심어야 비로소 많은 열매를 맺고 생명이 역사함(요 12:24).

③ 믿음의 씨앗을 심고 기적을 기대하라 : '행함 없는 믿음은 그 자체가 죽은 것이라'(약 2:17). 먼저 믿음을 보이고 꿈과 믿음을 심고 기적을 기대하며 기도함(마 7:7~8).

우리는 막연하게 '믿습니다'를 외치면서 마음 속에는 기대보다 불확실성만 가득합니다. 확실한 믿음은 행함으로 주고 받고 심고 거두는 법칙을 적용할 때 가질 수 있습니다.

교구장인 홍 목사님께서 남편이 돌아오도록 간절히 기도해 주셨다. 남편과 아이들이 함께 나란히 교회에 앉았을 때가 그리웠다. 왜 그때 남편의 구원 문제에 대해 기도하지 못했는가. 어쩌다 이렇게까지 되었는가. 답이 안 나 온다. 이 현실을 잊어버리고 싶고, 이 상황에서 도망해버리고 싶었다.

고린도후서 9:6~9.

'이것이 곧 적게 심는 자는 적게 거두고 많이 심는 자는 많이 거둔다 하는 말이로다 각각 그 마음에 정한 대로 할 것이요 인색함으로나 억지로 하지 말지니 하나님은 즐겨 내는 자를 사랑하시느니라 하나님이 능히 모든 은혜를 너희에게 넘치게 하시나니 이는 너희로 모든 일에 항상 모든 것이 넉넉하여 모든 착한 일을 넘치게 하게 하려 하심이라 기록된 바 그가 흩어 가난한 자들에게 주었으니 그의 의가 영원토록 있느니라 함과 같으니라.'

4부 예배를 다녀왔는데도 남편은 보이지 않았다. 오후 3시쯤 문 여는 소리가 나며 남편이 돌아왔다. 예배를 거의 두 시간 반 정도 하나 보다. 이긴 자(이만희) 선생은 핍박받는 사람들 때문에 전셋집에도 못 들어가신단다. 사람들이 지키고 있어서 그렇다는 것이다.

사람들이 왜 지키냐, 뭐하려고 지키냐고 내가 반박하니 한기총(한국기독교총연합회)에서 자기 성도들이 빠져나가니까 자기 성도들 지키려고 이긴 자를 협박한다고 한다. 예수님도 유대인들에게 핍박을 받았다고 하면서 또 소리를 벅벅 지른다. 얼굴을 쳐다보니 악마 같았다. 어찌할 방도가 없다. 그래도 배는 고픈지 밥을 차려달라고 했다. 보통 때 같으면 사과를 받아야 밥을 차려주던지 하는데, 방법이 없다. 어떻게 해야 할지 잠깐 생각을 했다. 한번 구슬려보자. 방에서 거실 쪽에 있는 남편을 불렀다. 최대한 부드러운 목소리로. 대답이 없었다. "여보" 하고 다시 불렀다. 퉁명스런 대답이 이어졌다. 방으로 잠깐 들어오라고 유도했다.

당신이 그렇게 화를 내는 게 과연 하나님 뜻이냐, 왜 그렇게 평소와 다르게 하느냐, 그렇게 좋으신 하나님을 믿으면 남자가 부드러워져야지 어떻게 그렇게 변하느냐고 부드럽게 내가 말했다. 그런데 나는 남편이 말하는 이긴 자가 어쩌고 하는 말이 그렇게도 듣기 싫을 수가 없다. 나더러 남편은 마음에 무엇이 있어서 그렇단다.

그러면 나도 당신의 얘기에 수긍하지 못하니까 조금씩 서로 인내하며 기다리자고 설득했다. 늦은 점심을 먹고, 일찍 자 버렸다. 새벽에 잠이 깨었는데, 남편도 깨서 뒤치락거리다가 또 이야기를 시작했다.

자기는 안 죽고 영원히 살거란다. 그때가 되면 육체도 소성해서 젊어진단다. 요한계시록에 다 있는 얘기란다. 어제는 일곱 영 중의 한 사람인 교육장이 설교를 했는데 기가 막힌 말씀이었더란다. 나는 자리를 박차고 일어나 나가 버렸다.

하나님, 승리할 줄 믿습니다.

1월 7일

'바벨탑과 하나님 나라'(창 11~12장)
창세기 11장.

지 권사님이 섬기시는 교회 성도 가정의 사업장에 가서 걸레 실밥 뽑는 일을 했다. 오전 9시부터 밤 11시까지 했는데, 같은 일을 10시간 이상 반복해서 하다 보니 지루한 감이 있었지만, 집사님 내외와 직원들의 배려로 따뜻함을 느꼈다. 이렇게 열심히 사는 사람들도 있었다. 힘든 가운데도 즐겁게 일들을 한다. 사장 집사님 내외는 서로 직원들 출퇴근 시키며 일은 일대로 하고, 간식 챙기고, 직원들의 배로 일을 하면서 사업을 한다는 것이 정말 쉬운 일이 아님을 느꼈다. 집에 돌아가서는 또 아이들을 챙긴단다.

그동안 하나님의 은혜로 살아왔던 것이 참 감사했다. 밤 11시쯤 강촌 마을에 도착하니 남편이 기다리고 있어서 같이 집에 왔다.

하나님! 그래도 몸이 죽고 없으면 소망이 없는데 살아있음에 너무 감사합니다. 남편이 신천지 소굴에서 나오기를 기도합니다.

1월 8일

아침에 피곤해서 늦게까지 잤다. 큰딸아이가 남편과 또 부딪혔다. 딸에게 마귀가 씌어서 자기 말을 듣지 않는단다. 딸애가 적극적으로 화제를 딴 곳으로 돌렸다. 별일 없이 남편은 출근했다(신천지 신학원을 들렀는지는 알 수 없지만).

오전에는 지구역 권사예배를 드렸다.

시편 128편과 호세아 11:10 말씀으로 야훼를 경외하는 자에게 주시는 복에 관하여 목사님께서 설교하셨다. 간절히 기도했다. 나라와 민족을 위해, 이명박 대통령 당선자를 위해, 당회장 목사님을 위해, 강영선 목사님을 위해, 교구 목표를 위해, 가정 문제를 위해 기도했다.

목사님과 장로님을 모시고 강촌교구 전체 회식이 있었다.

밤 9시 반쯤 남편이 귀가했다. 방과 주방 사이를 왔다 갔다 하며 별 대화 없이 시간을 보내다가 또 막걸리를 마셨다. 나는 방에서 TV를 보며 남편을 내버려 두었다. 일부러 자는 척하고 말을 안 시켰다.

1월 9일

일부러 남편과의 대화를 피하고 얼굴을 마주치려 하지 않았다.

청소를 다 해놓고, 수요예배를 드리러 먼저 나와 버렸다. 권사성가대에서 찬양 연습을 하고, 은행에 들렀다가 3시 넘어서야 집에 돌아갔다. 부동산에서 전화가 왔는데 잘 될 것 같았다. 오후 5시에 남편과 부동산에 가보기로 했는데, 저녁까지 남편은 소식이 없다.

저녁 7시가 되어 큰딸아이와 함께 기도하고 일찍 쉬었다. 김 전도사님께서 메시지를 보냈다. 내일 일하러 가겠느냐고. 요즘 한경희 스팀청소기 회사에서 걸레 실밥 뽑는 일을 하러 다녔다. 거기라도 나가야 이 상황을 잊어버리지. 집에서 아이들만 바라보고 있으면 너무 답답하다. 남편이 10시쯤 귀가하는 것 같았다. 그냥 지나치고 잠들어 버렸다.

1월 10일

오늘은 지 권사님 교회 성도의 사업장에 아르바이트를 하러 가기로 약속했다.

사사기를 읽었다. 하나님께서 제일 싫어하시는 일은 우리가 우상을 섬기고 다른 신들을 따르는 것이다.

하나님 우리 가족의 문제 위에 응답하소서. 우리 남편에게 역사하는 악한 영이 저의 죄 때문인가요? 저 자신이 신앙을 돌아보는 계기가 되었습니다. 하지만 아직 잘 깨닫지 못하겠습니다. 제가 하나님보다 더 의지한 것이 있습니까? 너무 보잘 것 없는 재물을 의지했습니까? 교만했어요. 하나님 저를 돌아보아 주세요. 우리 자녀들을 지켜 주세요. 세워 주세요. 세상에서 승리하는 자녀들로. "자식은 여호와의 기업이요, 태의 열매는 그의 상급이로다." 우리 남편을 오늘도 예수님의 보혈로 덮어 주세요. 딸들이 오늘도 승리하게 도와주세요. 꿇는 무릎 되게 하옵소서.

오전 9시부터 밤 10시까지 실밥 따는 일과 떡 자르는 일을 하느라 어느 정도 시름은 잊을 수가 있었다. 그동안 부동산 두 군데에서 전화가 왔는데 긍정적으로 이야기했다. 밤 10시 반쯤 집에 돌아오니 전화벨이 계속 울렸다. 아마도 지방 출장을 간 남편인가 보다. 받지 않았다. TV를 틀어 뉴스를 잠깐 보고 잠이 들었다.

자정쯤 되었는데 또 전화벨이 울렸다. 남편이다. 애들이 잘 들어왔는지, 나도 잘 갔다 왔는지 물었다. 그래도 집은 궁금한 모양이다. 하나님의 크신 능력으로 우리 가정의 문제를 해결하여 주옵소서.

1월 11일

아침 5시 기상.
하나님 감사합니다.
'우리가 사방으로 우겨쌈을 당하여도 싸이지 아니하며 답답한 일을 당하여도 낙심하지 아니하며 박해를 받아도 버린 바 되지 아니하며 거꾸러뜨림을 당하여도 망하지 아니하고'(고후 4:8~9).

하나님께서 피할 길을 주셔서 하나님의 은혜로 여기까지 왔습니다.
오늘은 지현주 지역장 가정에서 강영선 담임 목사님을 모시고 강촌 교구 연합 예배가 있습니다. 예배 위에 하나님 함께 하시고, 기름 부으소서. 대표기도 당번입니다. 하나님 붙들어 주세요.

연합예배 말씀 : 마태복음 6:22~23.
강영선 목사님.
말씀 제목: 성한 눈을 가집시다.
상한 눈은 율법적이어서 인색하고 편견을 가지고 본다. 성한 눈은 너그럽고 관대하게 은혜로 본다. 편견의 3대 악은 마음에 평화가 없다, 평안함을 누리지 못한다, 하나님과 평화를 누리지 못한다는 것이다.
예수님은 나다나엘의 장점을 들어 칭찬 하셨다. 장점을 말하라.

잠언 4:27 '좌로나 우로나 치우치지 말고 네 발을 악에서 떠나게 하라.'

에베소서 5:10 '주를 기쁘시게 할 것이 무엇인가 시험하여 보라."

1월 12일

남편이 밤 12시 반에 들어왔다며, 옆에서 자고 있다. 새벽에 깨어, 이런 저런 집안 얘기와 친구 남편들에 대한 얘기를 했다. 오늘 지 권사님 성도의 사업장에 나가서 아르바이트 하는 얘기도 했다. 너무 무리하는 것이 아니냐며 남편은 만류했다. "나는 지금 죽어도 여한이 없다. 아이들은 다 컸고, 죽으면 천국 간다."

그랬더니, 남편이 지금 죽으면 천국 갈 수 있을 것 같냐고 나에게 다시 물었다. 당신이 물과 성령으로 거듭났냐고. "그래, 나는 물과 성령으로 거듭났어. 천국에 간다"라고 했더니, 평생 동안 '주여 주여' 하면서, 천국 못가면 그렇게 억울할 것이 없단다. 자기도 남을 가르칠 때까지 신천지공부를 해보겠단다. 더 무어라 말해야 할 것 같은데 듣기 싫어서 그냥 집을 나와 버렸다.

하나님! 저 영혼(남편)을 구원해 주세요. 신천지는 거짓 영이고, 악한 영입니다. 그곳에서 건져내어 주세요. 예수님의 이름으로 기도합니다. 5시까지 일을 마치고 집에 돌아오니 남편은 사우나를 가고 없었다. 작은 딸과 또 신천지에서 말하는 성경구절을 가지고 다툼이 있었던 것 같다. 아빠의 의견에 반박하는 얘기를 조용 조용히 하니 가만히 계시더란다.

1월 13일

8시에 아침 식사를 하는데 또 전쟁이 시작되었다. 마태복음 7:7 '나더러 주여 주여 하는 자마다 다 천국에 들어갈 것이 아니요, 다만 하늘에 계신 내 아버지의 뜻대로 행하는 자라야 들어가리라'는 이 말씀을 역으로 이야기한다. 바벨론 교회 목자들은 다 틀렸단다. 신천지에서는 기독교 목사님들을 바벨론 교회 목자라고 이야기한다.

'그 날에 많은 사람이 나더러 이르되 주여 주여 우리가 주의 이름으로 선지자 노릇 하며 주의 이름으로 귀신을 쫓아내며 주의 이름으로 많은 권능을 행하지 아니하였나이까 하리니, 그 때에 내가 너희에게 밝히 말하되, 내가 너희를 도무지 알지 못하니 불법을 행하는 자들아 내게서 떠나가라 하리라'(마 7:22~23).

이 말씀을 인용하며 귀신을 쫓아내고, 병 고치는 것에 대하여 반박했다. 그래서 내가 이렇게 이야기했다. 그럼 성도가 귀신들려서 정신이 없는데 목사님들이 귀신을 쫓아내지 않고 그냥 두는 게 옳은 일이냐고. 마가복음 16:17 말씀을 읽어 주었다. 예수님이 부활 승천하시기 전의 말씀이다. 왜 당신이 속고 있다는 생각을 못 하느냐고 따져 물었다.

신천지에 빠져 있다가 돌아온 신현욱 씨의 이야기를 꺼냈다. 그 사람이 신천지에서 나올 때 통장을 들고 나왔다고 하는데, 안산 상록수 교회의 목사님(신천지 상담 사역)은 16번이나 고소하고 왜 통장을 5개나 들고 나온 사람은 고소하지 않느냐고 따져 묻자, 또 괴물같이 소리를 지르며 화장실로 들어갔다.

아이들이 방에서 나와, "엄마, 아빠 좀 건드리지 마세요"라고 얘기했다. 선과 악이 어떻게 편히 공존할 수 있겠냐며, 누군가가 아닌 것은 아니라고 말해주어야 하는 거라고 아이들에게 이야기했다.

4부 예배를 드렸다.

주일 4부 예배 말씀 : 예레미야 33:2~3.
말씀 제목 : '너희는 내게 부르짖으라.'

불티가 하늘로 올라가는 자연법칙과 같이 인간의 삶도 고난을 피할 수 없습니다. 그래서 욥은 인생을 고난을 위해 태어났다고 탄식했습니다. 우리는 항상 크고 작은 고난에 우겨싸이고 답답한 일을 당하며 핍박과 비난을 받습니다. 또한 억울하게 모함을 당해 낭패와 실망에 빠지며 배반과 거꾸러뜨림을 당하기도 합니다.

고난으로 가슴이 답답하고 앞이 캄캄하며 삶의 기쁨이 사라지고 죽고 싶은 심정이 들 때 하나님을 아는 사람은 하나님 앞에 꿇어 엎드려 울부짖으며 기도합니다. 이처럼 고통과 절망의 체험 가운데 있는 우리들에게 너무나 큰 위로의 말씀이 있습니다.

1. 너는 내게 부르짖으라.
① 내게 부르짖으라 : 우리의 간구를 듣기 원하시는 하나님은 우리의 문제를 해결하시고 환난 당할 때 능히 건지실 수 있기 때문에 주님께 찾아오기를 청하심(시 91:15).
② 응답 받은 기도 : 한나의 간절한 기도, 수로보니게 여인의 애간

장이 타는 기도, 거지 바디매오의 몸부림 치는 기도와 같이 부르 짖음(삼상 1:12~13, 막 7:28~29, 10:51~52).

2. 내가 네게 응답하겠고.

① 우상은 응답지 못하나 하나님은 응답하심 : 불로 응답하시는 하나님(왕상 18:36~38).

② 비를 주신 하나님 : 엘리야의 간구로 3년 반의 가뭄 후에 비를 주심(왕상 18:41~45).

③ 응답의 약속 : '내 이름으로 무엇을 구하든지 내가 행하리니' (요 14:13~14).

3. 네가 알지 못하는 크고 은밀한 일.

① 나의 도움이 어디서 올꼬? : 하늘이 땅보다 높음 같이 하나님의 길은 인간의 길보다 높으며 하나님의 생각은 인간의 생각보다 높으심(시 121:1~2, 사 55:8~9).

② 예비하시는 하나님 : 우리가 낙심치 말 것은 하나님의 생각은 우리보다 한없이 높으심.

③ 크고 비밀한 일 : 홍해 바닷길, 마라의 쓴 물을 단물로 만든 나뭇가지, 가나의 혼인잔치에서 물이 변한 포도주, 죽은 지 4일 만에 살아난 나사로 등 하나님의 크고 비밀한 해답.

우리가 하나님 세계의 문을 열고 하나님의 손길을 움직이는 비결은 기도밖에 없습니다. 그것도 누구나 하는 일상적인 평범한 기도를 뛰어 넘어 간절하고 애절하며 몸부림 쳐 부르짖는 기도여야 합니다. 그와 같은 기도는 하나님을 감동시키며 하나님께서 응답하시되 우리의 생각을 한없이 뛰어넘어 우리가 알지 못하는 크고 비밀한 것으로 해답을 보여주십니다.

저녁 8시쯤 남편에게서 전화가 왔다. 친구들과 조금만 놀다 갈 테니 먼저 저녁을 먹으라고. 예전 같으면 남편의 목소리가 반가웠는데 내가 달갑게 받지 않으니 남편도 얼른 전화를 끊었다. 얼마나 허전한지.
하나님! 죽은 것보다는 낫지요. 그래도 소망이 있으니까요. 죽은 영이지만, 소망 없는 대화지만 그래도 말할 수 있으니까요. 하나님 도와주세요.

1월 12일

5시 기상.
사사기 말씀을 읽고 기도.
남편이 자고 있는 안방에서 거실로 나와 벽에 손을 대고 간절히 기도했다. 더러운 영, 거짓의 영, 악한 영은 떠나가라! 예수의 보혈로 명하노니 그 아들에게서 떠나가라!
남편의 머리 위에 예수님의 보혈로 덮어주소서.
아침식사 도중에 또 남편과 부딪쳤다. 큰딸이 나와서 나를 거들었다. 남편이 화를 냈다. 남편 얼굴에 은혜가 없고 푸석푸석해 보인다. 정말 어쩌다 저렇게까지 되었는지, 불쌍하고 딱하다. 저녁에 들어오니 아이들이 기다리고 있었다. 큰딸아이와 남편은 또 부딪쳤단다. 자기 말을 들어주지 않는다고 큰애보고 교만하다고 했단다. 남편은 11시쯤 집에 돌아와서 별일 없이 잠들었다.

1월 15일
5시 기상.
특별 새벽기도회 중인데 일어나지 못했다.
내일은 꼭 기도회에 나갈 수 있도록 도와주세요.

1월 16일
6시 30분 기상.
기도하지 못하다가 아침에 또 남편과 신앙문제로 다투었다. 오늘 예배에 가서 당회장 조용기 목사님으로부터 이단에 대한 설교를 들었다. 이단이란 시작은 같으나 끝이 다른 것이다. 성경 말씀을 인정하는 것처럼 보이나 자기가 계시 받았다는 것을 주장하는 것이다. 여호와의 증인,몰몬교, 통일교들이 그 예이다.
또 이단들을 성경 외에 다른 책을 인정하고, 사단에 사로잡힌 미혹의 영이란 말씀도 하셨다. 기존의 교회들을 부정하고, 무교회 형식을 띠기도 한다. 또한 부활을 부인하는 이단도 있으며, 천국을 부인하고, 사회적으로 분리시키려는 시도들이 있었다고 한다. 은혜 받은 자가 부드럽고 따뜻한 반면 율법주의에 빠져 딱딱한 특징을 가지기도 한다. 예배를 마치고 권사 성가대 찬양 연습 후에 지현주 지역장과 병원 심방을 하고 오후 4시 반쯤 들어오니 남편이 집에 있었다.
그때부터 또 전쟁이 시작되었다. 나는 부드럽게 이야기를 꺼냈다.

당신 은혜로운 말씀이 나오는 교회에 다닌다면 사람이 부드럽고 은혜로운 사람이 되어야지, 그렇게 화를 잘 내고 헐크같이 변하면 되겠냐고 타일렀다. 내 부드러운 말투에 남편도 자기가 잘못했다며 사과를 했다. 그렇지만 나를 생각하면 너무 화가 난단다. 그래도 화는 절대로 내지 않기로 서로 손을 걸고 약속했다.

사도신경을 왜 부인하느냐고, 내가 사도신경을 읽어가며 물었다. 우리의 신앙고백이 아니냐고 이야기하니, '본디오 빌라도에게 고난 받으사', 바로 이 대목에서 예수님은 본디오 빌라도에게 고난 받은 것이 아니라 유대인과 바리새인에게 고난을 받은 거란다. 나는 예수님을 본디오 빌라도가 법정에 넘기지 않았느냐고 반박했다. 남편은 빌라도가 '나는 저 사람에게 죄를 발견하지 못했다'라고 손을 씻는 얘기를 했기 때문에 아니란다. 나는 그러면 법정에 넘기지 말았어야 하는 것 아니냐고 반박했다. 우리의 세상 법에서도 판사가 직접 죄를 심문하지 않느냐고 말을 해봐도 남편은 자기 주장만 세웠다. 귀신을 쫓아내고 병든 자를 고치는 것이 불법이 아니고, 불법을 행하는 것에 대해 이야기하시지 않았느냐고 말하니 긍정하지 않았다.

누가복음 11:14~20

'예수께서 한 말 못하게 하는 귀신을 쫓아내시니 귀신이 나가매 말 못하는 사람이 말하는지라 무리들이 놀랍게 여겼으나 그 중에 더러는 말하기를 그가 귀신의 왕 바알세불을 힘입어 귀신을 쫓아낸다 하고 또 더러는 예수를 시험하여 하늘로부터 오는 표적을 구하니 예수께서 그들의 생각을 아시고 이르시되 스스로 분쟁하는 나라마다 황폐하여지며 스스로 분쟁하는 집은 무너지느니라 너희 말이 내가 바알세불을 힘입어 귀신을 쫓아낸다 하니 만일 사탄이 스스로 분쟁하면 그의 나라가 어떻게 서겠느냐 내가 바알세불을 힘입어 귀신을 쫓아내면 너희 아들들은 누구를 힘입어 쫓아내느냐 그러므로 그들이 너희 재판관이 되리라 그러나 내가 만일 하나님의 손을 힘입어 귀신을 쫓아낸다면 하나님의 나라가 이미 너희에게 임하였느니라.'

위의 말씀을 인용하여 병을 고치고 귀신을 쫓아내는 것이 사단이 하는 것이라면 어떻게 사단이 사단을 쫓아내겠냐고 반문하니 딴청을 피우며 딴 얘기를 한다. 또 보혜사 성령은 (요엘서를 인용) 우리 믿는 사람에게 선물로 주신다고 하신 약속이다. 사도행전 2장을 봐라. 오순절날 한곳에 모였던 무리가 다 성령의 충만함을 받지 않았냐고 이야

신천지에 빠진 성도의 특징

- 뚜렷한 이유 없이 얼굴에 기쁨이 사라지고 어두워진다.
- 말씀을 잘 듣지 못하고 힘들어 한다.
- 예배시간에 목사님과 얼굴을 마주치지 못한다.
- 예배시간에 앞자리에 앉던 사람이 뒷자리로 옮긴다.
- 뚜렷한 이유 없이 예배와 교회 모임을 자주 결석한다.
- 몇 개월 교회 안 나오던 사람이 갑자기 교회 나와서 열심히 봉사한다.
- 어딘가 월, 화, 목, 금 공부하러 간다고 나간다.
- 휴대전화 요금이 갑자기 많이 나오기 시작한다.
- 어딘가에 계속 문자를 보낸다.

※출처 : 한국기독교이단상담소협회 경기북부상담소

기했으나 남편은 자꾸만 화제를 돌리며 자기 주장만 내세운다.

이긴 자에 대해서는, 우리가 다 예수 믿고 승리해서 모두가 다 이긴 자라고 했더니 남편은 요한계시록 1:1~3을 인용하면서 1절에 '예수 그리스도의 계시라 이는 하나님이 그에게 주사'라는 부분에 '그에게 주사'를 강조하면서 이것은 단수이며, 이긴 자가 단 한 사람이란 것을 뜻한다는 주장을 반복했다. 서로 저녁 7시까지 논쟁을 벌였으나 결론을 내지 못했다. 저녁에 국수를 먹으러 가기로 했으나 입맛이 없어 안 먹겠다고 했다. 남편이 먼저 신앙 얘기를 더 이상 하지 말라고 말했다. 나도 동의했다.

나는 반드시 승리할 것이다! 악한 영, 미혹의 영이 역사하지만 내 속에 계시는 이가 저보다 크심을 믿는다.

1월 17일

5시 기상.

신앙 얘기는 하지 말자고 이야기한 남편이 또 신천지 얘기를 시작했다. 어째서 남편의 말에 귀를 기울이지 않느냐, 내가 당신보다 공부가 모자라냐, 나보다 머리가 더 좋다. 당신은 왜 똑똑하질 못하냐며 소리를 질러댔다. 보기 싫었지만 내버려 두었다.

부가가치세 신고 때문에 일찍 일어나서 피곤한지 아침을 먹고 자리에 누웠다가 오전 11시 30분쯤에 집을 나섰다. 점심 때 지 권사님과 김 전도사님과 식사를 같이 했다. 두 분이 내게 많은 위로가 되었다. 저녁에 집에 들어와서 쉬었다.

저녁 8시쯤 남편에게서 전화가 왔다. 저녁 먼저 먹으라고. 그럴 땐 또 멀쩡해 보인다. 요한계시록을 읽어야겠다고 다짐하고 읽기 시작했다. 영어 성경을 보려고 영한사전을 가져다 놓고 시작 했는데 정말 만만치가 않다.

1월 18일

남편이 지방에 가서 집에 안 들어온다기에 나는 오랜만에 몸 편히 하루를 보냈다. 오후에 구역예배를 드리고 철야 예배를 가려고 누웠다가 나태해져서 예배를 못 갔다. 수요일에 남편은 세례 요한에게 잘못이 있다고 말했다. 세례 요한은 예수님이 오시면 사역이 끝난 것인데, 끝내지 않고 일을 하다가 죽었다는 것이다. 세례 요한은 헤롯 왕의 잘못을 지적하다가 순교당한 사람이라고 내가 말했지만 벽을 보고 이야기하는 느낌이었다.

남편이 밤 11쯤 집에 돌아 왔는데, 휴대폰을 보니 '하남 정과장'이라고 입력되어있는 '031-817-○○○○' 전화번호로 서너번 통화한 것이 확인되었다. 하남의 정과장 같으면 국번이 817이 아닐 텐데. 그런데 통화기록을 보면 이 번호로 하루에도 두세 번 이상은 꼭 통화를 하는 것 같았다.

1월 19일

5시 기상.

요한계시록을 읽고 기도했다. 남편이 악한 영에서 놓여나도록, 우리 가정의 부동산 문제가 해결되도록. 8시 반쯤 아침 식탁을 준비하고 남편을 깨우려는데 또 나를 보자마자 푸석푸석한 얼굴로 신천지 얘기를 시작한다. 나도 질 수 없어서 맞서다가 금방 30분이 지나 아침 식사를 9시에 했다.

큰아이를 보더니 또 목소리가 커진다. 듣기 싫어하자 소리를 벅벅 질러댄다. 감기 기운이 있다며 억지로 식사를 하고는 과일만 먹고 커피는 마시지 않았다. 자리에 누워 끙끙거리며 앓기 시작했다. 다른 때 같으면 안타깝게 생각할 텐데, 그냥 내버려 두었다. 오히려 아파서 누워 있으니까 식구들을 괴롭히지 않고 조용해서 좋았다.

감기약을 좀 사다달라고 했다. 감기에는 약이 없고 쉴 만큼 쉬어야 나으니 아무 소리 하지 말고 푹 쉬라고 하고 약을 사다 주지 않았다. 얼굴에 열이 벌겋게 나고 한기를 느끼며 앓았지만 내버려 두었다. 이런 식으로 괴롭히면 못 살겠다 싶었는데, 하나님께서 피할 길을 허락하신 것인가? 저녁 즈음, 부동산에서 긍정적인 전화가 왔다. 저녁 식사는 김치를 넣은 국수를 먹고, 9시까지 부동산에 나가 계약을 했다.

하나님 감사합니다. 예상했던 것보다 많이 떨어진 가격에 매매가 이루어졌지만 감사하다. 남편도 홀가분해 했다. 그래도 서운하여서 뒤척이다가 늦게 잠들었다.

1월 20일
5시 기상.

일기를 정리하고 요한계시록 읽을 준비를 했다. 남편은 기력이 다

쇠하였는지 어제 일찍부터 자는 것 같았는데 6시가 되어도 일어날 생각을 안했다. 물을 마시고 싶다고 하여 주스를 갖다 주었다. 하나님 감사합니다. 남편을 만져 주소서. 그 마음에, 생각 속에, 잘못 들어간 비진리와 거짓의 영, 악한 영에서 빠져나오고 또 그것들이 떠나가게 도우소서. 우리 가정을 도우소서. 하나님께서 역사 하소서. 자녀들의 진로와 결혼을 하나님께서 인도하여 주소서.

주일 4부 예배를 드렸다.

마태복음 14:22~23, '물 위로 걸어오신 예수님.'
주님! 우리 가정의 풍랑 이는 배 위에 함께 하소서. 풍랑을 잠잠케 하신 주님, 주님만 바라봅니다. 말씀만 바라봅니다. 의심과 두려움의 적을 물리쳐 주심을 감사합니다.

점심을 3시에 먹었는데 남편은 그때까지 오지 않았다. 30분쯤 지나자 남편이 왔다. 예배를 두 번 드렸단다. 장년부 예배. 그전 같으면 어림도 없는 얘기다. 감기에 걸려 앓으면서도 예배는 두 번씩이나 드리느냐, 아프다고 하고 오지 그랬느냐고 내가 말했다. 별 반응 없이 시큰둥 하더니 남편은 생태찌개를 먹고 싶어 했다. 끓여주었더니 잘 먹고 기운을 차리는 것 같았다.

잠자리에서 남편은 또 부드럽게 얘기를 꺼냈다. 구약은 모세의 노래고, 신약은 예수의 노래다, 그런 말 들어 본 적 있냐고. 나는 모세가 감사하며 노래를 지어 찬양한 것은 보았지만 구약 전체가 모세의 노래란 얘기는 처음이라고 말했다. 남편은 가만히 있었다.

내가 계속 이어서 이야기를 하였다. 당신이 말하는 신천지가 정말로 말씀이 진리인 좋은 곳이라면 당신이 좋게 변해야지 왜 화를 내고 이상하게 변하느냐, 그렇게 하는 방식의 얘기 들은 듣고 싶지 않다고 말했더니 조용히 듣고만 있었다.

그동안 우리 집을 위해 기도해주시던 분들에게 코오롱 집이 매매가 되었다고 메시지로 알려드렸다. 한 가지 문제라도 해결 되니 힘이 생기고, 하나님이 나를 버리지 않으셨구나 하는 생각이 들었다. 감사합니다. 하나님께서 반드시 악한 영의 세력에서 구원하시고, 우리는 승리한다. 나는 반드시 승리한다. 아멘.

1월 21일

4시 기상.

뒤척이다가 4시 30분쯤 일기를 정리하고 기도를 시작하였다. 하나님 오늘 부동산 잔금 4,800,000원이 입금되어야 합니다. 함께 하여 주소서.

요한계시록 8~12장을 읽었지만, 저들(신천지) 같이 입력이 되지 않는다. 하지만 하나님께서 지혜를 주시면 반드시 저들의 잘못과 오류를 지적할 수 있으리라 믿는다. 코오롱 아파트에 물이 샌다고 해서 잠깐 들렀다. 12시 10분쯤 잔금이 입금되었다는 연락이 왔다. 돈이 남편 통장으로 들어왔기 때문에 기도하고, 남편을 잘 구슬려서 내 통장으로 입금시키고 두산 아파트로 뺀 융자 빚을 갚았다. 감기 몸살이 아직인 남편은 아무 말 없이 잘 있었다. 그래도 식사는 여전히 잘 한다.

너무 딱하고 안돼 보여서 감기약을 사다 주었는데 좀 기운이 나는지 또 신천지 얘기를 간간히 꺼냈다. 정말 듣기가 싫었다.

하나님! 우리 가정의 물질을 지켜 주세요. 남편을 신천지 악한 영, 거짓 영의 세력에서 구원해 주세요. 예수님의 보혈로 기도합니다.

성경을 보고 싶었지만 남편이 또 옆에서 성경 보는 것을 구실 삼아 참견할 것 같아서 그냥 TV를 켜고 보다가 11시쯤 잠이 들었다.

1월 22일

새벽에 잠이 깨 화장실을 다녀오니 남편이 불도 안 켜고 앉아있다. 말을 시켰는데 대답이 없다. 왜 대답이 없느냐고 하니 기도하는 데 어떻게 대답을 하느냐고 반문한다. 누구에게 기도를 하는 것인지 궁금하다.

잠깐 같이 누워있는데 돈 얘기를 꺼낸다. 사업하는 데 있어서 자금 압박을 많이 받는단다. 사업 자금이 더 필요하다는 얘기를 하려는 것 같은데, 내가 말을 막아버렸다. 코오롱 아파트 잔금을 받는 날이 3월 31일이니 그때까지 이야기하지 말자고. 그 돈을 어떻게 하려는 것인지, 그들의 계획을 알 수가 없다.

하나님이 막아주시고, 지켜 주세요. 하나님이 축복하셔서 주신 이 물질을 마귀에게 절대로 넘길 수 없습니다. 지켜 주세요.

요한계시록을 읽으려고 하는데, 하나님 지혜 주세요. 깨닫게 도와주셔서 저 악한 원수, 마귀의 계략을 이기게 도와주세요. 예수님 이름으로 기도합니다. 아멘.

큰딸과 밤 9시에 예배를 드렸다. 국민일보 가족예배란을 읽었다.
'처음이요 나중이신 예수'(계 2:8~11).
'너는 장차 받을 고난을 두려워하지 말라, 볼지어다 마귀가 장차 너희 가운데에서 몇 사람을 옥에 던져 시험을 받게 하리니.'
서머나교회에 대한 말씀이다. 서머나교회는 우상숭배가 심한 도시였다. 상대적으로 교회는 연약한 곳이었다. 예수님은 이러한 서머나교회를 향해 자신을 '처음이며 마지막이요 죽었다가 살아나신 이'로 소개하고 있다. 예수님은 '죽음과 고통이 다가올 것'이라는 사실을 말하고 있다. 이것은 앞으로 서머나교회에 다가올 격렬한 핍박을 예언하신 것이다.
주님은 처음과 나중이 되시는 분이다. 서머나교회에게 자신을 '처음이며 마지막'이라고 하신 것은 두려워 말라는 주님의 깊은 뜻이다. 서머나교회가 환란과 핍박을 많이 받으나, 세상이 교회를 이기지 못할 것이다. 우리는 이 세상에서 벌어지는 일에 일희일비 할 필요가 없다. 다 처음이요 나중이신 주님의 손바닥 안에 있기 때문이다.

1월 24일

5시에 일어나 기도하려고 하는데 남편이 또 성경을 들고 이야기를 시작했다. 이사야 29:9~13절 말씀을 인용하여 역으로 이야기했다. 기가 막혔지만 부드럽게 반박했다. 어제 김남진 전도사님으로부터 안 좋은 소식이 왔다. 최근에 계속 이단상담이 실패했다고. 그쪽(신천지)에서 어떻게 교육을 받는지, 와서 난장판을 벌이고 전혀 듣지 않으려 한다고.

가장 큰 문제는 전도사님을 믿지 않고 그 말씀을 들으려 하지 않는 것이라고 하셨다. 우리도 전략을 잘 짜서 상담을 받으러 와야 한다고 말씀하셨다. 우리의 힘으로는 저들을 이길 수 없으니, 하나님의 능력을 의지하고 기도할 수밖에 없다.

이사야 28:29 '이도 만군의 여호와께로부터 난 것이라 그의 경영은 기묘하며 지혜는 광대하니라.'

남편과의 대화는 잘 통하지 않지만, 남편의 기세가 많이 꺾인 것 같다. 남편에게 "당신이 얘기하는 신천지, 그렇게 기가 막힌 말씀이 나오는 곳이라면 말과 행동이 뒤따라야 한다고 생각하는데 어떻게 당신은 그렇게 변하냐? 잘 지내던 40년 지기 친구에게 심한 욕지거리를 하지 않나, 당신의 그런 모습은 30년 동안 같이 살았지만 처음 봤다. 어떻게 아내에게 그렇게 헐크처럼 소리를 지를 수가 있어? 아이들이 아빠 싫대, 나도 당신에게 정이 떨어졌어. 그렇게 좋은 말씀이 나오면 곳이면 아내가 마음이 움직일 수 있도록 행동으로 보여줘요"라고 말하며 구슬렸다.

또 그렇게 계속 화를 내면 당신을 앞으로 안 볼 수 도 있다고 말했다. 남편은 수긍하는 눈치이며 조용해진다. 그래도 남편이 평소에 온

유한 편이라 참 감사한다. 과격한 성격의 소유자들은 어떻게 나올지 걱정이 된다. 오후에 또 이야기를 꺼내길래, 뉴코아 백화점에 쇼핑을 가자고 권유해 쇼핑 하고, 저녁을 먹고 들어와서 일찍 자는 척해 버렸다.

야고보서 1:2~27

'하나님과 주 예수 그리스도의 종 야고보는 흩어져 있는 열두 지파에게 문안하노라 내 형제들아 너희가 여러가지 시험을 만나거든 온전히 기쁘게 여기라 이는 너희 믿음의 시련이 인내를 만들어 내는줄 너희가 앎이라 인내를 온전히 이루라 이는 너희로 온전하고 구비하여 조금도 부족함이 없게 하려 함이라 너희 중에 누구든지 지혜가 부족하거든 모든 사람에게 후히 주시고 꾸짖지 아니하시는 하나님께 구하라 그리하면 주시리라 오직 믿음으로 구하고 조금도 의심하지 말라 의심하는 자는 마치 바람에 밀려 요동하는 바다 물결 같으니 이런 사람은 무엇이든지 주께 얻기를 생각하지 말라 두 마음을 품어 모든 일에 정함이 없는 자로다.

낮은 형제는 자기의 높음을 자랑하고 부한 형제는 자기의 낮아짐을 자랑할찌니 이는 풀의 꽃과 같이 지나감이라 해가 돋고 뜨거운 바람이 불어 풀을 말리우면 꽃이 떨어져 그 모양의 아름다움이 없어지나니 부한 자도 그 행하는 일에 이와 같이 쇠잔하리라 시험을 참는 자는 복이 있도다 이것에 옳다 인정하심을 받은 후에 주께서 자기를 사랑하는 자들에게 약속하신 생명의 면류관을 얻을 것임이니라 사람이 시험을 받을 때에 내가 하나님께 시험을 받는다 하지 말찌니 하나님은 악에게 시험을 받지도 아니하시고 친히 아무도 시험하지 아니하시느니라 오직 각 사람이 시험을 받는 것은 자기 욕심에 끌려 미혹됨이니 욕심이 잉태한즉 죄를 낳고 죄가 장성한즉 사망을 낳느니라 내 사랑하는 형제들아 속지 말라 각양 좋은 은사와 온전한 선물이 다 위로부터 빛들의 아버지께로서 내려오나니 그는 변함도 없으시고 회전하는 그림자도 없으시니라 그가 그 조물 중에 우리로 한 첫 열매가 되게 하시려고 자기의 뜻을 좇아 진리의 말씀으로 우리를 낳으셨느니라 내 사랑하는 형제들아 너희가 알거니와 사람마다 듣기는 속히 하고 말하기는 더디 하며 성내기도 더디 하라 사람의 성내는 것이 하나님의 의를 이루지 못함이니라 그러므로 모든 더러운 것과 넘치는 악을 내어버리고 능히 너희 영혼을 구원할바 마음에 심긴 도를 온유함으로 받으라 너희는 도를 행하는 자가 되고 듣기만 하여 자신을 속이는 자가 되지말라 누구든지 도를 듣고 행하지 아니하면 그는 거울로 자기의 생긴 얼굴을 보는 사람과 같으니 제 자신을 보고 가서 그 모양이 어떠한 것을 곧 잊어버리거니와 자유하게 하는 온전한 율법을 들여다보고 있는 자는 듣고 잊어버리는 자가 아니요 실행하는 자니 이 사람이 그 행하는 일에 복을 받으리라 누구든지 스스로 경건하다 생각하며 자기 혀를 재갈 먹이지 아니하고 자기 마음을 속이면 이 사람의 경건은 헛것이라 하나님 아버지 앞에서 정결하고 더러움이 없는 경건은 곧 고아와 과부를 그 환난 중에 돌아보고 또 자기를 지켜 세속에 물들지 아니하는 이것이니라'.

1월 25일

임승옥 집사의 딸이 안산 고잔역에서 결혼하여 아침 일찍 집을 나섰다. 아침에 잠깐 시간이 있었는데, 남편이 다림질하는 내게 다가와 이야기를 꺼냈다. 나는 다음에 이야기하자며 쳐다보지도 않았다.

남편도 오후 3시 반에 결혼식이 있다고 했다. 나는 또 저녁 6시에 이희순 권사의 아들 도순 군 결혼식에 들렀다가 8시가 다 되어 집에 돌아오니 남편이 집에 와있었다.

예전 같으면 친구들과 어울리느라 아직 안돌아왔을 텐데, 집에 와서 있는 남편을 보니 불쌍하고 안됐다.

화장실에 들어가 보니, '활천'이라는 잡지에 '신천지 중심'이라고, 이단 척결 사역을 하시는 목사님의 말씀이 있었는데, 그것을 15일 전에 내가 보여주자 난리를 치면서 그 목사님 이름을 들먹이며 욕을 했었다. 그런데 그 잡지를 다시 읽어보았는지 잡지가 내가 둔 반대로 뒤집혀져 있었다.

하나님! 역사하시옵소서!
저의 힘과 능력으로는 부족합니다. 하나님의 신으로 역사하소서!
남편은 계속 조용히 있었다.

1부 기도로 써 내려간 아내의 일기 · 3장

남편을 이끄소서, 도우소서

1월 26일

큰딸아이가 아침 일찍 미군교회 예배를 간다기에 일찍 아침 준비를 했다. 큰아이가 어제는 선교 모임에 갔었는데 선교 보고를 아침부터 저녁까지 즐겁게 하더란다.

하나님! 오늘 하루도 당신 딸들의 예배 위에 함께 하셔서 주님을 만나는 거룩한 예배가 되도록 지켜주세요. 남편은 오늘 신천지 예배에 갈 것인데, 하나님! 그곳에 역사하셔서 남편의 눈에 비늘 같은 것이 벗어지게 도와주세요. 신천지의 거짓 오류가 드러나게 하셔서 그곳에서 하루 빨리 도망하게 도와주세요. 성령의 능력으로 역사하여 주세요.

어제는 남편이 요한계시록 16:21 말씀에 '무게가 한 달란트 되는 큰 우박'이 '이긴 자'라며, 그 증거가 이사야 28:2에 있다고 주장했다.

주님, 제가 지금 말씀을 읽으려고 합니다. 지혜를 주세요.

이사야 28:2 '보라 주께 있는 강하고 힘 있는 자가 쏟아지는 우박 같이, 파괴하는 광풍 같이 큰 물이 넘침 같이 손으로 그 면류관을 땅에 던지리니.'

이 말씀을 어떻게 요한계시록 16:21과 연관시키는지, 이해할 수가 없다.

요한계시록 16:21 '무게가 한 달란트나 되는 큰 우박이 하늘로부터 사람들에게 내리매 사람들이 그 우박의 재앙 때문에 하나님을 비방하니 그 재앙이 심히 큼이러라.'

하나님 도와주세요. 주일 2부 예배를 드렸다.

말씀 : 여호수아 6:17~19

말씀 제목 : '하나님께 바친 것'

여리고 성 안의 모든 것은 하나님께 온전히 바친 것이므로 어떤 것 하나라도 취하거나 소유하면 하나님의 노하심을 받게 됩니다. 이스라엘은 아간이 몰래 숨긴 은과 금을 인하여 아이성 공격에서 패배했습니다. 여호수아는 범인을 찾아내어 아간과 그 가족을 돌로 쳐 죽이고, 하나님의 진노를 그치게 했습니다.

1. 주일은 하나님께 드린 날입니다.

① 안식일을 거룩하게 지켜야 합니다(출 20:8~10).

② '네 마음을 다하고 목숨을 다하고 뜻을 다하고 힘을 다하여 주 너의 하나님을 사랑하라 하신 것이요 둘째는 이것이니 네 이웃을 네 자신과 같이 사랑하라'(막 12:30~31).

③ 사도들의 전통을 따라서 주님께서 부활하신 날이며 성령께서 강림하신 주일에 거룩하게 예배 드림. 신약시대의 성도들에게는 주일이 곧 안식일(사 58:13~14).

2. 십일조는 하나님께 드린 성물.

① 하나님은 십일조와 봉헌물을 도둑질한 이스라엘 백성들을 꾸짖으심(말 3:7~12).

② 아브라함과 십일조 : 전쟁에서 승리하여 얻은 것에서 그 십분의 일을 드림(창 14:18~20).

이삭의 큰 축복 : 야훼께서 복을 주시어 농사한 그 해에 백 배나 얻음 (창 26:12~13).

야곱의 십일조 서약 : 하나님께서 주신 모든 것의 십분의 일을 드림 (창 28:20~22).

③ 네 물질이 있는 곳에 네 마음도 있다 : 십일조는 우리 신앙과 사랑을 증명하는 시금석.

3. 우리 몸은 하나님께 드린 것

① 우리 몸은 거룩한 산 제물이므로 하나님이 기뻐하시는 뜻을 분별해야 함(롬 12:1~2).

② 우리 몸은 예수 그리스도께서 값 주고 사신 것으로 성령의 전임 (고전 6:19~20).

③ 우리 몸은 그리스도의 지체로서 음행은 우리 몸에 대한 범죄임(고전 6:15~18).

주일과 십일조와 우리 몸은 하나님께 드린 것입니다. 하나님께 드린 것을 우리가 맘대로 취하면 교만하고 불경스럽고 도둑이 되어 하나님의 노하심으로 복 받지 못하게 됩니다.

집에 왔다. 남편은 11시쯤 신천지 예배를 보러 나갔다. 가족들과 같이 교회에 갈 때는 시간을 달랑달랑 맞추어서 매일 늦게 갔었는데, 신천지 예배는 1시간 전에 나간다. 훈련을 잘 받은 모양이다. 너무나 딱하고 마음이 아프다.

남편이 2시 반쯤 돌아왔다. 초교파신문을 들고 들어와 읽어보라고 권유한다. 초교파신문은 신천지에서 발행한 것이 아니란다. 그것이 아니라면 당신도 속고 있는 것이라고 내가 말하니 가만히 있었다.

밥맛이 없어서 저녁을 간단히 해결하고 특별한 이야기가 없으므로 TV를 켜고 있었다. 이럴 때는 TV가 필요하다.

어제가 친정 오빠 생신이라 큰언니와 작은언니는 친정에 가셨지만, 나는 아침 금식기도를 하는 관계로 못 갔다. 큰 언니께서 잘 다녀오셨다고 전화가 왔다.

하나님! 남편의 어리석음과 분별력 없음을 용서하여 주소서. 남의 말에 귀를 기울이고, 잘 속아 넘어감을 용서하소서. 하나님! 우리 가족을, 저를, 남편을, 자녀들을 불쌍히 여겨 주셔서 남편이 깨닫게 도와주세요. 〈활천〉이란 잡지를 다시 한번 보았다고 남편이 얘기했다.

하나님! 남편의 눈을 여시고, 생각을 여시고, 마귀의 일을 멸하여 주옵소서. 신천지 이단 집단들의 속임수를 발견하게 도와주세요. 요한계시록을 여는 말씀을 받아 먹었다는 이만희 교주의 거짓 교리를 깨닫게 하여 주소서. 계속해서 저에게 지혜를 주시고, 우리 가족을 지치지 않게 하소서. 예수님의 이름으로 기도합니다. 아멘.

1월 31일

6시 기상.

너무 많이 잤나 보다. 게을러진 것인가, 영적으로 무뎌진 것인가. 우리 언니들은 그 바쁜 가운데에도 새벽에 나가 기도하실 텐데….

아침 금식 11일째. 어제 남편과 또 부딪쳤다. 초교파신문을 어떻게 신천지에서 발행한 신문이 아니라고 얘기 하느냐, 기독교에서는 신천지는 이단이라는 공문이 교회마다 다 내려왔단다. 그런데 어떻게 초교파신문에서 이단 신천지 예수교회 강사의 얘기를 정 가운데에 실을 수가 있겠느냐, 초교파신문이 신천지에서 나온 신문이 아니라고 우기는 바로 당신도 속고 있는 것이라고 얘기하니 남편은 흥분하기 시작했다.

괴물같이 버럭버럭 괴성을 지르기 시작했다. 성도들을 모아서 호위호식하는 목자들 얘기를 들었다면서, 거기 가서 기도하면 다 헛 것이라며 십일조를 줄여서 하고 있는지 소리소리 지르며 물었다.

나도 지지 않고 동네에서 쫓겨나고 싶으면 더 소리를 질러 봐라, 아래층 아줌마 올라오실 거다, 경비실에서 연락 올 거다 라고 말했더니 화장실로 들어가 버렸다.

작은 소리로 내가 '저 병신 같은 인간'이라고 했더니 들었는지 화장실에서 쫓아나와 주먹으로 칠 기세다. 다시 화장실로 들어가 성결교회 잡지 〈활천〉을 집어던지고 난리를 피운다. 내버려 두고 수요예배에 참석하러 나왔다.

정말 내가 어떻게 행동해야 남편이 하루 빨리 거짓 영, 악한 영인 신천지에서 돌아올 수 있을까? 하나님께 기도하는 방법밖에는 없다. 마귀야, 니가 아무리 닥달해도 이 모든 것이 하나님의 손 안에 있다. 더러운 귀신의 영아, 사단아, 우리 남편에게서 떠나가라. 우리 가정에서 떠나가라. 하나님이 사랑하시는 성도에게서 떠나가라.

예수님의 보혈을 의지합니다. 하나님 우리 남편의 범죄함을 용서하소서. 무지해서 그럽니다. 남편의 영혼을 위해서 간절히 기도하지 못한 것을 용서해주세요. 그래도 남편이 들을 귀가 있는 것 같아 이야기 하는데 어떻게 해야 하나요? 하나님 도와주세요. 예수님의 이름으로 기도합니다. 아멘.

어제 지방으로 출장 간 남편이 아침에 전화를 했다. 어제 그렇게 소리를 지르더니 오늘은 멀쩡하다. 밥 먹었냐, 애들 다 잘 나갔느냐 묻는다. 정말 이해할 수가 없다.

하나님, 2월 14, 15, 16일을 기억하시고 그곳에 잘 갈 수 있도록 역사하시옵소서. 그곳에 하나님 역사하시옵소서. 김남진 전도사님에게 기름 부으소서. 갑절의 능력으로 입혀 주소서.

2월 1일

4시 기상.

남편이 어제 12시 넘어서 왔다고 하며 새벽에 얘기를 한다. 감정이 아직 남아있지만 내 고집을 부리지 않고 받아 주었다. 정신적인 환자려니 생각했다.

남편은 일하다 보니 어제 점심을 오후 4시가 넘어서 먹었다며, 체력이 뚝 떨어졌는데 점심식사를 하는 식당에서 생고기를 300g이나 썰어 주어서 기운이 회복되었단다. 장사가 잘 안된다는 얘기도 하였다. 겉도는 얘기만 한다.

그동안 남편과 나는 대화도 많이 하고, 별 문제 없는 부부라고 생각했었다. 아이들한테도 남편은 자상한 아빠고, 나에겐 좋은 남편이었다. 신앙생활에 열심은 없었지만 내가 열심히 교회 나가는 것에 대해 반대하지 않고 잘 호응해 주었던 것 같다. 그런데 어떻게 신천지 문제를 몇 년 동안 속여왔는지, 처음 접촉이 있을 때 어떻게 말 한마디 안했는지 이해가 안된다. 처음엔 신천지 교리에 대해 긴가민가 했었는데 지금은 확신한다고 했다.

하나님! 저 아들의 생각 속에 잘못 들어간 비진리, 거짓 영, 악한 영을 멸하소서.

어제 저녁에는 이희순 권사가 며느리를 보았다고 저녁을 내어서 잘 먹고 이야기를 나누다 밤 10시에 집에 돌아왔다. 집집마다 이런 저런 문제들이 다 있을 것 같다.

의정부 이단상담소의 김남진 전도사님께 상담 받을 날이 14일 남았다. 작전을 잘 짜서 오라고 하셨는데, 기도하면서 문제를 풀었다. 작은 언니(성결교회 권사)에게 부탁하여 상담 받는 모든 일을 언니가 꾸민 것으로 하자고 부탁드렸다. 뒷감당도 언니가 해 주십사 부탁했다. 상담소에서 혹시 난동을 부릴지도 모르니까 큰딸의 친구들인 J singers 멤버들이 동행하기로 했는데, 남편이 또 이상하게 생각 할 수도 있으니 J singers 팀이 구정 때 먼저 우리 집에 놀러와 남편과 사귐이 있게 하려고 계획 중이다. 상담 때, 그들도 이단 상담에 관심이 있는 것처럼 하여 동행하기로 했다. 이 모든 일에 하나님께서 역사하여 주시옵소서.

2월 3일

4시 30분 기상.

기도하고 아침 준비를 하려니 남편이 또 옆에서 말을 시킨다. 어제는 토요일인데 또 신천지에 가서 교육을 받았단다. 8시쯤 집에 온다고 전화가 왔다. 점점 더 완악해지는 거 같다. 남편은 신천지 사람들이 다 천사 같단다. 웃으면서 봉사하고, 강사들이 앞에 나와 안내하며 헌신적으로 한다고 말했다.

정남호란 사람도 아내가 먼저 신천지에 들어가 남편을 이끌었다고 했다. 어제 TV를 켜 놓고 자고 있는데 PD수첩에서 교회 재정문제, 건축문제 등에 대한 내용을 방영했다. 건축헌금을 강요하는 모습이 부정적으로 비춰졌다. 남편이 또 기성교회 목사님들에 대해 욕을 해댔다. 너무 불쌍하지만 어쩔 수가 없었다. 나는 그것이 현실인 줄은 아는데 당신 입으로 그렇게 욕하고 흥분하지 마라, 평생 동안 이름도 빛도 없이 헌신하는 분들도 많다, 교회 건축은 다들 그렇게 하더라. 좋은 말씀만 나온다는 신천지, 기가막힌 곳에 나가는 사람이 자기 절제를 해야지 그렇게 흥분을 잘하면 되느냐고 달랬다. 자기도 수양이 덜 되어서 그렇다며 곧 수그러졌다.

코오롱 아파트 매매 중도금이 남편 통장으로 들어올 텐데, 부동산에 얘기해서 내 통장으로 이체해달라고 하여 대출금을 갚았다. 그 사실을 나중에 안 남편이 또 흥분했다. 남편에게 이야기했다. 당신 통장으로 돈이 들어가고 또 나한테 옮기면 두 번 일이지 않냐, 이야기 안 한 것은 미안하다, 말하려고 했었다라고 말하며 구슬렸다.

아마도 돈을 어디에 쓸려고 했던 모양이다. 사업자금도 모자라고, 돈 압박을 많이 받는다고 하소연 했다.

하나님! 저희 가정을 지켜주세요. 자금 문제를 지켜주시고, 보호 하시고, 인도하소서. 김남진 전도사님에게 기름 부으소서. 영권을 더하여 주소서.

주일 2부 예배를 드렸다. '천국과 지옥'에 대해 당회장 목사님께서 설교 하셨다. 예수 믿고 구원 받는 것에 대해 감사하고, 예수님의 보혈을 의지하게 됨에 감사했다. 귀한 말씀에 평안이 오고 위로가 됐다.

2월 4일

3시 30분 기상.

아침 준비를 대강 하고 새벽기도에 갔다. 여의도 위성예배로, 양병초 목사님께서 말씀을 전하셨다.

말씀: 다니엘서 9:19

'주여 들으소서 주여 용서하소서 주여 귀를 기울이시고 행하소서 지체하지 마옵소서 나의 하나님이여 주 자신을 위하여 하시옵소서 이는 주의 성과 주의 백성이 주의 이름으로 일컫는 바 됨이니이다.'

기도란 영적 호흡이다. 하나님을 깊이 들이 마시는 것이다. 기도는 나를 위한 것이 아니고, 하나님을 위한 것이다. 하나님의 뜻과 목적을 이루는 것이다. 하나님의 요구하심에 대가를 지불해야 한다.

기도하면서 깨달을 바가 있다. 절대로, 내가 남편을 하나님의 말씀으로 이길 수는 없다. 기도와 사랑이 남편을 신천지, 악한 영의 세력에서 놓임 받게 하는 것이다. 인간적인 방법을 쓰지 않겠노라 다짐하지만 다시 반복하여 실수를 하고 있다.

그동안 하나님의 아들인 남편을 내 마음대로 좌지우지 했던 것을 용서하여 주옵소서. 남편이 말을 하지 않지만, 마음 한 가운데에 나에 대한 눌림이 있는가 보다.

하나님! 저를 지켜 주세요. 우리는 주님께서 2000년 전에 이겨 놓으신 싸움을 하지만, 또 두려워하고 낙심했습니다. 반드시 주님이 승리하십니다.

2월 5일

4시 기상.

아침 준비를 하고 새벽 기도회에 갔다. 15Km쯤 되고 15분 정도 걸리는 거리인데 즐거운 마음으로 나갔다. 오늘도 양병초 목사님께서 '새로

이단/사이비에 대한 오해	신천지의 주요교리
• 우리는 없겠지? (교회, 가정, 친구, 이웃) • 이단은 신앙이 약한 사람이 빠진다? • 이단이 무섭다? • 나는 걱정 없다? 자신 있다? • 이단은 몰라도 된다? ▲ 이단에 대해 지나친 공포심이나 무지는 이단에 노출되었을 때 교회와 성도를 지키는 데 아무런 도움이 되지 않는다. 제대로 알고 대처하는 노력이 필요하다.	• 비유풀이 • 세례요한은 배도자 • 삼시대론 • 신인합일교리 (계 20:4) • 배도 멸망 구원의 노정 순리 • 요한계시록의 해석(비유풀이) • 말씀의 짝(사 34:16) • 실상교리

※출처 : 한국기독교이단상담소협회 경기북부상담소

워진 마음으로 기도하라'는 제목을 가지고 말씀을 증거 하셨다.

　말씀: 로마서 12:2

　'너희는 이 세대를 본받지 말고 오직 마음을 새롭게 함으로 변화를 받아 하나님의 선하시고 기뻐하시고 온전하신 뜻이 무엇인지 분별하도록 하라.'

　마음은 생각, 감정, 의지, 양심 등 4가지로 분류할 수 있다.

(1) 생각 : 올바른 생각을 가져야 한다. 그러기 위해서는 성령을 바라보고, 의지하고, 어두운 생각을 떠나게 하고, 하나님의 말씀으로 준비되어야 한다.

(2) 감정 : 하나님의 말씀과 은혜를 표현할 수 있어야 한다.

(3) 의지 : 강한 의지가 있어야 신앙생활의 훈련을 감당할 수 있다.

(4) 양심 : 디모데전서 1:5, 1:19

　선한 양심, 착한 양심, 거리낌이 없는 양심을 소유하여야 한다.

　30년 전의 일을 돌이켜 보았다. 결혼을 하는데 남편 될 사람은 집 한 채 값의 빚이 있었고, 시어머니란 분은 정말 대책이 없었다. 될 대로 되라는 식의. 그때의 상황과 마음을 어떻게 다 표현하랴.

　나도 오빠와 올케 밑에서 공부하고 자란 터라 마음 고생을 했지만, 그래도 모범생 소리를 듣고 나름대로 착실해서 월급 받은 돈을 오빠에게 맡기었고, 일부는 모아 퇴직금을 모두 합하여 일백만 원 정도의 돈을 수중에 가지고 있었다.

시어머니는 친정과 비교해 볼 때 상식 이하였다. 결혼할 때도 남편은 돈을 어디서 빌렸는지 혼자 나와서 예복이랑 패물을 해 주었었다. 시어머니와 형님이 계셨지만 우리의 결혼에는 관심이 없었다. 그래도 나는 내 통장의 100만 원을 믿고 결혼 생활을 시작했다.

남편은 그 당시 작은 사업을 하고 있었는데, 가게에는 친구들이 매일같이 놀러와 진을 치고 있었고, 장사에는 별 관심이 없었다. 그래도 주말에는 가게에 손님이 좀 있는데, 그나마도 친구들 결혼식에 참석하느라 밤 늦게 되어서야 돌아왔다. 정말 생각이 없는 사람 같았다. 사정하고, 울고, 난리를 쳐도 소용이 없었다.

또 평일 저녁에는 가게에서 친구들과 술판을 벌였다. 그 당시 자전거는 우리의 주요한 교통 수단이었는데 우리 가게 2층에 있던 다방 아가씨들이 커피 배달을 할 때 남편의 자전거를 자주 빌려 갔다. 도저히 이해가 안 갔다. 생활비가 많이 드는 것도 아닌데 월세 낼 때가 되면 모아진 돈이 없어서 월세 걱정도 해야 했었다. 얼마나 참담했던지.

큰아이를 임신했는데, 태교를 하지 못하고 늘 걱정하고 울고 근심하고 그랬던 것 같다. 그래서 큰딸이 예민하고 까다로운가 싶어 마음에 부담이 되고, 그때 너무 잘못했다는 생각이 든다. 26살의 어린 나이였지만 남편에게 이 사업은 안될 것 같다고, 그만두고 다른 일을 해보자고 설득했다. 고집이 워낙 세서 설득하는데 많은 시간이 걸렸다. 자기도 안 될 줄을 알면서도 생떼를 쓰며 고집을 부리는 것 같았다.

드디어 7월 17일 서울로 상경했다. 형님께서 이사하기 전에 시댁에 들르라고 하셔서 들렀더니, 남편이 처음 가게를 시작할 때 혼자 사시는 시이모님의 논을 팔아서 가게를 시작했는데 시이모님을 어떻게 할 거냐고 물었다. 나는 제가 지금 어떻게 하겠다고 말씀드릴 수 있겠냐고 했더니 아무 말씀이 없으셨다. 붙들고 우시는 시어머님과 시이모님을 뒤로 하고 서울로 왔다.

남편 취직이 만만치 않았다. 7월 17일에 이사를 와서 어느 회사에 임시직으로 다닐 때, 월급이 오만 원이었던 것 같다. 12월 5일, 큰딸아이가 태어났다. 순산 할 것을 생각하고 돈을 15만 원 정도 준비 해 놓았는데 제왕 절개를 하는 바람에 입원비가 30만 원 정도가 나왔다. 패물을 팔려고 했는데, 친정 식구들(형부들)은 돈을 모아서 우리에게 줄 생각을 하셨나보다. 그런데 아주버님께서 20만 원을 가지고 오셨다. 친정 식구들에게 남편 얼굴도, 시어머니 얼굴도 세웠다. 무사히 잘 퇴원을 했는데, 감사했다. 친정 오빠께서 퇴원 후에 10만 원을 갖다 주셨다.

아이도 태어났고, 겨울에 오만 원 가지고는 생활비가 부족했다. 내가 가지고 있던 돈도 일부는 남편 빚 갚는데 들어가고, 50만 원을 방 얻는 데 요긴하게 썼다.

가지고 있는 돈은 오빠가 주신 10만 원이 전 재산이었다. 그런데 시어머니께서 집에 내려가시면서 10만 원 중에서 2만 원을 달라고 하셨다. 그때 어머니 연세가 58세셨는데, 지금 아무리 생각해 봐도 이해할 수가 없다. 보태주고 가셔도 부족할 텐데, 어떻게 그러실 수가 있는지 야속했다. 가신다고 하시면 차비는 해드릴 텐데. 앙고라 스웨터와 월남치마를 사드렸다.

집에 가시면 생활비가 없으신 것도 아니고, 도저히 이해되지 않고 용

납이 안 되어서 어머님께 사정을 했다. 그럴 때면 알아들으시는 듯 하다가도 네다섯 시간이 지나면 또 돈 얘기를 꺼내셨다. 정말 빚독촉을 받아 본 적이 없지만 빚독촉하는 사람 같았다. 그때마다 사정 이야기를 해도 소용이 없었다. 당신도 여기서 질 수 없다고 결심을 하셨는지 굽히지 않으셨다.

내일이면 내려가실 텐데, 남편이 9시쯤 들어와 저녁식사를 하는데 어머님께서 또 돈 얘기를 꺼내셨다. 나는 감정이 폭발해서 도저히 못 살겠다, 내일 친정 오빠와 어머니에게 전화를 해서 못 살겠다고 말씀을 드리겠다고 하니 어머니께서도 이성을 잃으시고 난리법석이 났다. 남편에게 욕을 하면서 나가 죽으라고 했다. 여편네한테 꼼짝 못하고 사는 등신이라며 나가 죽으라고 하셨다.

통행금지 시간이 10분 정도 남았는데 남편이 겉옷을 들고 나가 버렸다. 그 뒤부터는 난리도 아니었다. 어머니는 이를 덜덜 떨면서 기도를 시작했다. 아들의 목숨만 살려 달라고, 울다가 통곡하다 기도하다가 하셨다. 지금도 생각난다. 목숨만 부지시켜 달라고 울면서 기도하시던 그 모습이. 어머님은 한잠도 안 주무셨고, 나도 뜬눈으로 밤을 새웠다.

아침에 회사에 전화를 걸어보니 남편은 숙직실에서 잠을 잤다고 했다. 그렇게 하고 어머니는 내려가셨는데, 시누이에게 5장의 편지가 왔다. 언니를 그렇게 안 보았는데 실망했다는 내용이었던 것 같다. 대답해 줄 말이 없어서 그냥 조용히 있었다. 1978년 여름쯤 시누이가 우리 집에 왔는데 시어머니 이야기를 다 했더니, 우리 엄마가 시골 사람이라 몰라서 그러니 언니가 이해를 하라고 말하고, 서로 간의 오해가 풀렸었다.

다른 사람들도 마찬가지이겠지만 그 이외에도 어려운 일이 참 많았다. 항상 나만 당하고 살았고, 나만 피해자라고, 나만 상처 받았다고 생각했었다. 그런데 이제야 생각해 보니 남편이 얼마나 힘들었을까, 얼마나 많은 상처를 받고 살았을까가 헤아려져 마음이 아프다. 나보다 훨씬 힘들었을 텐데 그것을 감추려고 지나치게 친구들을 만나고, 딴 곳에 마음을 두었던가. 어머니에 대해서는 이해하려고 노력하지도 않았지만 지금도 이해가 잘 안된다. 그렇지만 그런 분도 계시다고 이해하며 존중해야 함을 이제야 깨닫는다.

하나님! 저의 오만함을 용서해 주세요. 저의 자만을 용서해 주세요. 의롭게 살았다는 자만함을 용서해 주세요. 우리의 생사화복을 주관하시는 주님, 하나님! 저는 하나님께서 저를 사랑하시는 줄은 알았는데, 남편과 우리 시어머니는 사랑하지 않으시는 줄 알았습니다. 하나님! 우리 남편과 시어머님을 사랑하고 계시지요?

지금까지 항상 내 입장에서 생각하고, 남편과 시어머니의 입장에서 생각해보지 않았다. 남편이 나한테 속에 있는 얘기를 다 하고 있는 줄 알았었다. 얘기도 많이 하고, 항상 아내를 중요하게 여기고 믿어주는 줄로만 알았다. 남편은 평소 교회에 가도 별 관심이 없고 설교 때 대부분 졸았다. 여행할 때도 내가 차에서 극동방송을 틀어 놓으면 채널을 다른 데로 돌리곤 했었다. 그런데 어떻게 이단들이 하는 얘기는 그렇게 빨려 가듯 들을 수가 있는지…. 그 말씀에 확신을 한단다. 신천지가 비진리라는 얘기만 하면 감정이 격해지고 이성을 잃는다.

의정부 김남진 전도사님에게 상담 받을 날이 9일 남았다. 김남진 전도사님에게 기름 부으소서. 갑절의 영역을 더하소서. 남편이 하나님의 귀한 생명의 말씀을 잘 들어서 신천지가 거짓 영, 비진리의 영임을 깨닫게 하소서. 예수님의 이름으로 기도합니다. 아멘.

30년 전에는 물질적인 문제로 정말 앞길이 보이지 않고 막막했었는데, 하나님의 크신 은혜로 지금까지 잘 살아왔다. 작년 3월에 53평 아파트에 입주해 집들이를 하고 너무 행복했었다. 하지만 남편은 그 이전부터 두 마음을 품고 교회에 다니면서도 신천지 신학원에 나가 성경공부를 하며 영적으로 이중생활을 한 것이다.

지금까지 저의 기도를 들어 주시고 응답하신 하나님! 인간적인 생각으로는 해답이 없지만, 문제의 재판장이 되시며, 홍수 속에 좌정하신 전지전능하신 하나님께서 우리 가정의 문제를 해결하실 줄을 믿는다.

남편은 감정을 건드리지 않으면 조용하고 순해진다. 물론 속에 독기를 가지고 있지만 나의 힘으로 남편을 설득 시키고자 하는 교만한 마음을 버리고, 기도하고, 사랑하기로 마음먹었다. 남편도 사랑에 굶주리고 있는 것이다. 잘 대해주면 좋아하고, 은근히 나의 따뜻한 말과 행동을 기다리는 것 같다. 오늘 하루 남편의 생각, 감정, 의지, 양심 가운데 예수님의 보혈로 덮어 주시옵소서.

큰딸, 작은딸의 장래도 인도하소서. 우리 가정을 위해 중보기도하는 큰언니, 작은언니, 김 전도사님, 지 권사님, 박 전도사님, 홍 목사님, J singers, 김남진 전도사님에게 기름 부으시고, 역사하시고, 도와주시옵소서.

2월 7일, 구정

남편 혼자 어제 오후 5시에 시골 충주에 어머님께 세배 드린다고 갔다. 예전 같으면 함께 갔겠지만 어머님을 뵈면 모시고 우리 집으로 와야 하는데, 정말 이 상황에서 어머님께 신경을 써 드릴 수 있을 것 같지가 않아서 내려가는 것은 포기했다.

형님도 딸 다섯을 다 출가시키고 구정 준비를 혼자서 하실 텐데, 그래도 거기까지 마음을 쓸 수가 없었다. 죄송하다.

어제 남편은 충주로 내려가면서 또 소리를 버럭 지르고 흥분했다. 돈이 부족한 모양이다. 아파트 중도금 받은 것을 내가 임의로 대출금을 갚아 버린 것에 대해 이야기하면서, 월권이다, 불법이다, 왜 자기와 의논하지 않았느냐고 고래고래 소리를 질렀다.

아이들이 문을 꽝 닫으며 각자 자기 방으로 들어갔다. 아이들이 신경을 쓰자 남편이 좀 누그러졌다. 방에 들어갔다 나오더니 또 다시 시작이다. 10일 날 육포 값을 수금해 주어야 하는데 자금이 모자란다며 투덜거리면서 독기를 품었다.

'하나님! 남편이 신천지에서 안 돌아오면, 차라리 데려 가시옵소서'라고 절망적인 기도를 드렸다. 시골에 내려가다가 교통사고가 나서 죽어 버렸으면 좋겠다는 생각까지 했다.

아침 5시에 일어나서 1시간 가량 아무리 생각해 보아도 해답이 나오질 않는다. 하나님만이 남편의 문제를 해결하실 수 있다. 하나님 도와주세요!

2월 8일

4시 40분 기상.

부지런히 새벽 예배에 갔다. 여의도 위성 예배로 드렸는데, 양병초 목사님께서 '전쟁의 기도'라는 제목으로 말씀을 전하셨다.

말씀 : 에베소서 6:11~17

'마귀의 간계를 능히 대적하기 위하여 하나님의 전신 갑주를 입으라 우리의 씨름은 혈과 육을 상대하는 것이 아니요 통치자들과 권세들과 이 어둠의 세상 주관자들과 하늘에 있는 악의 영들을 상대함이라 그러므로 하나님의 전신 갑주를 취하라 이는 악한 날에 너희가 능히 대적하고 모든 일을 행한 후에 서기 위함이라 그런즉 서서 진리로 너희 허리 띠를 띠고 의의 호심경을 붙이고 평안의 복음이 준비한 것으로 신을 신고 모든 것 위에 믿음의 방패를 가지고 이로써 능히 악한 자의 모든 불화살을 소멸하고 구원의 투구와 성령의 검 곧 하나님의 말씀을 가지라.'

참된 기도란, 하나님의 원수 된 것을 이 땅에서 쫓아내는 것이다. 다니엘의 기도를 하나님께서 바로 첫째 날에 응답하셨으나, 하늘의 공중권세 잡은 악한 영이 응답을 방해하는 고로, 21일 동안 기도한 후에 다니엘이 응답을 받은 것과 같이 나도 이제 열흘 후면 다니엘 기도를 작정한 그 마지막 날이다. 반드시 승리한다. 아침 금식도 너무 힘들어 오전 내내 먹을 것만 생각나고 기운이 없고 했었는데, 14일 이후부터는 하나님께서 힘을 주셨다. 이제 금, 토, 일요일 3일만 지나면 상담 날이다. 반드시 하나님께서 승리로 이끌어 주실 것이다.

남편은 그렇게 나한테 소리를 벅벅 지르고 시골에 내려갔는데, 정말 같이 일일이 따져 볼 수도 없고, 참느라 오만정이 다 떨어졌는데 구정날 아침에 전화가 왔다. 잘 잤느냐고, 어제 저녁에 전화를 못 받아서 미안하다고. 아마 큰딸아이가 집전화로 전화를 걸었던 모양이다.

하나님께서 이런 방법으로 화해를 시키시는구나 하고 생각했다. 저녁 6시에 시골에서 남편이 돌아왔는데, 언제 그랬냐는 듯이 대한다. 시골에 형님과 사촌형님께서 정성껏 싸주신 음식을 가지고 기쁜 마음으로 와서 이런 저런 얘기를 나눴다.

저녁에는 만두국을 끓여 먹고 별일 없이 잠자리에 들었다.
하나님께서 반드시 승리하실 줄을 믿습니다. 아멘.

2월 9일

4시 30분 기상.
CBS방송을 보며 새벽기도 시작. 충성교회의 예배를 중계, 김원광 목사님이 말씀을 전하셨다.
말씀 : 출애굽기 2:11~15
제목 : '꿈꾸는 자'
나에게 손해가 있을지라도 말씀을 지키는 일에, 신앙을 지키는 일에 최선을 다하라. 루이 14세는 베르사이유 궁전에 살았고, '짐이 곧 태양

이다'라고 말했지만 그의 장례식에서 "하나님은 위대하십시다"라고 짤막하게 설교한 주교에 대한 이야기를 해 주셨다.

하나님은 위대하십니다!

남편은 어제 낮에 기분이 좀 좋아졌는지 또 말을 걸어왔다. 충주에서 아침 식사 후 세배를 마치고 신천지에 대해 얘기했단다. 시아주버님, 시동생(목사), 형님, 동서들이 거기는 이단이라고 이야기하면서 많이 놀라며 권면하시더란다.

남편은 자기 주장대로 신천지 교리를 얘기하면서 우겨대었는가 보다. 당신이 그 사람들을 교리로 누를 수 있다는 확신과 자긍심이 대단하다. 얼굴에 비웃음과 같은 옅은 미소를 띠고 있다.

아침 식사 후 청소를 하는데, 또 성경을 들고 나를 졸졸 따라다녔다. 부드럽게 따돌렸다. 점심 식사 할 때는 식탁에서 또 이야기를 시작하려고 눈을 바라보길래 내가 대화를 다른 곳으로 돌렸다. 집에 종일 있으면 또 시달릴 것 같아 지현이와 남편과 사우나를 다녀왔다. 피곤하여 일찍 잠들었다.

2월 10일

주일 5시 기상.

아침 금식 21일째다. 할렐루야! 감사합니다.

20일째 아침에는 이단 상담을 받기로 한 김남진 전도사님이 꿈에 우리 집으로 심방을 오셨다. 큰딸에게 전후 사정 얘기를 다 들으신 전도사님께서 염려 말라고 말씀하셨다. 또, 전도사님과 작은딸이(남편이 동석

했는지는 잘 모르겠지만) 편안하게 말씀 공부를 하는 것을 보여 주셨다. 승리하게 하신 하나님 감사합니다.

어제는 이번 이단 상담에 우리 가정에 도움을 주기로 한 형제와 자매들, 성경규, 함두환, 이아라 등이 남편에게 얼굴도 알릴 겸 우리 가정을 방문했다. 식사 하고 윷놀이도 하며 남편과 친해지려고 노력해 주었다. 귀한 믿음과 마음씀이 너무 아름답다. 하나님께 쓰임을 받는 귀한 그릇들 되기를 기도한다.

여자아이들만 키우다가 남자아이들을 보는 남편에게 내 책임은 아니지만 미안하고 안됐다는 생각이 들었다. 이럴 때 아들이 있었으면 나에게 더 힘이 되었을 텐데. 점심 때쯤 시간이 나니 남편이 또 성경에 대해 이야기한다. 새 술은 새 부대에 담아야 한다는 말씀을 아느냐고 묻는다. 자기가 몇 개월 후면 신천지 본교회에 등록되어 우리를 다 구원할 것이란다.

시동생 목사님께 이긴 자에 대해 얘기하니 목사님이 기가 막히셨던 모양이다. 목사님께서 '나는 성령을 받은 사람이다'라고 말하니 남편이 비웃었던 것 같다. 남편의 말에 의하면 성령은 모든 것을 다 통달한다고 했는데, 네가 모든 것을 다 통달하느냐고 시동생에게 물었단다. 동생과 형님, 형수님을 어거지로 눌러 놓고는 자기가 이겼다고 생각하는지 의기가 양양하다.

동서(목사 사모)에게 전화해서 다음 주간에 아침 금식 기도를 부탁했다. 충주 형님과 백운 동서에게도 부탁했다. 할렐루야! 우리는 반드시 승리한다. 우리를 위하여 주님께서 반드시 승리케 하신다. 할렐루야, 아멘!

2월 11일

어제 오후에 충주 형님께서 걱정하시며 전화를 하셨다. 신천지에 한 번 빠지면 다시 나오기가 어렵다고 들었다며 지혜를 잘 짜서 행동하라고 말씀하시고, 11일부터 16일까지 금식하며 기도하시겠다고 하셨다. 기도의 용사들을 보내주심을 감사합니다.

남편이 예전 회사 동기 모임에 갔다가 늦게 귀가하는 바람에 영적으로 여유있는 시간을 보냈다. 저녁 9시쯤 김재영 씨가 오랜만에 전화를 했다. 집에 별일 없느냐고. 남편에 대해 걱정하지만 대책이 없다는 듯 말씀하시는 것으로 들린다. 믿지 않으시는 분이라 기도 부탁도 하지 못하고 서로 인간적인 염려만 나누다 끊었다.

남편은 밤 10시에 귀가하여 만두국을 끓여 주었더니 맛있게 먹고, 또 성경을 얘기하며 다가왔다. 싫었지만 성질을 건드리지 않기 위해 듣는 척 했다. 베드로전서 2:5~9 말씀을 인용하여, '산 돌'은 예수님이고 '모퉁잇돌'은 이긴 자(이만희)란다. 기가 막혔지만 부드러운 말로 아니라고 강력하게 말했다. 나더러 들을 귀가 준비되지 않았다며 딱해 했다. 어떤 주의 종이든 말씀으로 자기가 다 이길 수 있다고 했다.

하나님! 저 오만함을 용서하여 주소서. 하나님! 이단 상담 받기로 한 그날이 3일 남았습니다. 구름기둥과 불기둥으로 우리 가족과 남편을 인도하소서. 김남진 전도사님에게 기름을 부으소서. 우리 가정을 위해 기도하시는 분들에게 성령의 충만함을 주시옵소서.

큰언니(새신자, 1년 미만), 작은언니(성결교회 권사), 형님(감리교회 권사), 시동생 내외(목사 부부), 지 권사님, 김 전도사님, J singers, 성경규 형제(주의 종 준비), 참좋은교회 담임 목사님, 황 장로님, 사모님, 큰딸, 작은딸, 홍 목사님, 박 전도사님, 김승진 집사님 내외, 그 밖에 생각나지 않지만 모든 분들께 감사하고 또 감사드린다.

우리가 하나님께서 주신 지혜를 따라 세운 계획 가운데 하나님의 보호하심과 인도하심이 있게 하소서. 담대함을 주시옵소서. '평강의 하나님께서 속히 사탄을 너희 발 아래에서 상하게 하시리라 우리 주 예수의 은혜가 너희에게 있을지어다'(롬 16:20). 이 말씀이 삶 속에 이루어져 승리하게 하소서.

남편이 악한 영, 거짓 영, 사이비 이단 신천지에서 돌아설 수 있도록, 개종 할 수 있도록 역사하여 주시옵소서. 잘못 배운, 잘못 들어간 비 진리의 말씀이 뽑혀 나오게 역사하소서. 상담할 때 조용하게 상담을 잘 받도록 성령께서 역사하소서. 남편이 김남진 전도사님을 힘들게 하지 않도록 도우소서. 김남진 전도사님과 김재훈 목사님에게 기름 부으셔서 칠갑절의 영력으로 채워 주소서. 예수님의 보혈을 의지합니다. 예수님의 이름으로 기도합니다. 아멘.

2월 13일

3시 기상.

하나님! 새 날을 주심을 감사합니다. D-day가 1일 남았습니다. 반드시 승리할 줄 믿습니다.

3시에 부스럭거리는 소리를 남편이 듣고 깨어 또 성경 이야기를 한다.

그래서 내가 먼저 말을 했다. 좋은 나무가 좋은 열매를 맺는 다고 성경에 말씀하고 계시는데 어떻게 당신은 그렇게 좋은 말씀, 기가 막힌 말씀을 듣는 사람이 부정적으로 변하냐. 그렇게 화를 잘 내고, 욕도 잘 하고, 좋은 열매가 아니지 않은가? 귀한 말씀을 들으면, 은혜로운 사람으로 변해야 되는 것이 아니냐. 내가 당신 말에 동의하지 않으면 설득하든가 해야지, 소리 지르고 강하게 나오면 어떡하냐. 나는 그런 말씀이 나오는 곳이라면 보기도 싫고 듣기도 싫다고 말했다.

계속 내가 말했다. 당신이 바벨론 교회(기성 교회를 신천지에서 바벨론 교회라고 함) 목자들 입에서 개구리 같은 것이 나온다고 하는데, 나는 당신 입에서 나오는 말이 그런 것 같다, 인내하고, 사랑하고, 좋은 면을 보여 봐라. 그러면 한번 생각해 보겠다. 당신이 거짓말 하고, 화내고, 욕하는데 내가 어떻게 긍정적인 생각을 할 수 있겠는지.

남편이 묵묵히 듣고 있다가 그건 자기가 수양이 덜 되어서 그랬노라고, 거기서는 그렇게 가르치지 않는다고 한다. 앞으로 주의하며 자기의 마음을 잘 다스리겠다고 한다.

당신이 말하는 바벨론 교회 목자들에게도 욕하고 화내지 말고 불쌍한 마음으로 보아야 하는 것이 아니냐고 했더니, 그렇다고 말하며 수그러졌다.

남편은, 신천지의 증거 장막 성전을 다른 사람들이 이단이라고 말들 하지만, 내가 이단이라고 얘기하면 가만히 있지 않겠다고 하였다. 그래서 그것도 당신이 잘못 생각하는 것이다, 어떻게 내 마음 속의 신앙까지도 강제적으로, 강압적으로 바꾸려고 하느냐, 인내하며 기다릴 줄 알아야 하는 것 아니냐고 했더니 가만히 있었다.

할렐루야! 지금은 남편의 코 고는 소리가 밖에까지 들린다. 하나님께서 우리 가정에 어떠한 방법으로 역사하실지는 아직 모르나 남편을 귀한 그릇으로 사용하실 것을 믿는다. 작년 7월 초에 권사 금식 기도회에서 남편의 이름을 '영광'으로 지어 주신 하나님, 큰딸의 입술을 통하여 제 이름을 '평강'으로 지어 주신 하나님! 감사합니다.

◆ 못다 한 이야기 / 2012년 5월 일기, 이름 관련

작년 7월이면, 남편이 신천지 화정 신학원에서 6개월 과정 공부를 시작한 지 3개월 쯤 되었을 때였다. 나는 권사 초교파 금식성회에 아침 금식만 하고, 금천구 시흥동 살던 시절 옛 교구의 성도들을 만나 이야기꽃을 피우느라 예배만 간신히 드리며 온전히 하나님께 집중하지 못 했던 것 같다.

그럼에도 불구하고 주님께서는 남편의 이름을 바꾸라는 성령님의 감동을 주셨다. 지금 생각하니 하나님께서는 남편이 신천지신학원에 들어가고, 깊이 빠져 있는 그 순간순간을 다 아시며 간섭하고 계셨음을 느낀다. 나도 하나님의 음성이 맞는지 반신반의 하며 인간적으로 생각해 보아도 주님을 향한 긍정적인 이름으로 바꾸는 것이 좋겠다고 생각하여 기도하며 지혜를 구하고, 남편의 이름을 '영광'으로, 큰딸은 '보배'로, 작은딸은 '존귀'로, 당시 사윗감들이 아직 나타나지 않았지만, 큰 사위는 '승리'로, 작은 사위는 '은총'으로 지었다.

2006년 9월, 그리고 지금은 2012년 5월, 5, 6년이 지난 지금 생각하니 하나님께서 우리 가정을 붙들고 계셨고, 우리 가정을 향한 계획이 있으셨음을 알 수 있다. 지금 남편은 하나님께 영광된 삶을 살려고 애쓰고 있다. 보배와 존귀, 주님이 보배롭고 존귀하게 여기는 삶을 살고 있는 우리 자녀들. 보배는 세상적인 눈으로 볼 때는 최악의 조건인 사람을 만났지만, 하나님이 만나게 해 주신 승리와 화합을 이루며 잘 살아가고 있다. 존귀는 세상적인 남편을 만났지만 하나님의 인도하심과 보호하심 가운데 호주에서 기도하며, 영적 싸움을 하며 남편의 뒷바라지를 하고 있다. 지금도 여전히 삶의 문제와 자녀들의 문제들이 있지만, 잠잠히 주님의 뜻을 기다린다.

2월 15일

6시 기상.

할렐루야! 하나님! 감사합니다.

어제 아침에 일어나 새벽 기도에 나아가 말씀을 듣고, 홍 목사님의 안수를 받고 담대함을 얻어 집으로 왔다. 홍 목사님께는 남편의 이단상담 받는 것을 미리 말씀드리고 상의한 바 있다.

기도하는 마음으로 아침 준비를 하고 나니 작은언니가 8시 반에 전화를 하셨다. 영등포까지 오셨다고. 남편은 언니가 놀러 오시는 줄로만 알고 반가워했다. 그리고는 은행에 다녀온다며 10시쯤 집을 나갔다. 나중에 통화기록을 확인하니 남편이 집에서 나가자마자 신천지 사람과 통화한 기록이 있었다. 남편이 나가고 나서 11시쯤에 전화를 했다. 승용차가 있는 곳으로 내려오라고. 언니와 밖에서 만나 점심을 먹고 사우나도 가고 하며 시간을 보내잖다.

하나님! 그동안 기도하면서 준비한 오늘입니다. 역사하소서.

지선이는 이미 성경규, 함두환 형제들과 만나 의정부인 상담 장소로 미리 가 있기로 했다.

남편은 아무것도 모른다.

얼른 내려가서 남편과 언니를 태우고 내가 운전대를 잡았다. 남편이 평소와는 다르게 뒷좌석에서 언니와 나란히 바싹 앉았다. 아마도 언니에게 신천지 이야기를 하려는 듯한데, 그 생각을 드러낼 수는 없었다. 자동차가 아파트 정문을 나설 때쯤 언니가 조심스럽게 남편에게 얘기를 꺼냈다.

언니는, 사실은 제부가 신천지에 다닌다는 얘기를 듣고 제부를 위해서 기도하고 있었으며, 나의 힘으로는 제부를 설득할 수 있는 방법이 없을 것 같아서 예전부터 알고 지내던 말씀을 잘 아시는 전도사님께 부탁을 드렸더니 제부를 만나고자 하신다, 오늘 그 전도사님을 함께 만나서 우리 한번 허심탄회하게 이야기해보자고 말했다. 남편이 생각 외로 쉽게 동의했다. 자신 있는 얼굴로 차를 타고 의정부로 이동하면서 언니는 '내가 보배도 불렀다. 또 보배 친구들 중에 이단에 관심있는 사람들을 다 오라고 했다'며 전철 망월사역 앞에서 보배와 일행들을 만나자고 얘기했다. 큰딸과 성경규 형제 그리고 함두환 형제는 일찍 와서 기다리고 있었다. 너무나 귀한 형제들이다. 서로 안면이 있던 터라(설날에 미리 교제를 나누었음) 일상적인 얘기를 가볍게 나누며 식사했다.

식사를 끝냈는데 약속시간보다 30분 정도 여유가 있어서 차를 마시면서 기다렸다. 긴장의 연속이었다. 시간이 다 되어 교회 앞에서 기다렸다.

전도사님께서 도착하셨다. 상담소 안으로 들어갔다. 하나님께서 인도하셔서 부드럽게 서로 인사와 소개를 하며 상담이 시작되었다. 김남진 전도사님께서 처음에는 한국에서 성행하고 있는 이단들과 그 뿌리에 대해 자세히 설명하셨다. 신천지도 이들 부류의 이단들과 알고 보면 동일한 주장을 하는 것이라고 말씀하셨다.

신천지에서 1980년대에 발행한 책자들을 꺼내 놓으시며 천천히 여유있게 상담을 진행하셨다. 신천지에서 주장하는 교리들에 대해 남편보다 더 정확하게, 또 많이 아시는 전도사님께서 체계적으로 그들 주장의 오류에 대해 하나하나 설명해 주셨다.

상담은 모두가 잘 이해할 수 있도록 화이트 보드에 판서를 하며 강의 방식으로 이어졌다. 그런데 정말 우스운 사실은, 우리가 조금만 관심있게 보면 그들이 주장하고 있는 성경 해석의 오류가 금방 드러난다는 것이었다. 교회에서 널리 보고 있는 〈개역개정판〉으로만 성경을 읽으면, 혹시나 그들이 주장하는 해석이 그럴싸해 보인다.

그러나 전도사님의 강의를 통해 공동번역, 쉬운 성경, 영어성경 등 다양한 번역으로 읽어보니, 그것은 명확하게 그들이 말하는 해석과는 거리가 먼 뜻이었다. 그런 부분들을 확인을 해가며 함께 웃었는데, 남편 역시 '허허' 하면서 뭔가 이상하다고, 내일 다시 확인을 해봐야겠다는 말을 반복했다.

첫 강의가 오후 3시쯤 마쳤는데, 무리 없이 잘 진행되었다. 중간에 차를 마시려고 남편이 뜨거운 물을 컵에 담을 때, 혹여나 그 물을 전도사님 얼굴에 끼얹는 것은 아닌가 하고 조바심이 났었다(전도사님으로부터 대부분의 내담자들이 강의를 잘 듣지 않거나 행패를 부리곤 한다는 말을 들었었다). 그러나 남편은 생각보다 별다른 이의 제기 없이 진지한 태도로 열심히 강의를 들었다.

강의하시는 목사님이나 강의를 듣는 남편을 포함한 우리 가족과 같이 온 형제들 모두 여느 교회에서 평범하게 성경공부 하는 모습처럼 보일 정도였다. 잠깐 쉬고 다시 강의가 시작되어 저녁 6시 30분까지 이어졌다. 저녁 식사를 할 시간이 되어 전도사님께서 자장면을 시켜 먹자고 하셔서 자장면을 먹으면서 강의가 계속되었다. 나중에 들은 얘기지만 다른 사람들이 상담을 받을 때는 함께 식사를 하는 일은 상상도 할 수 없었다고 한다. 보통은 상담을 하시는 전도사님에게 엄청난 반감을 가지고, 억지로 그 자리에 끌려와서 어떻게든 반감을 표시한다고들 하는데, 남편은 좀 달랐다.

저녁 식사를 마친 후에는 김재훈 목사님께서 상담을 이어 가셨다. 강의 중에 남편의 얼굴을 보니 조금씩 흔들리는 것 같았다. 어떠냐고 내가 물으니, 내일 신천지 사람을 만나서 물어보고 확인을 하겠단다. 김 목사님께서 남편에게 본인이 아니라고 판단하면 아닌 거지, 왜 그 사람들을 만나냐고 말했지만, 남편의 얼굴을 보니 별 소용이 없는 듯했다. 정말 기가 막혔다. 말씀을 조그만 말장난으로 자기들이 원하는 식으로 해석을 바꾸어 놓은 것을 분명히 자기 눈으로 직접 확인하고 맞장구를 치면서도, 내일 다시 가서 확인해 보겠다니.

강의가 밤 10시까지 이어졌다. 남편의 얼굴을 보니 속마음이 정확히 어떤지는 몰라도 신천지가 더 이상 맞다는 주장을 하지 못하며, 수그러지고 있었다.

하지만 상담을 마치고 나서, 이 상담은 원래 3일 코스이며 그래서 내일과 모레도 계속되어야 한다고 말하자 완강하게 거절했다. 남편은 계획 없이 왔으니 나머지 이틀은 나중에 하겠단다. 내가 나서서 설득하기 시작했다. 지금 이 시간은 우리 가정에게 있어서 최고 중요한 순간이요, 또한 당신에게도 그렇다, 내일 사업차 지방에 가는 일을 하루만 시동생에게 부탁하고 상담을 계속하자. 가능한 일이란 걸 알면서도 남편은 계속해서 완강히 거부했다. 언니가 나섰지만 설득이 불가능했다.

큰딸이 아빠 일도 존중해야 한다며, 내일 자신이 아빠와 지방에 동행하겠다고 말했다.

(왜 3일 연속 상담이 중요한지는 전도사님께서 미리부터 말씀해 주셨다. 3일을 완전히 듣지 않고 중간에 집에 다녀온다든지 신천지에 다녀오게 되면 하루라도 공들인 상담이 물거품 될 가능성이 크고, 이후에 상담 받기는 더욱 어려워진다는 것이다. 그래서 3일 동안 숙소도 교회 근처에 마련할 것을 권하셨다. 중간에 어딜 다녀오면 다시 미혹되어 성공적인 상담이 이루어지기 어렵다고 하셨다).

그러나 남편은 보배가 지방에 동행하는 것마저도 싫다고 하였다. 방법이 없었다.

강의를 마치신 김재훈 목사님께서 남편이 내일 사업 때문에 못 온다며 이틀간의 강의를 나중에 듣겠다고 하는 말을 들으시고는, '이제는 틀렸다'라고 하는 음성이 들렸다. 그렇다. 지금 포기 하면 끝이다. 기회가 없다.

여기서 중단하면 다시 원점으로 돌아가게 될 것 같은 생각이 들었다. 순간 퍼뜩 스치는 생각이 있었다. 이틀째 들을 분량을 오늘 철야로 들으면 어떨까. 전도사님께 바로 말씀을 드렸다.

무리한 부탁이지만 전도사님께서 허락하셨고, 남편도 더 이상 고집을 부리지 않았다. 고맙게도 성경규 형제와 함두환 형제도 집에 돌아가지 않고 함께 있어 주었다. 새벽 1시 반까지 상담이 계속되었다. 전도사님과 목사님은 남편이 신천지의 오류에 대해 완전히 수긍하고 그 입으로 부정할 때까지 여유있게 기다려 주셨다. 귀한 주님의 종들이 너무나 위대하고 대단해 보였으며 참 감사했다. 이날 상담한 시간은 모두 12시간이다.

남편이 하나하나 신천지에 대해 "아니에요", "그건 아니죠" 하면서 신천지에 대해 부정하기 시작했다. 그렇지만 아직도 일을 하루 쉬고 연속으로 강의를 듣는 것에 대해서는 동의하지 않았다.

결국 두 시쯤 집으로 돌아왔다. 집으로 돌아와 자리에 누웠다. 옆에 누워있는 남편을 보니 얼굴이 경직되어 있었다. 옆을 돌아보지도 않고, 나에게 말을 시키지도 않는다. 전도사님과는 토요일(3일째 날) 아침 10시에 다시 만나기로 약속하고 왔지만, 모르는 일이다. 하나님이 역사하셔야 가능한 일이다.

오늘(둘째 날) 지방에 일을 하러 나갈 때 큰딸아이가 꼭 동행했으면 하는데, 남편이 거절 할 것만 같다. 하나님께서 반드시 역사하셔야 한다. 다른 때 같으면 아무리 늦게 자도 일어날 시간이 넘었는데 아침 10시가 되어도 남편은 일어날 생각을 하지 않는다. 조용히 방문을 열어보니 옆으로 누워서 곰곰이 생각하고 있는 것 같다. 30분 뒤에 드디어 일어나서 운동을 하고 11시에 아침을 먹었다.

겉으로 볼 때의 표정은 부드럽다. 하지만 저 속에 무슨 생각이 있는지 알 수가 없다. 보배가 아빠 옆으로 오더니 자연스럽게 말을 꺼냈다. "아빠, 저 오늘 하루 집에서 쉬는데 하루 종일 집에 있는 것이 답답하기도 하고 아빠께서 지방에 가셔서 어떤 일을 하시는지 궁금하기도 한데, 제가 오늘 아빠 따라다니면서 좀 도와드려도 될까요?"

남편이 부드럽게 웃었다. 도와줄 것은 없으니 같이 가자고 한다. 할렐루야! 일단 남편에게 어떤 변화가 있는 것 같아서 안도의 한숨을 쉬었다. 서류를 준비하느라 오후 두시가 넘어서야 둘이 나가길래 CBS에서 신천지에 대해 방송하는 것을 틀었다.

남편이 듣더니, "신천지 비방하는 방송이구먼" 하면서 출연하신 목사님 이름을 외우려고 애를 쓴다. 아마도 어디 가서 말을 좀 옮기려는 모양이다. 아직도 속고 있는 것인가.

남편과 보배가 집을 나선 후 그동안 함께 기도해 주셨던 김광자 전도사님과 지복례 권사님께 전화 걸어 감사인사를 했다. 보배가 남편과 동행하고 있으니 일단은 안심 이고, 내일 교육을 위해 기도한다. 하나님께서 역사하시도록.

남편이 회개하고 개종할 수 있도록. 다시는 신천지에 가지 않도록. 그곳이 사단의 소굴이고, 악한 영, 거짓 영임을 깨달을 수 있도록.

성명규 형제가 내일도 같이 와 주겠다고 전화를 했다. 언니께서도 같이 동행하시기로 했다.

2월 16일

3시 기상.

어제 저녁 7시부터 잤나보다.

남편이 또 옆에서 뒤척거리고 있다. 어제 지방에 보배와 다녀오면서 나누었던 얘기들을 꺼낸다. 저녁으로 두부전골을 먹었는데 보배가 무척 좋아하더라, 두부전골 값이 올랐더라 등.

오늘 아침 10시부터 다시 상담을 하기로 했는데, 남편의 마음에 어떠한 변화가 있는지 궁금하다. 그제 하루 공부했던 것에 대해 어떻게 생각하느냐고 물어봤더니, 오늘 다시 들어보겠단다. 그럼 다 듣고 나서 신천지가 잘못된 곳이란 판단이 서면 어떻게 할 것인가를 물어보았다. 남편이 말한다. 일단은 그쪽 사람(신천지 사람)을 만나서 이야기해 보고 싶단다. 다른 사람 말고, 정남호 씨를 만나고 싶어 한다. 내가 제의를 했다. 어제 내가 김남진 전도사님과 통화했는데 전도사님과 만나면 신천지가 사이비고 잘못된 것 같은데, 그쪽 사람(신천지 사람)과 다시 만나서 대화하면 또 다시 신천지에 빠지게 되고 만다고 말씀하셨다고 알려주었다. 그러니까 당신 혼자 만나지 말고 김 전도사님, 정남호 씨, 당신, 이렇게 셋이 만나는 것이 어떠냐고 물으니 남편은 그렇게 하자면서, 우리 집에서 만나는 것도 괜찮다고 말했다. 나도 동의했다.

여기까지 하나님께서 인도하셨으니, 하나님! 역사하셔서 오늘 남편이 신천지의 이단성과 사이비임을 깨닫고, 회개하고 돌아오게 하소서. 남편이 지금 식혜가 먹고 싶다고 하여서 갔다 주었는데 마시기 전 두 손을 모으고 간절하게 기도하는 모습이 왜 그리 싫은지, 성경을 읽는 모습도 귀하게 느껴지지가 않고 보기가 싫다. 사단에게 기도하고, 사단이 시키는 대로 성경을 읽는 것이라는 생각이 든다.

2월 17일

6시 기상.

할렐루야! 하나님! 감사합니다!

어제 의정부 제자교회에 아침 10시가 되어 도착했다. 함두환, 이아라 형제, 자매가 도착해서 전화를 했다. 교회에 도착하니 상담실 안이 깨끗하게 정리되어 있었다. 첫째 날보다 더 자연스럽게 강의가 시작되었다. 이미 한 번 만났기 때문일까. 김남진 전도사님께서는 신천지에서 말하는 성경해석의 오류에 대해 성경 말씀을 일일이 찾아가며 세부적으로 알려 주셨다. 남편은 메모를 해가며 경청했다. 큰딸, 작은딸, 작은언니가 함께 했는데, 모두들 강의 내용을 열심히 들었다.

점심 식사 시간이 되었을 때, 남편은 강의실 밖에서 식사를 하자고 제의했다. 전도사님께서는 아직 해야 할 강의가 많이 남았다며 상담실 안에서 간단한 스넥으로 식사를 대신하기를 원해서서 주변의 분식집에서 김밥과 라면 등을 사와서 간단히 먹었다.

오후 강의가 계속되었다. 신천지의 오류에 대해 계속해서 지적되었지만 남편의 얼굴에 별 반응이 나타나지 않는다. 저녁 6시 30분이 될 때까지 남편의 반응은 그냥 고개를 끄덕이는 정도이다. 잘 모르겠다.

전도사님께서 어느 정도 확신이 드셨는지 밖에서 하는 식사를 허락하셔서 밖에서 다 같이 식사한 후 다시 저녁 8시부터 강의가 시작되었다. 남편은 이제 웃기도 하고, 기가 막혀하기도 하는 것 같았다. 하지만, 결단을 하지 못하고, 미련을 가지는 것 같다.

 전도사님께서 남편에게 말한다. '아무리 좋은 말씀이라도 아닌 것은 아니다'라시며 차분히 남편이 이해할 때까지 강의를 해 주셨다. 또 말씀하셨다. '그 말도 안되는 교리를 믿도록 만드는 것은 미혹의 영이다' 하시며, 왜 그렇게 똑똑해 보이는 사람들, 주의 종이었던 사람들이 그곳에 빠질 수밖에 없었는지 그 이유에 대해 설명해 주셨다.

 밤 10시가 되었지만 강의는 계속되었다. 구원론, 예수님을 믿고 은혜로 구원을 받는다는 진리, 복음, 예수님을 증거하는 것. 자신이 '이긴 자'이고 '보혜사'라는 이만희의 실체를 하나하나 파헤쳐서 보여주시기 시작했다. "강 집사님은 신천지의 일부만 보신 것입니다"하시며, 요한계시록과 다니엘서를 통해 신천지에서 말하는 것이 왜 잘못된 것인지를 설명해 주셨다. 남편은 자기가 잘못 배웠다는 것에 대해 확신하며 깨닫게 되었다.

 자정이 다 되어가는 즈음, 전도사님께서 남편에게 말씀하셨다. "지금까지 강의를 들은 소감을 좀 말씀해 보시죠."

 남편이 찬찬히 얘기를 꺼낸다. 맨 처음 신천지에서 공부할 때 그곳에서 느끼고 봤던 일들을 부분적으로 설명했다. 허탈해 하면서도 한편으로는 편안해 하는 것 같았다. 그렇지만 남편은 오는 17일 주일에 신천지 예배에 마지막으로 나가서 작별을 고하고 오겠단다. 특히 신천지 강사인 정남호 씨를 만나서 얘기를 나누고 오겠단다. 그 얘기를 마치자 김남진 전도사님께서 다시 그곳에 갈 필요가 없으며, 또 가지 말아야 한다고 찬찬히 설득하니 남편은 마음을 바꾸었다. 17일 주일예배에 나와 함께 이곳 '제자들교회'에 참석하기로 결정했다.

남편과 전도사님이 정답게 손을 잡고 악수했다. 전도사님께서 잡은 손을 놓지 않고 기도해 주셨다.

김 전도사님께서는 또 남편이 최고의 피해자라며, 마음의 상처를 치유 받아야 하니 가족 모두가 잘해 드리라고 말씀하셨다. 작은언니, 보배, 존귀에게 감사한다. 찬양과 기쁨을 하나님께 드리고 집으로 왔다. 집에 도착하니 새벽 1시 반쯤 되었지만 기쁜 마음으로, 편안한 마음으로 잠자리에 들었다.

남편이 말했다. 긴 터널을 빠져 나온 것 같다고. 그리고 고맙다고.

아침이 되어 아침 식사를 간단히 마치고 교회로 향했다. 서두른다고 했지만, 교회에 11시 10분 전에 도착했다. 전도사님께서 환하게 웃으며 우리 가족을 맞이해 주셨다. 전도사님께서 기타로 연주하시며 찬양을 인도하시고, 작은 딸 존귀가 신디사이저 연주를 했다. 신디사이저를 전에 선물 받았는데 연주할 사람이 없던 차에 지현이가 오늘 처음으로 연주를 하는 것이라고 했다.

성도들이 하나둘씩 모이기 시작했다. 하나님의 은혜로 기쁨과 감사의 찬양을 드렸다. 말씀 시간에는 전도사님께서 요한복음 3:14~15로 말씀을 전하셨다. 이스라엘 백성들이 광야에서 원망과 불평을 하다가 불뱀에 물려 죽었을 때에 놋뱀을 장대에 매달고 그것을 쳐다본 자들만 말씀을 인용하시면서 우리가 예수님을, 하나님을 바라보아야 한다는 말씀으로 구원론에 대해 설교하셨다. 성도들이 많지는 않지만, 모두가 신령과 진정으로 예배를 드렸다. 예배를 마치고 사모님과 전도사님의 어머님께서 준비한 점심을 맛있게 먹었다. 처음이라 어색하지만 성도들과의 교제가 이루어졌다. 잘은 모르지만 신천지에 빠졌다가 돌아오신 분들이라서 그런지 사랑이 필요한 사람들인 것 같았다.

주여! 제가 이곳에서 해야 할 어떤 역할이 있습니까?

오후 1시 40분에 주일 성경공부가 시작되었다. 이 시간은 강의와 질문의 형식으로 진행되었는데, 아무래도 아직은 신천지 교리를 오랜 시간 배웠던 터라 회복이 되지 않은 듯 질문의 내용도 일반 교회 성도들과는 달랐다. 3시 정도에 성경공부가 끝나 우리는 집으로 돌아왔다.

전도사님께서는 (이 교회에 출석하지만) 아직 이단 상담을 완전히 받지 않아서 헤매고 있는 박자영 자매에게 더 남아서 상담하신다고 하셨다.

집으로 돌아와서 남편과 함께 동아시아 축구대회, 한국과 중국의 경기를 보며 즐거워하였다. 그러나 아까 점심 시간에 남편이 신천지교회에 결석하자 그곳의 구역장이 남편에게 전화를 계속 했던 것이 생각났다. 남편이 전화를 받지 않는데도 계속 전화를 해댔다. 축구경기가 끝나고 승리했다며 다 같이 감격하고, 간단히 저녁을 먹고 남편은 운동을 한다면서 밖으로 나갔다.

나는 왠지 마음이 편하지 않아 남편에게 나도 운동을 하고 싶으니 밖에서 만나자고 하려고 남편에게 전화를 걸었다. 잠깐 전화를 안 받더니 잠시 후에 전화가 왔다. 신천지의 강사, 전도사, 구역장에게 전화가 와서 통화 중이었단다. 나올 테면 나오라고 했다. 나가서 같이 공원길을 걷는데 느낌이 이상했다. 남편이 얘기를 꺼냈다. 그 사람들(신천지)이 자기한테 잘해준 것도 많은데, 적대 관계까지 될 필요는 없는 것 같다고 말했다. 나는 안된다고 말하고 싶었지만 참았다. 내가 물었다. 그 사람들이 만나자고 하지 않더냐고. 그랬더니 남편은 만나자고 했지만 자기가 나중에 만나자며 거절했다고 했다.

집으로 돌아왔는데 왠지 느낌이 이상해서 잠이 안왔다. 아침이 되었다. 남편의 휴대폰으로 어디선가 문자가 오는데 확인하고는 지워버리고, 확인하고 지워버리고 하는 것 같았다. 답답하고 궁금했지만 물어볼 수도 없고, 너무나 불안했다. 큰딸아이에게 아빠가 일하는 곳에 따라가자고 말했다. 큰 아이는 신경질을 내며 불안해하지 말고 기도하라고 말했다. 하지만 내 마음이 안정이 되지 않는다.

남편은 시간을 일부러 늦추며 꾸물거렸다. 12시쯤 나갈 테니 점심을 먹고 가겠다고 했다. 나는 밥맛이 없으니 냉면이나 먹자고 권했다. 오장동 냉면집에서 같이 냉면을 먹고 헤어졌는데, 내 마음이 어쩐지 계속 불안했다. 집에 오려는데 다리가 후들거리고 팔에 힘이 빠지고, 마치 쓰러질 것만 같아서 남편에게 전화를 했다. 내가 곧 쓰러질 것만 같다고 급히 전화 하고, 또 작은언니에게 알리고, 택시를 타고 병원으로 와서 누워버렸다.

비몽사몽 간에 한두 시간이 흘렀다. 남편이 내 옆에 와서 나를 안심시키려고 여러 가지 얘기를 했다. 지금 그곳(신천지)을 나와서 보니 그곳이 아니라는 것을 확실히 알 수 있는데, 그 안에서는 그것을 전혀 볼 수가 없다. 거기 강사 정남호 씨 외에 전도사와 구역장, 그 사람들이 너무 안됐다. 그 곳의 강사들은 9시에 출근해서 오후 10시까지 신학원에만 있기 때문에 바깥 세상을 전혀 볼 수가 없고, 그곳에서는 이만희 씨만 바라볼 수밖에 없다며 안타까워 했다.

나는 남편에게 솔직히 그곳에 특별히 마음이 쓰이는 사람이 있는지를 물었다. 남편은 그렇다며 고개를 끄덕였다. 남편을 담당했던 전도사인 김장숙이란 여자분이란다. 신학교 3학년때 결혼했는데 남편이 신천지 사람이어서 이곳의 전도사가 되었단다. 그런데 나이가 우리 큰딸과 비슷하고, 자기한테 너무나 잘해주었기 때문에 그 전도사만큼은 꼭 한 번 만나서 신천지의 오류에 대해 자기가 말해주고 싶다고 했다. 나는 그 전도사에게 그런 이야기를 해 보았냐고 물었다. 전화로 벌써 이야기했다고 한다. 남편이 전화로 자세히 이런 저런 얘기를 하니 그 전도사가, '집사님 말씀이 옳으시다면 제가 그쪽으로 가는 것이 맞고 신천지가 옳으면 집사님이 이쪽으로 오셔야지요' 하더란다. 아마도 내 생각엔 남편이 오늘 오후에 그 전도사를 만난 것 같은데 남편은 만났다는 말을 하지 않았다. 그러나 남편의 말이 100% 거짓말은 아닌 것 같아 집으로 왔다. 집으로 오는 차 안에서 남편은 가방에서 신천지 시험문제지를 찾아서 찢어 버렸다. 또 봉투에서 프린트한 자료를 꺼내더니 나더러 찢어 버리라고 말했다. 나에게 뭔가 결단한 것을 보여주려는 것 같았.

집에 와서 저녁을 먹을 때에도 남편은 신천지가 아니라는 것에 대해 확신에 차 있는 것 같았다. 나는 일찍 잠들었다. 다음날 아침 식사를 하는데 남편의 얼굴이 무척 밝아 보인다. 10시 30분쯤 출근했다. 하나님! 귀한 아들을 지켜 주시옵소서!

◆ 못다 한 이야기 / 남편을 미행했던 일에 대하여

그 당시 남편에게 말하지 못한 일이 있다. 내가 남편을 믿지 못하고 미행했다는 것을 알면 남편이 딴 마음을 품을까 염려되어 일기에 기록하지 못했었다. 당시의 일들을 지금 기억해 내면서 적어 내려가고자 한다.

그날 오전, 나는 남편의 낌새가 이상해서 따라가 보려고 김광자 전도사님께 같이 가 주십사 부탁을 드렸다. 전도사님께서는 우리가 냉면 먹는 곳(오장동 냉면집)에 차를 주차하고 기다리셨다. 남편과 나는 냉면을 먹은 후 남편은 남편의 차를 타고 갔고, 나는 김 전도사님의 차에 타고 남편의 차를 뒤따라갔다. 일을 하러 간다던 남편의 차는 방향을 원당역 쪽으로 돌려 역에 주차하고 누군가를 기다리더니 어떤 여자와 만나(김장숙 전도사로 추측한다) 원당역에 있는 송림다방에 들어갔다.

나는 차 안에서 기다리고, 김 전도사님께서 남편을 따라 다방에 들어가서 남편을 지켜보시기로 했다. 전도사님이 보니 남편과 그 여자는 진지하게 얘기를 나누고 있었다고 한다. 나는 너무 불안해서 견딜 수가 없었다. 남편에게 전화를 했다. 점심 먹은 것이 체한 것 같은데 죽을 것 같다, 나를 빨리 병원에 좀 데리고 가달라며 애원했지만 남편은 일어설 기세를 보이지 않았다고 전도사님은 말씀하셨다. 둘이 얘기할 때, 남편이 주로 큰소리로 얘기를 하더란다.

나는 또 너무 걱정이 되어서 큰딸과 작은언니에게 전화를 했다. 큰딸은 내 얘기를 듣자마자 아빠에게 엄마가 쓰러졌다며 호들갑을 떨면서 전화를 했지만 소용이 없었다. 언니도 남편에게 계속 전화를 했지만 남편은 요지부동이었다. 나는 남편이 또 저 여자에게 미혹당하는 것이 아닌가 싶어 손발이 오그라지는 심정이었다. 그냥 다방에 확 들어가서 남편 앞에 나서 버릴까 하는 마음도 들었다.

일단은 김남진 전도사님께 전화 걸어 상의 드렸다. 당시 전도사님은 송지선 집사님을 상담 중이셨다. 전도사님께서는 다시 상담을 하면 되니까 앞에 나서는 것은 하지 말라고 하셨다. 다시 김광자 전도사님께서 말씀하시기를, 그 여자 전도사를 까만 양복을 입고 신문 둘둘 말은 것을 옆구리에 낀 한 남자가 원당역에서부터 따라왔는데, 다방 앞에서 계속 미행하며 그 여자 전도사를 감시하는 것 같다고 말했다. 나는 그 남자와 김장숙 전도사가 합세하여 남편을 설득하려 하는 것이 아닌가 싶어 걱정했었다.

당시 우리 쪽에서도 번갈아가며 남편에게 전화를 걸었는데, 김장숙 전도사에게도 화정신학원 원장이라는 사람이 전화해서 까랑까랑한 목소리로 불호령을 쳤다고 한다. 어디 가서 안 들어오느냐고. 김장숙 전도사는 남편을 만나기 위해 아파서 병원에 간다며 나왔다고 한다. 그러나 그 전화를 신학원으로부터 받은 후, "영적 싸움인 것 같네요" 하면서 돌아갔다고 한다. 남편에게는 개종상담을 받기 전에 왜 자신과 미리 상의를 하지 않았느냐고 했다는데, 그 전도사가 미리 남편이 상담 받을 것을 알았더라면 아마 상담도 실패했을 가능성이 크고, 영원히 그곳 신천지에서 나올 수 없었을는지 모른다.

이제는 시간이 흘러 이 모든 일들에 대해 웃으며 얘기할 수 있다. 당시 남편은 김장숙 전도사를 만나 설득당한 것이 아니라 신천지가 이단이라는 것에 대해 강하게 주장했다고 한다. 그러나 신학원에서의 독촉과 미행하던 남자, 본인의 거부로 더 이상 개종상담을 권유할 수는 없었다.

2월 20일

5시 기상.

하나님, 새 날을 주신 것을 감사합니다.

그동안의 일기를 보니 정말로 하나님의 인도하심이 느껴진다. 은혜가 있다. 감사합니다. 남편이 신천지 신학원의 김장숙 전도사를 만난 것 같은데, 그 전도사에게 오히려 신천지가 이단이라는 것을 강하게 주장한 것 같다. 김 전도사님의 말이다.

정남호 씨 와 김장숙 자매를 위해서 기도한다. 그들의 영혼을 구원해 주십사 하고.

긴장이 좀 풀렸는지 몸이 무겁다.

하나님! 아직 끝나지 않은 전쟁입니다. 힘을 더하여 주소서!

2월 21일

어제 오전 수요예배를 드리고, 찬양연습을 하고 오후 3시에 집으로 왔다. 오늘이 보름이어서 찰밥과 나물 만들 준비를 해 놓고, 저녁을 먹고 의정부 제자들교회로 큰 딸과 함께 갔다. 남편은 지방에 출장을 갔다가 교회로 바로 왔다. 전도사님께서 기타를 연주하며 찬양을 인도하셨다.

수요예배 강의가 시작되었다. 구원론 1강, 2강.

옛 언약과 새 언약에 대해 자세하게 설명하셨다. 9시 반이 넘어서 강의가 끝나고 간단한 간식을 먹으며 교제의 시간이 이어졌다. 신천지 84기에서 공부했다는 윤혜정 집사님이 말했다. "강 집사님, 지금은 신천지 사람들과 말을 섞으시면 안돼요." 전도사님께서도 신천지 사람과 만나면 안된다고 강조하셨다.

남편이 말했다. 오늘도 신천지 강사한테서 전화가 왔길래 세례 요한과 요한계시록 13장에 대해서 왜 그렇게 잘못 가르쳤냐고 이야기하니, 그쪽에서 그런 얘기라면 만나서 하자고 하더란다. 그래서 남편은 지금은 만날 때가 아니고 내가 좀 더 확실해지면 전화하겠다고 말했다고 했다.

윤소정 집사님께서 그 사람들과의 전화통화도 하지 말 것을 당부하며 하면 안되는 이유를 여러 가지로 설명하셨지만 남편은 윤 집사님의 말에 귀 기울이지 않고, 무조건 자기는 이제 그곳에 다시는 빠지지 않을 것이라는 자신감에 차있었다. 집으로 와서 다시는 그 사람들의 전화와 메시지를 받지 말 것을 부탁했지만 결정은 남편의 몫이고, 하나님께서 지켜 주셔야 한다.

1부 기도로 써 내려간 아내의 일기 · 4장

끈질긴 신천지,
회복되는 남편

2월 22일

할렐루야! 하나님 감사드립니다!

남편이 하루하루 안정을 찾아가는 것 같다. 사도행전에 '예수 외에 다른 복음은 없다'고 하는 말씀을 말하며, 이 말씀을 왜 몰랐는지 후회가 된다고 말했다. 신천지의 짜맞추기식 교리에 자신이 속았음을 이제 실감하는 듯 하다.

새벽에 잠깐 잠이 깨어서 남편과 얘기를 나눴다. '진리가 너희를 자유케 하리라'는 말씀을 시동생 목사님이 왜 본인에게 가르치지 않았을까 라고 묻는다. 그때는 목사님이 그 말씀을 하셨어도 당신 귀에 안 들어 왔을 것이라고 나는 말했다.

내가 또 물었다. "여보, 신천지에 있을 때와 그곳에서 나온 지금과 어느 편에 더 자유함이 있어요?" 남편은 당연히 지금이 자유하다며 편안하다고 했다.

일기를 쓰고 있는 지금, 남편의 코고는 소리가 밖에까지 들린다. 일주일 전만 해도 지금과 비교하면 천국과 지옥을 왔다 갔다 한 기분이다. 지난 금요일에는 남편이 하루 동안 상담 받고 다음날 사업 때문에 지방으로 일을 가야 한다며 상담을 받지 못해 큰아이가 따라 나간 그 날이다. 상담을 하루 받고, 신천지 사람들과 만나서 다시 그곳으로 가는 것이 아닌가 싶어서 내가 얼마나 노심초사 했었던가! 우리 가정과 남편을 향한 하나님의 계획과 섭리가 무엇인지 알지 못하지만 하나님의 인도하심에 순종하는 그릇 되게 하소서.

오늘 김남진 전도사님의 이단 상담 가운데 함께 하소서. 송지선 자매를 기억하시고, 불쌍히 여기소서. 그 영혼에 주님의 말씀을 통하여 신천지의 악한 영의 세력이 무너지게 하소서. 예수의 보혈로 그 자매를 덮어 주소서. 김남진 전도사님에게 영육간의 강건함을 주소서. 기름부음이 넘치게 하소서. 전도사님의 성대를 보호하소서. 육체의 강건함을 주소서. 송지선 자매를 인도한 윤소정 집사님의 기도를 들어주소서.

주님을 향한 간절한 마음을 들으소서. 하나님! 우리 기도를 들으시고, 응답하심을 감사합니다. 우리를 불꽃같은 눈동자로 지키시고 보호하심을 감사합니다. 남편이 자고 있지만, 잠자는 그 순간에도 그 영혼을 치료하심을 감사합니다. 우리가 잠자는 동안에도, 우리가 쉬는 동안에도 쉬지 않으시는 하나님 감사합니다.

신천지를 비롯한 악한 이단에 빠져서 고통 당하는 영혼들을 기억하소서. 구원하소서. 남편에게 그들을 불쌍히 여기는 마음을 주셔서 감사합니다. 남편이 그 불쌍한 영혼들을 위해 기도하게 하시고, 그들이 이단으로부터 탈출하는 데 도움을 줄 수 있는 사람이 되게 하소서. 이를 위해 준비하게 하소서. 예수님의 이름으로 기도합니다. 아멘.

2월 24일

5시 30분 기상.
하나님! 새 날을 주심에 감사드립니다.
주님께 예배할 수 있는 축복을 주심에 감사드립니다.
주님께 찬양할 수 있는 축복을 주심을 감사드립니다.

오늘은 김남진 전도사님이 지방에 가서 이단 세미나 강의를 한다고 하십니다. 기름 부어주시고, 갑절의 능력을 허락하소서. 김연희 사모님을 축복하시옵소서.

오늘 저녁에는 김청송 집사님께서 간증을 하십니다. 김청송 집사님을 붙들어 주시고 듣는 저희들에게도 은혜가 있게 하소서. 오늘 저녁 많은 성도들이 모여서 이단의 계략과 허구성에 대해 다시 한 번 경각심을 갖게 하소서.

우리 남편 강준홍 집사를 사단의 구렁텅이(지옥)에서 건져내셨음을 감사드립니다. 보배와 존귀, 두 딸들을 믿음으로 세워 주시고 계심을 감사드립니다. 사윗감을 놓고 기도하고 있습니다. 믿음의 사람을 우리 가정에 사위로 허락하시고, 두 딸들이 행복한 삶을 살 수 있도록 도와주세요.

금요일 오후에 남편 휴대폰으로 전화를 했었다. 별일 없느냐고, 혹시 전화 온 데 없느냐고. 남편이 머뭇머뭇 하더니 김장숙 전도사한테서 만나자는 메시지가 왔다고 했다. 못 만나게 하고 싶었지만 그럼 또 몰래 만날 것 같아서 나와 같이 셋이 만나는 것은 어떠냐고 물으니 남편이 동의했다. 그 후부터는 또 걱정이 되었다. 그 사람들을 만나 남편의 마음이 흔들리는 것이 아닌가 염려가 되었다. 이리저리 궁리했지만 명쾌한 해답이 없었다.

하나님께 부탁을 드리는 수 밖에 없다. 철야 예배를 갔다. 강영선 목사님께서 가족 관계, 부부와 자녀들과의 관계에 대해 예를 들어가며 설교하셨다.

기도를 마치고 집에 왔는데 남편이 불안정해 보였다. 괜히 집안을 왔다 갔다 했다. 조용히 기다리다가 잠이 드는 둥 마는 둥 아침이 되었다.

남편이 원당역에서 김장숙 전도사를 만나 차로 태워 우리 동네 까페로 와서 셋이 얘기를 하자고 제안했다. 그리고 김장숙 전도사가 메시지로 '집사님 말씀을 들으니 제가 혼돈이 옵니다. 만나서 말씀 드리고 싶습니다'고 했다며, 김장숙 전도사가 자기 말을 듣고 흔들리는 것 같다고, 만나서 김장숙 전도사를 그곳에서 빼내고 싶다고 말했다.

내가 말했다. 그 반대일 수도 있다고. 김장숙 전도사가 그런 식으로 묘책을 써서 당신을 다시 데려가려고 할 수도 있다고. 그러면 어떻게 하겠냐고 물으니, 절대로 그럴 리가 없다며 김장숙 전도사는 진실한 사람인 것 같고, 너무나 착하고 똑똑하고 바른데 그곳에서 고생하는 것이 안타깝다고 했다. 남편은 만약에 김장숙 전도사가 혼자 오지 않고 다른 누군가가 (신천지 강사) 같이 나타나면 자기는 바로 일어나서 집으로 오겠단다.

그래서 내가 제의했다. 그러면 뭐 우리 동네까지 올 필요가 있느냐, 내가 같이 당신과 동행해서 나는 차 안에서 기다리면서 기도하고 있을 테니 김향숙 전도사가 긍정적이고, 내가 필요하면 전화를 하라고. 남편이 동의했다(이 제안을 하는 마음을 주신 것도 하나님이심을 감사드립니다).

시간이 되어 기도하는 마음으로 남편과 동행했다. 남편은 그 전도사 만나는 것을 기뻐하는 것 같았다. 원당역에서 남편과 둘이 기다리고 있는데 남편에게 메시지가 왔다. 지금 전철을 타고 온다고. 잠시 후에 남편이 원당역 2층으로 올라갔는데 남편은 그 여전도사로부터 시간이 없어 택시를 탔으니 송림다방에서 만나자는 전화를 다시 받고 그곳으로 가고 있었다.

기도했다. 남편에게 마귀의 궤계를 이길 수 있는 힘을 주시라고.

남편이 송림다방 쪽으로 걸어가는 것이 보였다. 그 후 한 5분 정도 지나고 남편에게 전화가 왔다. 김장숙 전도사가 혼자 나온다고 하더니 신천지 강사와 함께 왔다고 하면서 (멀리서 그 강사를 보았나 보다) 다시 돌아오겠다고 해서 내가 차를 가지고 그곳으로 가 남편을 태웠다. 그리고 김장숙 전도사와 그 신천지 강사를 지나쳐서 우리 집 쪽으로 왔다.

우리를 봤는지 신천지 강사가 남편에게 계속 전화를 했다. 남편은 받지 않았다. 나는 당신이 전화를 받지 않으면 계속 할테니 받아서 확실하게 얘기를 해야 한다고 말했다. 남편이 전화를 받아 신천지의 오류를 지적하며, 나는 더 이상 절대로 그곳에 가지 않을 테니 앞으로 전화하지 말라고 말했다. 그 쪽에서는 그런 얘기라면 만나서 나누자고 했다. 남편은 몇 달 후에 자기가 확실히 말씀을 공부하고는 만날 수 있지만 지금은 싫다고 말했다. 그리고는 전화를 끊었다.

다시 남편에게 김장숙 전도사가 전화를 했다. 남편은 전화를 받자마자 일방적으로 말했다. "어떻게 전도사님 혼자 오신다더니 강사님과 함께 오셨습니까? 나는 전도사님이 그곳에 있는 것이 너무 마음이 아파서 전도사님을 설득하여 그곳에서 나오게 하고 싶었습니다. 그런데 이제는 얘기도 하고 싶지 않습니다." 그러자 김장숙 전도사 쪽에서도 "그러면 강 집사님은 왜 전도사님과 함께 나오셨습니까?"라고 반문했다. 아마도 나를 두고 하는 얘기 같다. 남편이 말했다. "전도사가 아니고 우리 집사람입니다. 그리고 나랑 함께 나온 것이 아니고 차에서 기다리고 있었습니다."

김장숙 전도사가 전화에 대고 뭐라 말하는지 모르지만 격양된 목소리로 계속 남편에게 이야기했다. 한 이삼십분 쯤 지났나 보다. 내가 옆에서 조그만 소리로 남편에게 말했다. "당신 하고 싶은 얘기 오늘 다 해요."

남편이 김장숙 전도사에게 말했다. " 전도사님이 나한테 참 잘 해주고, 고마웠어요. 그래서 전도사님을 한 번 만나서 그곳의 오류에 대해 말해 주고 싶었습니다." 그러자 김장숙 전도사는 말로만 고마워하면 뭐 하냐며 계속 만나자고 말했다. 남편이 다시 거절했다. 우리는 집에 도착해서 아파트 주차장에서 통화를 끝내고 편안한 마음으로 집에 왔다. 점심을 먹기엔 아직 이른 시간이었다.

남편은 자리에 누웠다. 점심을 한참 준비하고 있는데 방문자 벨이 울렸다. 화면을 보니 정남호 씨였다. "권사님 안녕하십니까? 권사님을 뵙고 싶었습니다." 정말 딱하고 안타까웠지만 단호히 말했다. "선교사님, 만나고 싶지 않아요. 문을 열어 드릴 수 없으니 돌아가세요."(처음에 선교사로 알고 만나 당시에도 그런 호칭을 썼다). 정남호 씨는 계속 웃으면서 벨을 눌렀다. 아무리 돌아가라고 해도 말을 듣지 않고 계속 서 있었다. 한 십분 정도 서 있었나 보다.

다시 확인해 보니 세 사람이다. 정남호 씨와 남자 강사, 그리고 김장숙 전도사. 안되겠다 싶어서 다시 현관으로 가서 말했다. "나는 신천지가 잘못됐다고 생각해요. 돌아가세요. 돌아가지 않으면 경찰에 신고하겠습니다". 그래도 그들은 계속 돌아가지 않고 한참을 서 있었다. 시간이 좀 흐른 뒤 김장숙 전도사와 그 강사는 같은 차에 타고, 정남호 씨는 다른 차를 타고 돌아가는 것이 창으로 보였다.

상을 차리고 식사하고 있는데 정남호 씨로부터 또 전화가 걸려왔다. 남편이 받을 필요가 없다며 전화를 받지 않았다. 내가 옆에서 말했다. 받아서 말하라고. 남편이 전화를 부드럽게 받았다. 자기는 신천지에 다시는 가지 않을 것이고, 신천지 교리의 오류를 이야기하니 그 쪽에서 만나자고 하는 것 같은데, 만나고 싶지 않고 신천지에 대해 얘기하려면 다시는 전화하지 말라고 말했다. 그 쪽에서 다른 일로는 전화해도 괜찮냐고 말하자 남편은 그것은 괜찮다고 했다.

아마도 남편의 마음에 미련이 있나 보다. 전화를 끊고 식사를 마쳤다.

김남진 전도사님께서 전화 하셔서 오후에 제자들교회의 이단 상담소에 가서 다시 상담을 받으며 하나님 말씀을 공부했다.

상담 도중 김남진 전도사님은 서울의 어떤 교회로부터 상담 요청 전화를 받으셨는데 그 교회 성전을 건축할 때 10억 정도를 헌금하신 한 장로님께서 신천지에 빠지게 되셨고, 그분이 담임 목사실을 점거하고 10억에 대한 차용증을 요구한다고 하셨다. 아마도 그 교회 담임 목사님께서 전화를 하신 듯 했다. 김남진 전도사님은 지금은 상담 중이라 시간이 없으니 7시 이후에 약속을 잡자고 하셨다. 그 장로님을 만나서 신천지가 비진리라는 것을 말씀드리고, 그것을 깨닫게 해야 한다고 하셨다. 그 일이 결코 쉬운 일이 아님을 우리는 잘 안다. 아마 7시에 그곳에 가시면 언제 끝이 날지 모르는데 전도사님의 건강이 염려된다.

공부를 마칠 무렵 김동희 집사님께서 오셨다.

신천지 88기에서 공부하셨는데, 작년 12월 29일에 상담 받아 안정을 되찾은 분이시다. 이런 저런 얘기를 나눴는데, 그동안 남편 때문에 받았던 상처에 많은 위로가 되었다.

김동희 집사님의 얘기를 들었다. 신천지에 빠졌던 사람들이 대부분 그곳이 비진리라는 것을 인정하고 나오게 되더라도 일반 교회에서 적응하지 못하고 다시 돌아가고 만다는 것이다. 그렇다. 남편도 우리가 몇십 년 이상 섬기던 본 교회로 돌아가는 것을 싫어한다. 김남진 전도사님이 최고란다. 제자들교회에서 앞으로 계속하여 말씀을 바로잡을 강의를 듣겠지만, 그 동안 받은 상처의 치유가 필요하다.

그동안 잘못 배운 말씀을 어떻게 삼일 만에 다 바로잡을 수가 있을까. 아니다.

그렇지만 하나님 감사합니다.

2월 26일

눈이 많이 내렸다. 오늘은 기도원에서 성령 대망회가 있는 날이다. 교구 버스를 타고 가서 늦게 권사성가대에 합류해 찬양을 드렸다. 목사님의 귀한 말씀을 듣고 기도하고 집에 오는 중에 김 전도사님께서 점심 먹으러 오라고 전화를 하셨다. 그래서 오후 시간에 전도사님을 만나 이런저런 얘기를 나누며 하나님의 은혜를 경험했다.

그동안 오고 간 메시지들을 휴대폰을 통해 확인해 보니 긴박했던 그 때의 순간들이 마음에 되살아났다. 지난 토요일의 긴박했던 순간에도 하나님께서 인도하셨음을 실감한다. 007작전을 방불케 하는 하나님의 인도하심이었다.

지난 주일에는 제자들교회의 예배가 저녁 7시에 있었기 때문에 낮에 사우나에 다녀왔다. 주일 낮에 찜질방에 누워 있는 것이 어색했지만 남편의 영혼을 구원하고자 하는 내 마음을 하나님께서 이해하시겠지 생각하며 내 자신을 위로했다.

오후 5시 반에 제자들교회에 도착해 성도들끼리 한 가지씩 준비해 온 반찬과 사모님이 준비하신 것들로 함께 식사했다. 강사 목사님께서 도착하시어 남편과 함께 식사하시며 신천지의 이단성과 거짓 교리, 그들의 완악함에 대해 말씀하셨다. 남편에게 도움이 되는 많은 말씀들을 해 주셨다. 김청송 집사님께서 이날 간증을 하셨는데 신천지에 들어가게 된 경위와 아들의 기도와 사랑의 권유로 신천지에서 탈출하게 된 과정을 간증했다. 간증을 마친 후 우리 모두는 축하의 박수를 쳐 드렸다.

이날 강사로 오신 목사님께서 설교하시어 또 은혜 받고 다과를 나누며 신앙의 대화를 나누었다. 강사 목사님께서 신천지 사람과의 대화를 단절할 것을, 그곳에서 들은 메시지를 여러 번에 걸쳐 거절할 것을 말씀하셨지만 남편은 하나님의 말씀만 보내는데 괜찮지 않냐며 자기 생각을 굽히지 않는다.

월요일이 되어 남편이 출근하고 나는 김 전도사님과 지 권사님을 만나 감사의 말씀을 드리고 그간의 일들을 회상하며 간증 겸 대화를 나누었다. 남편이 염려되어 휴대폰으로 여러 번 전화를 했지만 받지 않았는데, 나중에 전화와서 별일 없고 신천지에서 전화도 안 오고 메시지도 오지 않았다며, 오히려 김남진 전도사님께 메시지가 왔다고 좋아했다.

다음 날 나는 기도원에 가는 관계로 집에서 일찍 나오고, 남편은 늦게 출근했다. 오후에 집에 돌아와 남편에게 전화를 거니 별일 없고, 신천지에서 전화도 메시지도 안 온다며 자신이 아마도 그쪽에서 블랙리스트에 올랐나 보다고 말한다. 오늘은 지방 출장 관계로 지방에서 자고 내일이 되어야 집에 온다고 했다. 시간이 흘러 밤 9시가 되었는데 남편에게 연락이 없어 전화를 해 보니 받질 않는다.

잠시 후에 김원우 교수와 통화를 하느라 연락을 못 받았다고 말하며 남편이 전화를 했다. 그 사람이 신천지 얘기는 하지 않느냐고 내가 묻자, 자기가 신천지 얘기를 꺼내면 창피해서 일부러 그 얘기는 피한다고 했다. 내가 그 사람을 좀 경계하는 모습을 보였는지, 그 친구는 신천지 사람이 아니라고 말했다. 그러면서 김원우 교수가 지금 목포로 자기를 데리러 내려오라고 했단다.

신천지의 악한 영의 모략이 또 드러나고 있는 것인가. 김원우 교수의 간접 전도, 치고 빠지는 식의 방법에 남편이 아직 속고 있는 것인

가. 주님 남편이 분별력을 회복하도록 도와주세요.

2월 28일

요즘은 시간이 빨리 지나간다.

어제는 김광자 전도사님과 함께 제자들교회의 이단 상담소를 방문하여 상담이 진행되는 과정을 참관하기로 하였는데 이번 주에 내담자와 가족이 아직 준비가 되지 않아 상담이 취소되어 김남진 전도사님과 김광자 전도사님께서 이단 사역의 필요성과 중요성에 대해 여러 가지 유익한 말씀을 나누셨다. 김광자 전도사님께서 이단 상담 공부를 하는 것에 대해 생각해 보겠다고 하셨다.

어제 상담 받기로 했던 가정은 아들이 입영 날짜를 늦추고 어머니를 모시러 오기로 했었다는데 마음이 아프다. 도와줄 사람이 없어서 혼자 어머니를 모시고 오려고 했었는데 잘 안되었나 보다. 전도사님이 그 아들인 형제님과 통화하는 소리가 들렸다.

"형제님은 아직 준비가 덜 되어 있습니다. 준비가 덜 된 상태에서 모시고 와서 실패하면, 다음에 상담할 때는 훨씬 어렵습니다." 그렇게 설득하여 상담을 다음으로 미루셨다.

또 상담을 받기로 했다가 못 받은 한 청년이 있다. 그 청년은 본인이 가족들에게 이제 신천지에 가지 않겠다고 거짓으로 말해 가족들이 속아 상담 오는 것을 포기했다고 한다. 그 교회 담임 목사님과 상의를 했는데, 담임 목사님께서 상담소에 가는 것을 말리셨다고 한다.

그제 저녁엔 남편이 집에 와서 이런 말을 했다. 신천지에서 남편에게 '열매'로 붙여준 한 사람에게 연락이 왔다고 한다(그 사람은 일산 까르프 뒤편에서 한 가게를 운영한다고 한다). 남편이 상담 후 개종하게 되면서 신천지와는 완전히 연락을 끊은 뒤 그곳에서는 남편을 배도자, 침 맞은 자, 악령 들린 자라며 전화 연락을 하지 말고 받지도 말 것을 신신당부했다고 한다. 그러나 그 사람은 남편이 궁금해서 전화를 했다고 말하자 남편은 그곳은 이단이니 그곳에서 빨리 나오라고 이야기를 해 주었다고, 자기도 한 사람 그곳에서 건져냈다고 말했다.

새벽에 잠이 깨어 남편과 이런저런 얘기를 나누며 너무 감사했다. 마지막 상담일인 2월 16일 이전과 후를 비교해 볼 때, 감사를 드릴 수 밖에 없다.

이제는 남편이 신천지의 악한 영의 세력에서 깨어나 신천지의 잘못을 볼 수 있는 눈을 주신 것에 감사드린다.

남편은 또 그곳에서 있을 때 싫었던 점에 대해 이야기했다. 그곳에서 지어서 부르는 이긴 자 찬양, 너무 조직적이었던 것, 그리고 이만희에 대해 부정적인 마음이 조금이나마 있었지만 그곳에서 나올 생각

추수꾼으로부터 교회를 지키는 예방법
• 신천지예방 세미나(외부강사, 강의영상, 예방용 영상, 광고, 게시판, 현수막)
• 교회에서 하는 프로그램 이외의 성경공부에 대한 경각심
• 목회자의 이단에 대한 전문지식
• 교회이단문제 전문가 양성

※출처 : 한국기독교이단상담소협회 경기북부상담소

을 못했었다고 말했다.

화정신학원에 있을 때, 청도순복음교회 목회자의 딸이 남편과 함께 수료하고 그곳에서 울면서 간증한 것을 보았다고 전도사님께 말씀 드리자 김남진 전도사님께서는 가족에게 알려 드리라고 말씀하셨다. 하나님! 그 자매가 그곳에서 나올 수 있도록 도우소서.

3월 3일

새벽에 잠이 깨었는데, 남편이 신천지에서 있었던 일들을 얘기하며 분해 했다.

양복을 입고 가서 그곳에서 무릎을 꿇고 기도했던 것. 그 당시에는 그것이 경건해 보인다고 이야기했었지만, 이제 와서는 속이 상한가 보다. 광주에서 신천지 전도특공대가 올라와 화정 신천지 사람들과 합류하여 교육받을 때 남편은 시간이 바빠서 참여하지 못했다고 말하며, 다행스럽게 생각한다고 했다. 그 전도특공대 교육을 받은 사람들이 기성교회에 침투하여 어떤 일을 벌일지 걱정이 된다고도 말했다.

어떤 때는 잠결에도 신천지 얘기를 했다. 남편이 너무나 딱하고 안됐다. 지금은 그렇게 회복하는 기간인가 보다.

아침에 김원우 교수에 대해 내가 잠깐 건드려 보았다. 그 사람은 절대로 신천지와 관계가 없다고 남편이 말했다. 내가 미심쩍은 부분을 얘기하니 불 같이 화를 낸다. 남편을 보며 아직 신천지의 악한 영에서 완전히 회복된 것이 아님을 깨달았다.

하나님! 남편을 빠른 시일 내에 회복케 하시고 영 분별의 능력을 허락해 주세요.

저녁에 보배와 예배를 드리고 김 전도사님의 사역지와 지 권사님 사위 목사님을 위해 기도했다. 나라와 민족과 대통령과 위정자들을 위해, 또 J singers, 참 좋은 교회, 제자들 교회, 순복음 교회, 광림교회, 벧엘교회, 큰언니, 작은언니를 위해 기도했다.

3월 7일

아침에 딸아이와 얘기를 나누는 남편의 목소리가 격양되어 있었다.

들어보니, 남편이 대한성서공회에 전화를 하겠단다. 잘못 번역된 성경을 왜 지금까지 판매하고 있느냐고, 이단들이 개역한글판 성경을 가지고 말장난으로 설쳐대고 있다고 분개했다.

아침에 출근 하는 얼굴을 보니 분을 삭이지 못하고 있었다. 오후 한 시 쯤에 다시 남편과 통화했는데 그때까지도 마음에 큰 변화가 없고, 속상하고 후회가 되는지 기분이 썩 좋아 보이지 않았다.

신천지에서 '열매'로 붙여줬다는 그 사람이랑 통화를 한 모양이다. 지난번 자기가 3일 동안 이단 상담소에서 상담 받고 개종했으며, 그 사람에게 빨리 그곳에서 나오라고 얘기한 이후에 아무래도 그 사람이 궁금했었나 보다. 그 당시에 긍정적으로 얘기했다던 그 사람은 그 이후로 신천지에 안 나가고 있고, 계속 신천지에서 전화와 메시지가 온다고 했다. 자기도 누나 따라서 억지로 갔다며, 누나에게도 강경하게 자기는 먹고 살아야겠고, 생업에 충실해야겠으니 그곳에는 가지 않겠다고 말했단다.

그러던 중 전도사님께서 우리 집에 심방을 오시겠다고 전화하셨다고 한다. 남편이 너무 좋아하며 다시 내게 전화를 했다.

3월 8일

김남진 전도사님께서 사모님과 아들 노아를 데리고 우리 집에 심방을 오셨다. 요한복음 21장에 나오는 베드로를 향한 예수님의 위로하심과 치유하심에 대해 설교하셨다.

전도사님께서는 설교를 마치고 우리와 함께 식사도 하시고 여러 가지 유익한 말씀을 하시고 가셨다. 남편의 얼굴이 편안해졌다. 이래서 성도의 가정에 주의 종의 심방이 필요한 것인가 보다.

오후에 이른 저녁을 먹고 남편은 사우나에 가고, 나는 일찍 자리에 누웠다. 전도사님께서 주일 예배 때 남편에게 대표기도를 하라고 하셨다. 남편은 사우나에 다녀와 기도문을 작성했다고 한다.

하나님! 남편의 기도를 받으시옵소서!

3월 9일

새벽 4시쯤 잠이 깨었는데 남편이 잠꼬대를 했다.

그래서 무슨 일이냐고 물었더니, 꿈에서 내가 책을 썼는데 사람들이 그 책을 다들 사야 한다고 말하며 책을 사가더란다. 그 책의 제목이 '영혼'이라고 말했다. 지금 이 일기를 적고 있는데, 하나님께서 이 일기의 제목을 '영혼'이라고 붙여주시나 보다.

하나님! 오늘도 제자들교회와 김남진 전도사님에게 기름 부으소서.

말씀의 은혜를 주시옵소서. 강건하게 하시옵소서.

하나님! 성도들이 말씀에 은혜 받을 준비를 잘 할 수 있도록 도우소서. 악한 영의 훼방에서 놓여남을 받게 도우소서. 오늘도 기대하는 마음으로 주님 앞에 나갑니다.

오늘 주일 예배 때 남편이 대표로 기도한 기도문을 이곳에 적으면서 다시 하나님께 감사드린다.

"참으로 고맙고 감사하신 하나님 아버지. 세세 무궁토록 영광과 존귀와 찬양을 받으시기에 합당하신 아버지 하나님. 무한한 은혜에 진심으로 감사드립니다.

우리를 죄 가운데서 예수님의 보혈로 말미암아 단번에, 영원히, 완전케 하여 주심을 감사드립니다. 이제 저희들이 아버지 하나님의 연단을 통하여 더욱 믿음이 장성하여지고, 아버지 하나님의 나라에서 꼭 쓰임 받는 일꾼으로 거듭나게 하여 주시옵소서.

오늘 예배 드리는 저희 제자들교회에도 축복 내려 주옵시고, 말씀을 선포하시는 김남진 전도사님께도 기름부어 주셔서 항상 강건하고, 말씀을 전할 때에 성령이 함께 하셔서 이 자리에 예배드리는 모든 성도들이 은혜 받고, 성령 충만하여 진리 가운데 바로 서게 하여 주시옵소서.

아버지 하나님, 이제까지 아버지 하나님의 말씀을 제대로 깨닫지 못하고 거짓 교리에 미혹 당하였다가 긴 터널을 빠져 나온 성도들이 함께 이 자리에 있습니다. 아버지 하나님 특히 위로하여 주시옵고, 다시는 미혹되는 일이 없고, 오직 진리 가운데 서서 그 미혹에 빠져있는 영혼들을 건져낼 수 있도록 지혜와 총명을 주시옵소서.

이 모든 말씀 구할 때에, 우리를 죄 가운데서 생명으로 인도하신 예수 그리스도의 이름 받들어 기도드리옵나이다. 아멘."

3월 12일

어제는 남편이 지방 출장을 가서 보배, 존귀와 함께 가정예배를 드렸다. 이제는 속히 남편이 주관하여 드리는 가정예배를 드리고 싶다. 남편의 마음이 아무래도 허전할 것 같아서 전화 메시지를 보내고, 통화도 자주 했다.

어제 아침에도 통화를 했는데, 왠지 내 마음이 불안했다. 하지만 남편을 지키는 것은 내가 아니라 하나님이심을 고백하고 위로를 얻었다. 어제 저녁 늦게 집에 돌아온 남편이 오늘 아침에서야 그제 목포에 내려가서 김원우 교수를 만나고 왔다고 말한다. 아마도 내가 싫어할까봐 미리 말을 안 한 모양이다.

근사한 횟집에 가서 대접을 잘 받고, 신천지에서 나온 것에 대해 이야기하니 축하해 주었다고, 너무 잘했다고 이야기하더라고 말했다. 친구들에게는 처음으로 얘기하는 거라며 후련해 했다.

하나님! 남편에게 분별의 영을 허락하시옵소서. 남편이 제자들교회에서 개종 교육을 받은 후 김남진 전도사님의 구원론 강의를 계속 반복해서 들으며 복음의 진리를 확신하고 있다. 신천지의 비진리가 하나씩 벗겨지고 치유되고 있다. 그동안 신천지의 속임수에 속아 원통하고 분한 마음이 차츰차츰 안정되고 있음을 느낀다. 오늘도 남편의 마음을 예수님의 보혈로 덮으시고, 지금 이 시간에도 삼킬 자를 찾아 우는 사자와 같이 다니는 악한 영들의 세력을 이기고 승리할 수 있도록 도우소서.

지난 주일, 예배 후에 보니 강원도 원주에서 부인이 신천지에 빠져 고통당하시는 어떤 분이 상담하러 오셔서 예배 드리고 계셨다. 경계하는 눈으로 교회를 둘러보시고는 묵묵히 앉아 계셨다. 예배를 마친 후 전도사님께서 소개하셨다.

남편은 그 성도님에게 "나는 바로 몇 주 전에 신천지에 있었던 사람"이라며 자기 소개를 하면서 "전도사님 말씀을 잘 들으시고, 그대로 잘 따라 주시면 승리할 수 있습니다"라고 말했다. 점심 식사 때, 부인이 신천지에 빠져서 속을 썩었던 남편들과 우리 남편 강 집사, 그리고 김남진 전도사님이 같은 식탁에서 대화를 나누었다.

원주에서 올라오신 성도님께서 공감대를 느꼈는지 마음을 열고 그 동안의 고통에 대해 나누어 주셨다. 도무지 어떤 방법을 써도 안되더라는 말씀이셨다. 이야기를 들으며 얼마나 고통을 당했을까 하면서 나 또한 공감했다.

그 성도님이 아내에게 남편과 자녀를 택할지 신천지를 택할지를 물었더니 아내가 신천지라고 답을 했단다. 어려운 시간이겠지만 이 모든 과정을 잘 거치고, 부인을 이곳으로 모시고 올 수 있겠느냐고 내가 물으니 성도님이 웃으면서 (어느 정도는 믿음이 갔나 보다) 묶어서라도 데리고 오겠다고 말했다. 성도님 혼자만 오지 말고 여러 가족이 함께 올 것을 전도사님께서 말씀하셨다. 또 그 외 여러분들이 가족상담을 받으러 오셨다.

교회가 너무 복잡한 것 같아 우리는 집으로 향했다. 이번 주 상담사역 가운데 하나님께서 함께 하소서.

3월 14일

오늘은 남편이 상담을 받고 신천지에서 나온 지 한 달이 되는 날이다. 남편은 점차적으로 안정을 찾아가고 있다.

수요일 오후쯤이었다. 제자들교회 수요성경공부를 가려고 준비하고 있는데 등기가 왔다. 받아보니 신천지 화정 실로암 성전에서 남편 앞으로 보낸 것이었다. 실례인 줄은 알지만 중대한 사안인 것 같아서 봉투를 개봉했다. 우체국 소액 100,000원권이 들어있었다. 순간 당황되고 궁하기도 하여 잠깐 기도하고 남편에게 전화를 걸어 상황을 얘기했다. 얘기인 즉, 신천지에 있을 때 체육대회를 한다고 걷은 돈인데 자기가 나오고 나서 너무 화가 나서 전화해 도로 달라고 했더니 집으로 온 모양이라며 웃었다. 체육복 값도 30,000원 냈는데 그것은 안 왔냐고 물었다.

남편과 제자들교회에서 만나 수요예배를 함께 드리고 집으로 오는 길에 남편이 또 얘기를 꺼냈다. 신천지에서 자기한테 독침을 맞은 자, 배도자, 악한 영이 들린 자라고 말해서 화가 났고, 돈을 돌려달라고 했단다. 그래도 김장숙 전도사한테는 마음이 쓰여서 대화를 좀 나눠보려고 했는데 김 전도사의 태도가 돌변하여 자기 얘기를 듣기 싫어하고 앞으로 전화하지 말라고 했고, 남편이 신천지의 잘못과 이만희는 종교사기꾼이라고 말해주니 기막혀하면서 냉정하게 대하더란다.

자기도 이제는 신천지에 오만정이 다 떨어졌다고 했다.

어제 저녁에는 두산 퇴직 사우(社友)들의 모임인 '두우회'에 다녀왔는데, 오늘 늦게 집에 돌아와 지금 옆에서 편안하게 잠을 자고 있다.

3월 23일

예수님께서 우리의 모든 죄를 담당하시고, 친히 십자가의 고통을 감당하시고, 승리하시며 다 이루어주셨음을 감사드립니다.

우리 가족에게 신천지란 이단이 침입했을 때 놀라고 두려웠던 마음을 기억한다. 예수님께서 친히 우리의 죄를 위해, 나의 죄를 위해 십자가에 돌아가심에 감사하고 감격하며 고백한다. 예수님의 십자가 능력이, 주님의 보혈이 내가 신천지란 이단과의 영적 전쟁을 치른 후에 얼마나 큰 능력인지를 체험했다. 우리 인간의 힘으로는 신천지의 악한 영과의 싸움에서 절대 이길 수 없지만, 예수님의 승리만은 믿고 나아갔음을 고백한다. 예수님이 2000년 전에 이미 이겨 놓으신 싸움을 우리들은 그저 따라갔음을 고백한다.

우리는 아무 공로 없이 은혜로 귀한 믿음의 선물을 받았다. 마귀와의 영적 전투에서 하나님께서 주신 귀한 말씀만이 승리할 수 있는 길이었음을 고백한다. 어느 누구라도 인간적으로는 우리 가정을 구원할 수 없었고, 위로할 수 없었음을 나는 고백한다.

성경 속에서 하나님의 위로를, 기도 가운데서 주님의 음성을 들려

주셨다. 남편의 귀중하고 친한 친구들조차도 부정적으로 얘기했었고, 목사님들께서도 부정적인 얼굴을 하셨고, 친척들도 안타까운 마음으로 그저 바라보았었다. 하지만 그분들께서 간절한 마음으로 기도해 주셨음을 알고 감사드린다.

지난 월요일이었던 것 같다. 새벽 예배를 다녀오니 남편이 잠이 오지 않는다면서, 〈활천〉 10월호와 성경 요한계시록 21장 중 신천지에서 '신인합일'이라고 말하는 성경구절을 읽으면서 신천지의 오류를 꼼꼼하게 짚어 나갔다.

나는 무슨 말인지 잘 이해가 가지 않았지만, 남편은 신천지에서 잘못 배웠던 말씀구절이라 연구하는 자세로 자세히 읽는 것 같았다. 자기가 확실히 이해하려고 읽는 줄 알았는데, 아침 식사 후 남편이 내가 보는 앞에서 정남호 씨에게 전화해서 그 말씀의 신천지 해석 오류를 말하겠다고 했다. 말리고 싶었지만, 말리면 더 하는 성격이라 그렇게 하시라고 말했다.

통화가 이루어졌다. 남편은 한동안 일방적으로 이야기했다. 요한계시록 3장의 '이긴 자'는 한 사람이 아니고 여러 사람이며, 바로 우리 모두가 이긴 자이다. 신천지에서 이야기하는 '우박'이 '이만희'라는 것은 말도 거짓이라고, 또 세례 요한이 어찌해서 배도자냐, 예수님의 길을 예비한 사람이라고 말했다. 신천지 이만희 씨가 발행했다는 책들이 진리라면 왜 낼 때마다 책이 바뀌느냐, 보혜사라는 분이 왜 말을 바꾸는 것이냐 등. 그리고 온갖 거짓말을 해서 기존 교회 성도들을 미혹케 하는 것이 잘하는 일이라고 생각하느냐. 하루 종일 그곳 신천지에 있으며 눈과 귀를 다 막지 말고 세상을 좀 봐라, PD 수첩도 좀 보고, 신현욱 씨 얘기도 들어봐라. 우리가 신현욱 씨에 대해 그곳에서 듣던 것과는 너무나 다르다. 신현욱 씨가 쿠데타를 일으킨 것이 아니라더라 신현욱 씨는 이번에 신학교에 입학했다더라.

남편이 얘기를 다 마치자 정남호 씨가 반론을 하려 했다. 남편은 듣지 않고, 마지막으로 그곳에서 빨리 나오라고 말하며 전화를 끊고 후련해 했다.

그동안 정남호 씨에 대해 공부도 많이 하고(서울대 졸) 순수한 사람이 신천지에 빠져서 젊음을 그곳에 다 바친다고 안타까워했었는데, 자기는 자기 할 일을 다했다고 말하며 후련해 했다.

바로 지방 출장을 다녀온 남편과 화요일 날 교회 성경공부에서 만나 구원론 강의를 들었다.

성경공부 후에 남편이 정남호 씨에게 전화해 열변을 토한 것을 김남진 전도사님께 말씀드리니 빙그레 웃으시며, "강 집사님이 그렇게 말씀하셨어도 그 사람들은 그저 집사님이 독침을 세게 맞았구나 하고 생각할겁니다" 하셨다.

신천지 미혹의 교리가 얼마나 독하길래 사람을 그렇게 빠지는지 상상하기도 어렵다. 전도사님께서 말씀하시길, 부부가 같이 신천지에 넘어간 전도사, 강사급들은 돌이키기가 아주 힘들다고 하셨다. 지난 주에 상담을 받고 개종하신 정은택 권사님께서 남편에게, "강 집사님은 남자분이신데 어떻게 순순히 따라와서 교육을 잘 받으셨어요?"라고 물었다. 물론 남편이 당일에 얌전한 편으로 상담을 잘 받았지만 그 속에서 역사하신 하나님의 구속의 은총을 감사드릴 수밖에, 다른 방법으로 어떻게 그 시간들을 표현할 수 있을까?

어제는 구역예배가 있어서 예배 장소로 가기 전에 최정수 권사님을 모시러 갔다. 차 안에서 남편이 신천지에 빠졌다가 탈출하게 된 그동안의 일들을 말씀드리니 권사님이 깜짝 놀라시며, 김남진 전도사님을 한번 뵙고 싶다고 하셨다. 나는 최 권사님께 기도를 충분히 하시고 말씀해 주시라고 대답했다. 구역예배를 드리고 광고시간에 구역장님이 신천지에 대해 광고하셨다. 신천지에서 하는 성경공부 모임에 참석하지 말 것을 당부하고, 본 교회의 장로님들과 권사님 등 소속된 많은 수의 식구들이 신천지에 갔다는 것을 말했다.

3월 31일

어제 주일 예배 때는 '나의 힘이 되신 여호와여'라는 제목으로 전도사님께서 말씀을 전해주시어 은혜를 받았다. 사모님과 전도사님의 어머님께서 준비해 주신 식사를 맛있게 먹고 담소를 나눈 후 성경공부 시간에 구원론 3단계 2강을 들었다.

지난 주에 개종상담을 받으신 김동희 집사님을 과거에 신천지로 인도했던 김 집사님의 시누이께서 주일 예배에 참석하셨는데 부군과 아들, 딸, 사위까지 모두 함께 오셔서 보기가 아주 좋았다. 가족들의 헌신적인 기도와 전도사님의 피를 말리는 상담과정을 통하여 다시 사신 값진 생명이시다.

성경공부를 다 마친 후 한 40대 중반으로 보이는 남자분이 초등학교 5, 6학년 정도 되어 보이는 아이들 둘을 데리고 가족 상담을 받으러 오셨다. 성도들을 만나고 집으로 돌아가는 남자분의 모습이 너무나 안쓰러웠다.

나중에 들은 얘기지만 그분의 부인이 신천지에 빠졌는데 장모님도 부인의 인도로 신천지에 가셨다고 했다. 그분의 어려움이 상상이 간다. 지금 이 순간에도 그 남자분과 아이들의 뒷모습이 마음에 남아 가슴이 저리고 아프다.

하나님! 제가 저들에게 힘이 되어 줄 수 있을까요?

하나님 역사해 주세요!

5월 2일

남편이 신천지 전도사인 김장숙 씨를 향하여 안타까워하는 마음이야 알고 있었지만 요즘 들어 '하남 정 과장'이라고 입력해 놓은 번호로 계속 통화를 한다. 나는 그것이 신천지 신학원 번호라는 것을 알고 있다. 하루에 두세 번 정도 통화를 하는 것 같은데, 어떤 방법으로 남편에게 얘기해야 할지 모르겠고 염려가 되어 기도했다.

어찌보면 대화로 잘 해결될 수 있는 문제지만 남편과 나는 심하게 충돌했다. 남편인 강준홍 집사가 신학원의 김장숙 전도사를 이단에서 구원해 내고자 하는 마음은 잘 알지만, 그들과의 대화 속에서 오히려 남편이 다시 영향 받게 되지 않을까 싶어 걱정되었다. 내가 걱정하고 염려하는 것에 대해 남편은 자기를 믿어 주지 않는다며 싫어하고 서

운해 한다. 며칠 전의 일이다.

오늘은 보배, 존귀와 함께 가족예배를 드렸다. 그동안 느긋해진 마음과 각자의 바쁜 일로 개인 기도만 했었는데, 역시 함께 하는 예배가 은혜롭다. 남편이 신천지에 있을 때는 가족예배를 드리다가도 남편이 들어오는 소리가 나면 얼른 예배를 마쳤었다. 우리가 기도하는 것을 싫어하며 못하게 했기 때문이었다. 오늘은 가족예배를 마음 졸이지 않고 드릴 수 있음에 감사했다.

제자들교회에 이영란 집사가 있다. 우리 가정이 2월 17일 처음 교회에 출석했을 그때에도 그분은 밝은 얼굴이 아니었다. 신천지에서 나온 지 1년이 지난 분이지만 교리문제가 아직 완전히 해결되지 않았기 때문이다. 상담받은 지 두 달 후에 신천지 사람들과 접촉했는데, 남편 때문에 다시 그곳으로 가지는 못하고 억지로 제자들교회에 출석하고 있다. 이영란 집사의 남편은 키가 훤칠하게 크고 선하게 생기신 분이다. 우리 딸 존귀와 함께 찬양팀에서 기타 치며 봉사하고 계신다.

지난 주일에 이영란 집사의 가정이 보이지 않았다. 전도사님께서 말씀하시길, 그동안 이영란 집사가 남편이 교회에서 기타 반주하는 것을 싫어하고 성도들과 어울리지도 않더니 이제는 교회에도 나오지 않겠다고 전화하셨다고 말씀하셨다. 이영란 집사의 남편인 이경우 집사의 속이 새카맣게 타셨을 거라고 말씀하시며 가슴 아파하셨다.

수요 성경 강해 시간에 소식을 들었는데, 남편은 제자들교회에 출석하고 이영란 집사는 삼일교회에 출석하기로 합의를 본 모양이다. 이영란 집사가 하루 빨리 교리문제가 해결되어 기쁜 마음으로 함께 예배드릴 수 있도록 기도한다.

12월 1일

 항상 기도하면서 하나님의 성전에 거한다고 자부해왔는데 남편이 신천지라는 이단을 접하고 빠져들어가는 과정에서 전혀 영적으로 감지하지 못했다.

 지금 생각하니 주님께서는 2006년 7월 권사 금식 성회 때부터 나를 준비시키셨던 것 같다. 남편 강 집사의 이름을 '영광'으로 바꾸라고 영감으로 말씀하셨었다.

 이단에 빠진 남편을 위해 인간적인 별의별 방법을 다 동원했지만 다 헛수고요, 속수무책이었다. 절망, 또 다시 절망. 방법이 없었다. 육신적으로 병든 사람은 육체는 죽어도 영은 살아 천국을 바라볼 수 있다지만 영적으로 병이 들어 소생 가망이 없는 암적인 존재처럼 보였다. 정말 내 인생에서 최악의 상황이었다. 가망이 없었다. 내가 20여 년 동안 교회를 위해 내 삶을 희생하면서까지 나 자신을 내어 드렸었는데…. 하나님께서 나를 버리시는 것인가. 하나님께서 이러실 수는 없다고 원망했었다.

 하지만 자녀들 앞에서 절망하고 낙심할 수는 없었다. 일산 영산교회의 강촌 교구장이셨던 홍 목사님께 남편이 이단에 빠진 사실을 알렸지만 목사님은 교구 성도들에게 알리지 말라고 하시며, 사람들이 모르게 안수기도만 해 주셨다. 잠깐 순간의 위로는 되었지만 앞으로 전진할 해결책은 제시해 주지 못하셨다.

살아있는 마귀 같이 느껴지는 강 집사와의 영적 전투를 벌이는 동안 본 교회에서는 방관했던 것 같다. 심방 한 번 와 주시지 않았다. 다른 일 같으면 심방을 하셨을텐데. 내심 이단에 빠진 가족들을 배척하시는 것 같아서 마음이 많이 섭섭했지만 어쩔 도리가 없었다.

지금에 와서 생각해 보니 기존 교회에서는 이단에 빠진 사람과 가족들을 어떻게 상담하고 위로해야 하는지, 힘을 잃지 않도록 어떻게 도와야 하는지를 모르셨던 것 같다. 2월 14, 15, 16일 3일 동안 진행되었던 이단으로부터의 개종 상담을 마치고 나서 회개하고 돌아온 남

신천지의 추수꾼 파송

- 추수밭이란?
  (교인들이 모이는 모든 장소 = 교회, 서점, 문화센타, 동아리, 기도원)
- 300명 이상 되는 교회는 100% 침투
- 100명 이상 되는 교회는 거의 침투
- 목회자가 개척하지 않은 교회
- 깨어진 경험이 있는 교회
- 단기 추수꾼
- 장기 추수꾼
- 본인 교회로 파송된 추수꾼
- 교회를 통째로 먹기 (일명 : 산옮기기)
- 가상 교회 세우기

▲ 신천지는 유월한 자들에게 본 교회에 남거나 기성교회에 들어가 성도들을 미혹하고 교회를 훼파시키는 '추수꾼'으로 활동하게 한다.

※출처 : 한국기독교이단상담소협회 경기북부상담소

편은 다시 순복음교회로 돌아 갈 것을 원하지 않았다. 상담을 해 주신 김남진 전도사님께서도 제자들교회에 1년 이상을 출석하며 회복해야 하는 상태임을 말씀하셨다.

상담과정을 홍 목사님께 말씀드리고 기도도 부탁드렸는데, 남편과 함께 상담 이후에는 제자들교회에 나가느라 본 교회 주일예배를 거르던 나를 교구장 목사님께서는 혹시 이단에 빠지지 않았는지 의심했던 것을 기억한다. 직접적인 언급은 피하셨지만 너무 섭섭하고, 억울해서 마음으로 울며 호수공원을 한없이 걸었었다. 호수공원에서 예전에 교구장이셨는데 지금은 택시운전을 하시며 새로운 사역지를 기다리시는 목사님을 만났다. 나의 억울함을 말씀드리니 그분께서는 지금 목회를 하시지는 않지만, 본 교회 주의 종의 입장에서 상담을 해 주셨다. 왜 주일에 참석을 못하였는지, 그동안의 사정을 말씀드리지 못한 책임이 나에게 있다고 말씀하셨다. "권사님이 잘못한 거예요." 그 목소리가 아직도 생생하게 떠오른다.

그 당시 기록하고 있던 이 일기를 홍 목사님께 서류봉투에 넣어서 가져다 보여드리니, "이게 뭡니까? 신천지 홍보자료 아니에요?" 하시면서 의심하던 눈초리를 아직도 기억한다. 대학노트 반 정도의 분량을 다 읽으신 목사님께서 그제야 마음의 경계를 푸시고 나에게 잘 대해 주셨었다. 1년 후에는 순복음교회로 다시 돌아가겠다고 마음먹고 제자들교회에 출석했던 나는 주일은 제자들교회, 수요일 오전은 순복음교회에서 예배를 드리고 권사성가대 연습까지 마치고, 또다시 저녁에는 제자들교회에 남편과 함께 가서 수요예배를 드리느라 바쁘게 생활했다.

어떤 계기가 있어서 내가 제자들교회로 마음을 온전히 정하고 이곳에만 출석을 하게 되었는지 지금 당장 기억이 나지 않지만 하나님의 인도하심이라고 생각하고, 또 하나님께서 기뻐하시리라 믿는다.

교회 봉사를 여러 부서에서 해왔던 나로서는 제자들교회에서 조용히 예배자로서만 지내는 훈련이 쉽지는 않지만 잘 하고 있다. 그간 큰딸은 장로님의 아들인 지금의 큰사위를 만나서 우여곡절 끝에 결혼해 교회를 섬기며 주의 종의 길을 갈 준비하고 있으며, 작은딸은 불신가정(1년에 10여 번 이상의 제사를 드리는) 종갓집으로 시집가 지금은 둘째사위의 유학으로 호주 애들레이드에서 살며 신앙을 지키려 애쓰고 있다.

정말 하나님의 은혜로 존귀의 시어머니는 친구분의 전도를 받아들여 남대문교회에 출석하고 계신다.

남편이 이단에서 탈출만 하면 축복의 가나안 땅은 바로 예비되어있어 즐겁고 평안한 날만 있을 줄로 알았는데 지금 이 순간에도 끊임없이 다가오는 문제들을 하나하나 바라보며 그저 감사할 따름이다. 문제가 없다면 기도할 마음을 먹겠는가. 하나님의 뜻을 구하겠는가. 지금 이 시간에도 마음을 억누르는 압박이 있지만 기도함으로 인해 내 마음이 가벼워짐을 느낀다.

하나님께서는 자녀들인 우리의 모든 필요를 미리 다 아시지만 우리가 구하고 청하기를, 하나님을 바라보기를, 그 뜻을 구하기를 원하시며 대화하기를 기다리신다.

12월 2일

내일이 큰언니의 생일이다. 얼마 전 나는 큰언니의 고백을 들을 수 있었다. 매해 언니 생신날에도 같이 사는 며느리가 미역국만 끓여 놓고 아침을 함께 먹지 않는다는 사실을. 손자 손녀들도 다들 늦게 일어나고, 나에겐 조카인 아들조차도 저녁에 늦게 들어와서 아침을 혼자 드시게 하는데, 생신날도 예외가 아니라는 얘기다.

작은아들 내외도 지척에 살지만 고기만 사다주고 식사는 같이 하지 않는다고 했다. 누구의 잘잘못을 따지기보다는 그저 상황이 너무 기가 막혔다. 어떻게 해야 하나 궁리하던 끝에 작은언니한테 얘기하고는 나는 잊어버리고 있다가 어제 작은언니의 전화를 받았다. 큰언니 생신에 제천에 같이 내려가자고.

잠시 망설이며 대충 대답을 했다. 하지만 나는 12시간 동안 가지 못할 이유를 찾느라 고심했다. 아침 묵상 시간에 이 일을 하나님 앞에 내려놓았다. 하나님께서 큰언니의 가정을 만져주시기를 위해 기도했다. 우리가 가서 할 수 있는 일이 과연 있을까? 나는 일단 작은 언니의 부름에 순종하기로 했다. 하나님께서 함께 하라는 마음을 주셨다.

고린도후서 7:10 '하나님의 뜻대로 하는 근심은 후회할 것이 없는 구원에 이르게 하는 회개를 이루는 것이요 세상 근심은 사망을 이루는 것이라.'

사실 내가 그곳에서 가서 무슨 역할을 해야 하는지 잘 모른다. 순종하는 마음으로 내려가며 하나님의 인도하심이 있기를 기도한다.

1부 기도로 써 내려간 아내의 일기 · 5장

일상으로 돌아오다

12월 8일

디모데후서 3:1~5

'너는 이것을 알라 말세에 고통하는 때가 이르러 사람들이 자기를 사랑하며 돈을 사랑하며 자랑하며 교만하며 비방하며 부모를 거역하며 감사하지 아니하며 거룩하지 아니하며 무정하며 원통함을 풀지 아니하며 모함하며 절제하지 못하며 사나우며 선한 것을 좋아하지 아니하며 배신하며 조급하며 자만하며 쾌락을 사랑하기를 하나님 사랑하는 것보다 더 하며 경건의 모양은 있으나 경건의 능력은 부인하니 이같은 자들에게서 네가 돌아서라.'

사도 바울 선생은 이런 자들에게서 돌아서라고 말씀하고 계시지만, 이런 세상 속에서 나는 하나님의 능력을 나타내는 크리스천이고 싶다. 연말이라 남편이 다니는 모임이 여러군데 있다. 하나님의 도우심을 구할 뿐이다.

어제 제자반 공부를 하던 중 회개하는 데도 '때'가 있다는 말씀이 마음에 계속 남았다. 마음속에 남편을 향한 분노가 1년에 한두 번 심하게 표출되는 때가 있다. 내가 크리스천임을, 내가 교회에서 권사임을 잊을 정도의 표출이다. 남편에게, 자녀들에게 그리고 하나님께 용서를 구한다. 그릇된 행동임을 알고 주님 앞에 내어 놓으며 회개한다. 한동안은 절제하고 용서하며 내려놓는 것 같으면서도, 꼭 한 번씩 심하게 분노하고 또 심하게 절망한다.

회복하심의 은혜가 있기에 지금 여기까지 왔지만 나는 완전히 치료받고 싶다.

'나는 죽고 예수로 사는 사람'의 의미처럼 나는 완전히 죽고 예수님으로 내가 온전히 다시 살기를 원한다.

남편이 하나님께 온전히 집중하고 지금 하고 있는 사업에 열중할 수 있도록, 승리와 보배(큰사위와 큰딸)가 하나님의 인도하심 가운데 그들의 필요를 하나님께서 채워주심을 경험할 수 있도록, 은총과 존귀(작은사위와 작은딸)가 호주에서 주님을 만나고 주님과 동행하는 삶을 학업과 직장 가운데 살아가도록, 하나님께서 함께 해 주시기를 오늘도 기도한다.

시편 127:3
'자식들은 여호와의 기업이요 태의 열매는 그의 상급이로다.'

시편 128:5, 6
'여호와께서 시온에서 네게 복을 주실지어다 너는 평생에 예루살렘의 번영을 보며 네 자식의 자식을 볼지어다 이스라엘에게 평강이 있을지로다.'

시편 23편
'여호와는 나의 목자시니 내게 부족함이 없으리로다 그가 나를 푸른 풀밭에 누이시며 쉴 만한 물 가로 인도하시는도다 내 영혼을 소생시키시고 자기 이름을 위하여 의의 길로 인도하시는도다 내가 사망의 음침한 골짜기로 다닐지라도 해를 두려워하지 않을 것은 주께서 나와 함께 하심이라 주의 지팡이와 막대기가 나를 안위하시나이다 주께서 내 원수의 목전에서 내게 상을 차려 주시고 기름을 내 머리에 부으셨으니 내 잔이 넘치나이다 내 평생에 선하심과 인자하심이 반드시 나를 따르리니 내가 여호와의 집에 영원히 살리로다.'

세상을 바라볼 때는 내게 소망이 없지만 하나님의 말씀으로 나는 위로하심과 채우심을 경험하고 평안함을 얻는다.

12월 26일

율법의 본질은 하나님 아래에서 모든 인간이 평등한 관계이라는 것을 알 수 있습니다.

바로 '희년'입니다. 성경에 따르면, 토지에 대한 최장 임대기간은 49년이 되는 셈입니다. 모든 임대(매매)는 희년이 되면 기한이 끝나고 토지는 원 소유주에게 돌아갑니다.

땅이나 집 문서를 한 소유자가 49년간 지속하는 경우가 얼마나 될까? 모든 만물의 소유자는 하나님이시다.

시편 104: 28~29

'주께서 주신즉 그들이 받으며 주께서 손을 펴신즉 그들이 좋은 것으로 만족하다가 주께서 낯을 숨기신즉 그들이 떨고 주께서 그들의 호흡을 거두신즉 그들은 죽어 먼지로 돌아가나이다.'

12월 28일

오늘 기도시간에 하나님께서 지금 섬기는 교회를 위해 기도하라는 마음을 주셨다.

교회에 금요철야 기도회가 없는데 생긴다면 교회에 나가서 기도 할 생각이다.

교회에 성령의 불이 붙어서 뜨겁게 기도하고, 문제가 해결되고, 회개의 역사가 나타나는 환상들을 바라본다.

큰사위가 장기 금식을 작정했다고 하는데, 그날이 오늘이다. 많이 염려되고 신경이 쓰이지만, 기도하는 사위를 우리 가정에 주신 것을 감사드린다. 하나님께서 기뻐하시는 금식이 될 수 있도록 기도한다.

이사야 58:6~11

'내가 기뻐하는 금식은 흉악의 결박을 풀어 주며 멍에의 줄을 끌러 주며 압제 당하는 자를 자유하게 하며 모든 멍에를 꺾는 것이 아니겠느냐 또 주린 자에게 네 양식을 나누어 주며 유리하는 빈민을 집에 들이며 헐벗은 자를 보면 입히며 또 네 골육을 피하여 스스로 숨지 아니하는 것이 아니겠느냐 그리하면 네 빛이 새벽 같이 비칠 것이며 네 치유가 급속할 것이며 네 공의가 네 앞에 행하고 여호와의 영광이 네 뒤에 호위하리니 네가 부를 때에는 나 여호와가 응답하겠고 네가 부르짖을 때에는 내가 여기 있다 하리라 만일 네가 너희 중에서 멍에와 손가락질과 허망한 말을 제하여 버리고 주린 자에게 네 심정이 동하며 괴로워하는 자의 심정을 만족하게 하면 네 빛이 흑암 중에서 떠올라 네 어둠이 낮과 같이 될 것이며 여호와가 너를 항상 인도하여 메마른 곳에서도 네 영혼을 만족하게 하며 네 뼈를 견고하게 하리니 너는 물 댄 동산 같겠고 물이 끊어지지 아니하는 샘 같을 것이라."

1월 5일

며칠이나 지났다고 2012년이라는 단어가 낯설지가 않다. 주님께서 올해 무슨 일을 어떻게 행하실런지 기대가 된다.

나는 매일 하나님의 말씀에 순종하면서 살려고 하지만 여전히 부족하다. 딸아이와 사위를 보면 요즘 사람들 같지가 않고, 하나님을 향한 순수한 마음과 지혜와 은혜를 간직하고 있는 듯하다. 아직은 부족함이 많이 보이지만 하나님께서 이들을 사랑하신다는 확신이 있다.

이제 내 나이 육십일 세.

내 생애 주님이 부르실 날이 언제인지 모르지만, 돌아보니 주님께 드린 것이 별로 없다. 그냥 허공을 잡으려고 쫓아다닌 것 같다.

주여, 정겨운 당신의 이름만 그저 부를 따름입니다. 호주에 가 있는 딸에게 소포를 보내려고 한다. 주님께서 그들의 필요를 제게 알려주시고, 빠른 시일 내에 잘 도착할 수 있도록 도와주소서.

며칠 전에 하나로마트 휴게실에 잠깐 갔다가 정보지 교차로를 보았다. 신하리 삼익 아파트 상가 식당에서 주방보조를 구한다는 광고를 보았다. 내가 딱이다, 내가 할 수 있겠다란 생각이 들었다. 정보지에서 전화번호를 찢어 주머니에 넣고 집에 왔는데, 교회에서 금요철야기도를 하기로 약속한 것이 생각났다.

맞다. 교회를 위해, 전도사님을 위해, 이단상담을 위해, 나라와 민족을 위해, 통일을 위해, 남편을 위해, 자녀들을 위해, 공동체의 성도들을 위해, 어머님을 위해, 시댁 식구들의 하나 됨을 위해 나는 기도로 생명을 걸어야 한다.

우리 가정에는 갚아야 할 부채가 상당히 있다. 인간적인 생각으로는 내가 일하러 나가서 1년에 천만 원이라도 갚으면 좋을 텐데 하는 생각이 있지만, 다 내려놓고 기도하기로 마음을 먹는다.

1월 8일

어제 저녁 호주에 있는 작은딸에게 전화가 왔는데 아빠 사업을 걱정하며 잘 되고 있는지 궁금해 했다. 운영을 잘 하고 계시는지, 대출금 받은 이자는 잘 갚아나가고 있는지 등을 자세히 물었다. 작은딸 시댁의 대리운전 사업을 하시는 시누이 남편이 아무래도 파산을 한 모양이다. 멀리서도 집안일을 걱정하며 염려하는 딸과 사위의 마음이 전달되며, 아, 이것이 자식이구나 하는 찡하는 마음의 울림이 있었다.

아침에 잠이 늦게 깨어 기독교 방송의 김양재 목사님 말씀을 후반부만 들을 수 있었다. 요한계시록 묵상 중 '금대접에 올려 드리는 기도'로 설교하셨다. 우리가 기도 할 때 하나님께서 침묵하고 계시는 것 같은 기간에는 우리의 인내와 훈련이 요구된다는 그런 내용이었다.

방송 중 '공동체의 고백' 시간에는 50대 중반의 남자 집사님께서 나와서 간증하셨는데, 사업에 실패하고 부도, 파산을 하고 난 후에 비로소 자기 자신을 들여다보게 되었다는 내용이었다. 간증을 들으며 나 자신 또한 돌아보지 않을 수 없었다. 내 안에 아직도 남의 허물을 보고 판단하며, 질책하고, 원망하는 모습이 남아있다는 생각이 들었다. 아! 아직도 멀었구나!

요한계시록 19:8~9 '그에게 빛나고 깨끗한 세마포 옷을 입도록 허락하셨으니 이 세마포 옷은 성도들의 옳은 행실이로다 하더라 천사가 내게 말하기를 기록하라 어린 양의 혼인 잔치에 청함을 받은 자들은 복이 있도다 하고 또 내게 말하되 이것은 하나님의 참되신 말씀이라 하기로.'

요한계시록 21:23~24 ' 그 성은 해나 달의 비침이 쓸 데 없으니 이는 하나님의 영광이 비치고 어린 양이 그 등불이 되심이라 만국이 그 빛 가운데로 다니고 땅의 왕들이 자기 영광을 가지고 그리로 들어가리라.'

요한계시록 8:3~5 '또 다른 천사가 와서 제단 곁에 서서 금 향로를 가지고 많은 향을 받았으니 이는 모든 성도의 기도와 합하여 보좌 앞 금 제단에 드리고자 함이라 향연이 성도의 기도와 함께 천사의 손으로부터 하나님 앞으로 올라가는지라 천사가 향로를 가지고 제단의 불을 담아다가 땅에 쏟으매 우레와 음성과 번개와 지진이 나더라.'

1월 12일

어제와 그제는 우리 올케언니가 디스크 수술을 하셔서 병문안을 갔었다. 오랜만에 큰오빠도 만나볼 수 있었다. 큰 오빠는 희한한 괴성을 지르며 나를 반겨주셨다. 오랫동안 병중에 계신 오빠의 모습을 보며 젊으셨을 때 열심히 활동적으로 생활하던 모습이 생각났다. 그 당시 고향에서 다들 오빠더러 '개천에서 용 났다'는 소리를 할 정도로 세상에서 승승장 구 하였던 오빠다. 그 욕심이 또한 하늘을 찌를 듯 했었다.

우리들은 돌아보지 않고 처갓집 식구들만 챙기던 우리 오빠. "돈 가지고 주무르는 시간이 정말 얼마 안되더라"는 말씀을 병 나시기 전에 하셨었는데 뇌하수체 암 수술을 하신 이후로 통장이며 모든 재산권을 이제 모두 올케언니한테 넘기고 치매 환자, 폐인처럼 살아가고 계시다. 작년 우리 작은딸 결혼식 때 뵈었던 것보다 얼굴이 더 많이 상하셨다. 만감이 교차한다.

오늘 아침 묵상 시간에, 아브라함은 그가 믿은 하나님, 곧 죽은 사람을 살리시며, 없는 것을 있는 것 같이 부르시는 하나님 앞에서 우리의 조상이 되었다 라는 구절이 마음에 와 닿았다. 너무 가진 것이 없어서 하나님께도 많이 드릴 수 없고, 자녀들을 돕고 싶지만 마음뿐이다. 하지만 우리 자녀들이 믿음으로 하나님을 바라며 세상 가운데서 승리하기를 기도한다. 모든 만물의 주관자시요, 모든 문제의 재판장이 되시는 하나님만을 바라며 승리하기를 기도한다. 할렐루야!

1월 17일

어제 저녁 남편과 사업상 일로 지방을 내려가던 중에 큰언니의 다급한 전화를 받았다. 얼마 전 디스크 수술을 하신 올케언니가 위독하여 서울 강남 삼성병원으로 올라오고 계신다고 하였다. 수술 후유증으로 지병인 폐질환이 재발하여 위급한 상황이란다. 얼마 전에 우리가 방문했을 때만 하더라도 여전히 재물을 의지하며 여유있는 모습을 보였었다.

하나님의 축복 속에서 모든 생명은 이 땅에 태어난다. 하지만 이 세상을 떠날 때에는 이들이 예수님을 구주로 영접하고 구원을 얻으며 영생하는 삶을 기대하고, 죽음 앞에서 초연하게 감사와 기쁨으로 주님 앞에 설 준비를 해야 한다.

믿는 우리들 역시 버릴 것은 버리고, 용서하고, 내려놓고 떠날 준비를 해야 하지 않겠는가?

주님이 예비하신 천국으로 가는 준비를 하는 과정이 아닌가?

아, 올케언니를 향한 주님의 인도하심을 기다린다.

1월 18일

일원동 삼성병원에 계신 우리 올케언니는 물도 한 모금 못 마시고 가슴의 통증을 호소하면서 엄청나게 괴로워하시며 살려달라고 애원하시더란다. 아직 디스크 수술을 한 자리도 아물지 않았을 텐데…. 조카들, 손자, 친정 동생들이 다 모였지만 속수무책이요, 고통을 덜어줄 방법이 없다. 위독하다는 소식을 들은 지 이틀째지만, 지방에서의 계속된 업무로 아직 병원에 가보지 못하였다. 지난 30년 동안 마음에 지녔던 만감이 이제 어느 정도는 정리가 된 듯하다. 참으로 긴 시간 동안 마음에 눌린 짐이었는데. 이제는 다시 언니를 만나도 긍휼의 마음으로 바라볼 수 있을 것 같다.

하나님! 언니의 고통을 덜어주시고, 천국 길을 예비해 주셔서 훗날 천국에서 기쁨의 재회를 할 수 있도록 도와주세요.

이단에 빠져 있는 94세 되신 우리 시어머니와 시누이와 조카들을 볼 때, 정말 방법이 없다. 하나님께서만이 하실 수 있다. 하나님께서 하실 것이다. 나는 그저 기도할 따름이다.

요한계시록 21:3~4

'내가 들으니 보좌에서 큰 음성이 나서 이르되 보라 하나님의 장막이 사람들과 함께 있으매 하나님이 그들과 함께 계시리니 그들은 하나님의 백성이 되고 하나님은 친히 그들과 함께 계셔서 모든 눈물을 그 눈에서 닦아 주시니 다시는 사망이 없고 애통하는 것이나 곡하는 것이나 아픈 것이 다시 있지 아니하리니 처음 것들이 다 지나갔음이러라.'

2월 6일

7일 전쯤으로 기억한다. 느헤미야 말씀을 읽다가 2:2 말씀에 나의 마음이 꽂혔다.

'왕이 내게 이르시되 네가 병이 없거늘 어찌하여 얼굴에 수심이 있느냐 이는 필연 네 마음에 근심이 있음이로다 그때에 내가 크게 두려워하여.'

느헤미야는 바벨론 아닥사스다 왕의 술 관원이었는데, 왕의 앞에서 술 시중을 들다가 왕에게 받은 질문이 바로 이 구절이다. 왕이 신하를 살피며 병이 없는데도 얼굴에 왜 수심이 있느냐고 묻는 질문에, 느헤미야가 얼마나 왕에게 신임을 얻었기에 왕이 그 표정까지 읽을 수 있을까. 새삼 그 이야기가 참 충격적으로 다가왔다.

다시 1장부터 3장까지 읽어 내려가기 시작했다. 느헤미야는 자신의 형제 하나니로부터 포로로 잡히지 않고 그곳 예루살렘에 남아있는 자들의 형편이 어떠함(고생이 심하고, 업신여김을 받음)과 예루살렘의 성벽이 허물어지고, 성문들이 다 불에 탔다는 소식을 듣고 수일 동안 슬퍼하며 하나님 앞에 금식하며 기도하던 중이었다.

묻는 왕에게 느헤미야는 폐허가 된 예루살렘에 대한 자신의 찢어지는 마음을 나눈다. 또 왕이 그에게 원하는 것을 묻자 하나님께 기도하고 나서 유다의 성읍으로 돌아가서 예루살렘 성읍을 다시 세우게 해달라고 요청한다.

이 모든 일은 우연이 아니며, 하나님으로부터 시작된 것임을 알 수 있었다. 모든 일이 하나님의 계획 가운데, 느헤미야의 애통하는 마음으로부터 성벽 재건의 계획이 시작되었던 것이다. 이날부터 계속해서 느헤미야 말씀이 잠잘 때나, 깰 때나, 식사를 할 때나, 찬양을 할 때, 설교 시간에도 내 머리를 떠나지 않고 계속해서 다가온다.

하나님! 제가 친밀하게 지내는 것을 원하세요? 그러면 누구와 그렇게 되길 원하십니까? 이웃과요? 친척들과요? 남편과 아이들입니까? 성도들입니까? 계속 생각해보지만 시원한 마음이 들지 않는다. 로렌 커닝햄 목사님이 지으신 〈하나님 정말 당신이십니까?〉라는 책을 읽다가, 문득 확신이 왔다.

나의 부르심은 분명한 것이었다. 바로 복음의 양면성을 전파하는 것이다. 즉, 온 마음을 다해 하나님을 사랑하고, 우리 이웃을 내 몸처럼 사랑하는 것이다. 이 말씀은 지금 나에게만 주시는 말씀이 아니라 제자들교회 공동체와 중보기도 팀들에게 주시는 말씀인 것 같다. 느헤미야가 본토 사람들을 향해 느꼈던, 같은 마음을 가지고 선교지와 교회 공동체를 향해 기도해야 하는 것이다. 아! 맞다! 지금은 오후 5시 30분. 마음이 후련하고 시원하다.

2월 8일

오늘 아침 시간에 기도하던 중 유다에 사로잡힘을 면하고 남아있는 자들, 그곳에서 큰 환란을 겪으며, 능욕을 받으며 예루살렘 성이 훼파되고 성문이 타버린 지경에 있는 백성은(느 2:2) 다름 아닌 이단에 빠져있는 자들과 그의 가족들이란 생각이 들었다. 남편 강집사가 이단에 속해 있을 때, 우리 가족은 거의 파탄지경이었으며 희망이라고는 전혀 보이지 않았던 그때의 가슴 아픈 기억들이 떠올랐다. 그래, 이를 위해 하나님은 귀한 말씀을 준비하시고, 미련하고 깨닫지 못하는 나를 위해 잠잠히 기다리고 계셨던 것이다.

엄청난 숫자의 이단들이지만 그곳에 빠져있는 하나님의 백성들을 위해, 또 그의 가족들을 위해서 나는 느헤미야가 가졌던 마음을 품고 기도하기를 원한다.

우리 가족이 이단상담을 받기까지 우리 가정을 위해서 중보해 주셨던 분들을 잊을 수가 없다. 계속 철야하며 기도해 주셨던 친언니들과 순복음교회 목사님, 지 권사님, 김 전도사님, 형님, 시동생 목사 부부 등을 기억하며 또 한 번 감사하다. 상담 기간 동안에는 금식 기도를 하며 기도해 주셨었다. 할렐루야 아멘.

2월 12일

오늘은 뭔가 숫자적으로 의미가 있는 날이 아닐까? 숫자 '2'가 4번이나 들어가는 날이다. 지난 수요제자훈련(제자들교회)에서 느헤미야 2:2을 묵상하면서 받은 은혜를 나누었다. 나누고 나니, 내내 무거웠던 마음이 가벼워졌다. 이단에 빠진 성도들과 가족들을 위해 기도하며 격려하는 일은 나 혼자만의 일이 아니고, 온 교회가 함께 져야 할 거룩한 짐이다.

다시 한 번 느헤미야서의 말씀을 읽으면서 묵상한다. 느헤미야는 하나님의 성벽을 재건하는 일을 위해 계속해서 백성들에게 하나님이 주신 마음으로 격려하고, 성벽을 재건해야 하는 이유들을 설명한다. 2장과 3장에서 나오는 엘리아십은 그 형제 제사장들과 일어나 양문을 건축하여 성별하고, 그 다음은 여리고 사람, 그리고 그 다음, 그 다음 계속해서 이어지는 사람들.

성벽을 건축함에 있어서 온 백성들이 협동하여 각기 받은 은사를 따라 맡은 일을 해나감을 볼 수 있다. 우리 제자들교회에서도 마찬가지로 각양 은사를 받은 분들이 많이 계셔서 나는 참 감사하다. 주를 향한 열심이 있고, 사랑이 많고, 격려를 잘 하시는 여러 가지 은사가 있는 집사님들을 하나님께서 우리 교회에 보내주셨다.

오늘도 느헤미야의 말씀을 묵상하면서 다시 한 번 제자들교회 공동체의 성도들을 주 안에서 다시 보게 되어 정말 하나님께 감사드린다.

2월 15일

느헤미야 4장 말씀을 묵상했다.

'산발랏이 우리가 성을 건축한다 함을 듣고 크게 분노하여 유다 사람들을 비웃으며 자기 형제들과 사마리아 군대 앞에서 일러 말하되 이 미약한 유다 사람들이 하는 일이 무엇인가, 스스로 견고하게 하려는가, 제사를 드리려는가, 하루에 일을 마치려는가 불탄 돌을 흙 무더기에서 다시 일으키려는가 하고 암몬 사람 도비야는 곁에 있다가 이르되 그들이 건축하는 돌 성벽은 여우가 올라가도 곧 무너지리라 하더라.'

유다 백성은 산발랏과 도비야 등의 비웃음과 방해로 인해 기도하고, 파수꾼을 두어 밤낮으로 성을 지키었지만, 10절에 보면, 성을 건축하지 못하겠다 하며 낙심하기도 하였었다. 다시 느헤미야가 14절부터 말한다. '너희는 그들을 두려워 말고 지극히 크시고 두려우신 주를 기억하고 너희 형제와 자녀와 아내와 집을 위하여 싸우라'고, 또 말하기를 '하나님이 그들의 꾀를 폐하셨다'고.

이후로 성을 건축하는 자와 담부하는 자는 다 각각 한 손으로는 일을 하고, 한 손에는 병기를 잡고 칼을 차고 건축하였다.

하나님! 이단 상담 사역은 느헤미야서에 나오는 성전을 재건하는 일과 마찬가지의 일이라 여겨집니다. 느헤미야는 성벽 건축을 위해 밤에는 파수하고, 낮에는 건축을 하였던 것을 기억합니다.

'나나 내 형제들이나 종자들이나 나를 따라 파수하는 사람들이나 우리가 우리의 옷을 벗지 아니하였으며 물을 길으러 갈 때에도 각각 병기를 잡았느니라'(느 4:23). 이 말씀을 기억합니다. 주여. 이단 무리들은 산발랏보다 더 집요하게 상담하시는 전도사님과 상담자들을 괴롭힙니다. 우리는 느헤미야가 성벽을 재건축할 때처럼 병기와 창을 손에서 놓지 않기를 원합니다. 우리가 계속해서 기도로 싸울 수 있도록 우리에게 기도의 영을 부으시고, 우리가 기도할 때 하나님의 전략들을 우리에게 알리소서.

2월 24일

느헤미야 6장 말씀을 묵상하였다.

성전을 건축하고 아직 문짝을 달지 못한 때에 산발랏과 도비야와 아라비아 사람 세겜이 느헤미야가 성벽을 쌓아 올려 무너진 곳을 다 이었다는 말을 듣고, 만나자고 전갈을 보냈다. 그들이 느헤미야를 헤치고자 하는 흉계가 있는 줄 알고 느헤미야는 네 번이나 그들의 제의를 거절한다. 계속 만나주지 않자 그들은 느헤미야가 유다 사람들을 모아 자기가 왕이 되려 한다는 음모를 꾸며 그를 위협했지만, 느헤미야는 끝까지 두려워하지 않고 오직 하나님께 기도하고 아뢰며 드디어 성벽 건축을 완성했다.

이같이, 세상의 권력과 힘을 가진 자들은 느헤미야와 같은 자들에게 계속해서 흉계와 음모를 꾸미며 항상 두렵게 한다. 마찬가지로 우리들에게 다가오는 두려움과 여러 가지 음모들은 느헤미야가 그랬듯이 하나님께로 나아갈 때에만 물리칠 수 있으며, 이것들을 이길 해답을 얻을 수 있다.

우리가 어떤 것에도 두려워하지 않는 이유는 오직 예수님의 보혈을 의지하며, 그 분을 바라보며 그분을 따라가기 때문이다.

이사야 53:5

'그가 찔림은 우리의 허물 때문이요 그가 상함은 우리의 죄악 때문이라 그가 징계를 받으므로 우리는 평화를 누리고 그가 채찍에 맞으므로 우리는 나음을 받았도다.'

지난 수요예배 때 전도사님께서 우리 안에 아직 용서하지 않은 사람이 있는지 나누어 보자며, 먼저 자기의 고백을 우리에게 나눠주시는 것을 듣고 나는 적잖은 충격을 받았다. 어느 성도의 어머니에 대한 얘기였다. 자그마한 키에 반찬 솜씨도 좋으시고, 다부지고, 야무진 분이시다. 항상 무언가를 부지런히 하시는 분이시다. 그런데 그분께서 늘 술을 드신단다. 내어놓기 어려운 문제를 우리들에게 먼저 고백해 주신 성도님. 그간 얼마나 괴롭고 힘드셨을까. 뭐라고 설명하기 어렵지만 내 마음이 저미어 온다.

하나님! 우리의 허물을 위해 가시에 찔리셨습니다. 인간적으로는 고치기 힘든 어려운 질병입니다. 친히 우리를 위해 채찍을 맞으신 주님, 성도님의 어머니를 고쳐 주세요.

2월 27일

느헤미야 8장 말씀을 묵상하였다.

7장에서 성벽 건축을 완공하고 나서 바벨론에서 이스라엘로 귀환해 온 회중의 숫자가 4만2360명, 노비가 7337명, 노래하는 남녀가 245명,

약대가 435명, 나귀가 6720명. 어떤 족장들은 역사를 위하여 보조하였다. 방백은 금 일천 다릭과 대접 50과 제사장의 의복 530벌을 보물 곳간에 드렸다. 또 어떤 족장은 금 2만 다릭과 은 이천 이백 마네를 역사 곳간에 드렸고, 그 나머지 백성은 금 2만 다릭과 은 2천 마네와 제사장의 의복 67 벌을 드렸다. 제사장과 레위 사람, 문지기, 노래하는 자들, 백성 몇 명과 느디님 사람들과 온 이스라엘이 다 그 본성에 거하였다.

칠월에 이르러 모든 백성이 일제히 수문 앞 광장에 모여 학자 에스라에게 모세의 율법책을 가지고 오기를 청하여 읽게 하였다. 에스라가 책을 펴고 새벽부터 오정까지 그 책을 읽을 때 모든 백성이 일어나 광대하신 하나님 여호와를 송축하고 모든 백성이 손을 들고 아멘 아멘 응답하고, 몸을 굽혀 얼굴을 땅에 대고 여호와께 경배하였다. 백성들이 하나님의 율법과 그 해석을 듣고는 다 울었다.

주님! 믿지 않는 자들과 이단에 빠져있는 자들이 진리의 복음의 말씀을 듣고 깨닫게 하사, 그 사로잡힌 것에서 돌이켜 진리의 말씀 앞에서 우는 역사가 있게 하소서.

간절히 기도하옵나이다.

3월 2일

어제는 온누리교회의 직장인 선교회에서 주최하는 세미나에 남편과 함께 갔었다. '복음과 함께 고난을 받으라'라는 주제 말씀으로 열렸다. 직장 선교회를 창립하고 헌신했던 분들의 간증과 이천수 목사님의 위로의 메시지에 감동과 위로를 얻었다.

김양재 목사님도 말씀을 전하셨다. 선교사역도, 직장일도 가정이 먼저 바로 세워져야 가능하다는 말씀, 또한 사람은 믿음의 대상이 아니라 긍휼이 여기고 사랑해야 하는 연약한 존재임에 대해 말씀을 전해 주셨다.

집에 돌아와 밤이 되어 피곤한데도 잠이 오지 않아서 뒤척이다가 자리에서 일어나 느헤미야 8장 말씀을 다시 묵상하였다.

성벽을 건축하고 바벨론에서 귀환한 숫자가 4만2360명이라고 기록하고 있는데, 에스라가 책을 펼 때에 모든 백성이 일어났다는 대목에서 멈춰서서 지난날의 내 모습을 돌아보게 되었다.

그동안 귀한 말씀을 들으면서 경홀히 여긴 적이 있었던 것을 회개하고, 다시 한 번 옷깃을 여미고 하나님의 말씀을 들을 때 경청해야겠다는 다짐을 했다.

3월 4일

금요철야에 갔는데 낮에 직장인선교회 세미나에 참석했었던 권사님 집사님들이 기도하러 오지 않으셨다. 전도사님과 사모님께서도 많이 지치신 것 같았다. 전도사님께서는 감기에 설사까지 한다고 하는데, 얼굴이 수척해지고 눈이 커다래지셨다. 사모님도 그동안 휴직했던 직장에 다니시느라 고생이시다. 그동안 잘 자 주던 이삭이도 그날따라 자주 깨며 울고 보챈다.

하지만 전도사님께서는 기도 제목을 차근차근 말씀하시며 세부적으로 기도인도를 하셨다. 올 여름에 있을 미얀마 선교를 위해 (올해에는 특별히 세 개 교회가 연합하여 선교를 간다), 특히 세 분의 초청 교역자들을 위해, 연합선교가 잘 이루어지도록 기도했다.

또 전도축제에 있을 임직 예배를 위해, 요즈음 교회에 잘 나오지 않는 형제 자매들을 위해 기도했다. 이단에 빠진 지체들을 위해, 개인기도 시간에는 기도의 용사가 평소보다 적게 참석해 기도하는 데 애를 먹었지만 끝까지 인내하며 기도를 마쳤다.

새벽 2시에서 5시까지 꿀같은 단잠을 자고, 5시부터는 다시 새벽기도와 말씀 묵상의 시간이다.

출애굽기 2:1~3

'레위 가족 중 한 사람이 가서 레위 여자에게 장가 들어 그 여자가 임신하여 아들을 낳으니 그가 잘 생긴 것을 보고 석 달 동안 그를 숨겼으나 더 숨길 수 없게 되매 그를 위하여 갈대 상자를 가져다가 역청과 나무 진을 칠하고 아기를 거기 담아 나일 강 가 갈대 사이에 두고.'

왜 하필 갈대 상자 사이에 두었을까를 가지고 고민이 되었다. 갈대는 연약한 식물이다. 시몬 베드로를 예수님은 흔들리는 갈대라 표현하셨었다. 그렇다. 우리가 예수님을 의지하지 않으면 우리 스스로 아무것도 할 수 없는 연약한 존재다.

우리의 노력이 이 정도로 보잘 것 없는 것이다. 주님께서 도와 주시지 아니하시면 우리는 연약한 갈대 사이밖에 숨을 곳이 없는 존재이다.

3월 11일

근 1년 반 동안 함께 살던 딸 내외가 할 말이 있다고 하더니 살림을 나가겠다고 한다. 어제 집을 보고 온 모양인데, 약 12평 정도 되는 집을 서울에 구했다고 한다. 17일에 이사하기로 정했단다.

그동안 함께 살면서 이런저런 일 모두 다 겪으며 부대끼고 살았는데, 잘 된 것 같기도 하고, 서울에 가서 고생할 딸을 생각하니 속이 짠하고, 아무튼 갑작스런 일이라 거의 밤을 샜다. 아무것도 없이 시작한 아이들이지만 기도하는 자녀들이니 잘 살아낼 것이라 믿는다.

잠이 오지 않아서 느헤미야 12장 말씀을 묵상했다.

47절 '스룹바벨 때와 느헤미야 때에는 온 이스라엘이 노래하는 자들과 문지기들에게 날마다 쓸 몫을 주되 그들이 성별한 것을 레위 사람들에게 주고 레위 사람들은 그것을 또 성별하여 아론 자손에게 주었느니라.'

맞다. 우리 큰딸에게 하나님이 주신 이름인 '보배'는 성전 안에서 노래하는 자다. 세상 노래는 돈 싸다 주고 부르라고 해도 안 하는 애다.

하나님 감사합니다. 노래하는 자녀 보배에게 날마다 쓸 것을 공급하실 줄 믿어요. 할렐루야!

4월 8일

어제는 부활주일.

지난 주간 고난 받으신 주님을 묵상했다. 십자가형의 압박. 육체적인 고통뿐 아닌 정신적인 고통. 사람들과 제자들에게 처절하게 버림을 받으셨다. 그 고통 속에서 예수님은 하나님께 절규하셨다. '하나님이여, 왜 나를 버리셨습니까? 이토록 멀리 계셔서 왜 나를 돕지 않으시고, 내 신음소리를 듣지 않으십니까? 내가 낮에도 부르짖고 밤에도 외치는데 주께서는 듣지 않으십니까?'

시편 22:16 '개들이 나를 에워쌌으며 악한 무리가 나를 둘러 내 수족을 찔렀나이다 내가 내 모든 뼈를 셀 수 있나이다 그들이 나를 주목하여 보고 내 겉옷을 나누며 속옷을 제비 뽑나이다.'

처절하게 버림받으시고, 사람들과 하나님께 외면당하신 예수님. 낮에도 밤에도 부르짖고 외치셨지만, 마지막 기도에서는 "아버지 내 원대로 마시고, 주님 뜻대로 하시옵소서"라고 순종하셨던 주님. 독생자이신 예수님께서 이토록 고통당하신 이유는 다름 아닌 우리의 죄를 친히 담당하시기 위함이다.

우리가 우리의 죄를 고백하고 주님께 나아오기면 하면 예수님으로 인하여 우리의 죄를 용서받을 수 있다. 죄사함의 은혜이다. 이것이 복음이다. 이 복음을 전해야 한다.

이단들은 이 복음의 진리를 훼손시키고 있다. 부활을 인정하지 않는다고 한다. 우리 김남진 전도사님과 또 다른 이단상담소의 소장님들과 이단과 사투를 벌이며 지금까지 달려온 현대종교도 다들 작지만 강한 단체들이다. 그러나 성도가 많은 큰 교회들은 이단에 대해, 이단에 빠진 사람들에 대해 관심이 없고, 성도들은 속수무책으로 당하며 시달리고 있다.

주여, 우리 교회에는 아직도 아내를, 어머니를 이단에 두고 고통당하는 형제 자매들이 있습니다. 이경우 집사의 아내인 이영란 자매, 최순철 형제의 아내인 권두남 자매, 황소진 자매의 어머니 곽인자 성도, 박혜자 권사의 조카 박미수 자매.

저들을 예수님의 보혈로 덮습니다. 저들이 하루 빨리 사단의 속임수와 미혹의 영에서 놓여남의 은혜를 입게 도우소서. 저들로 인한 가족들의 신음소리와 부르짖음을 들으시옵소서.

이단의 무리들은 나날로 완악해지며, 속임수를 두어 그들만의 성을 견고히 다지고 있습니다. 우리 교회들이 더 많이 기도하고, 더 많이 관심을 쏟고, 사랑으로 저들을 구출해 낼 방법들을 연구할 수 있도록 도와주소서.

그동안 이단 상담에 전념하시느라 목사안수가 늦어진 김남진 전도사님께서 4월 17일 드디어 목사 안수를 받으신다. 더불어 29일에는 교회 직분자 임직식이 있다. 우리 교회에도 안수집사 한 사람과 권사 세 분이 세워진다. 바로 남편 강 집사가 안수집사 대상이다. 할렐루야!

순복음교회를 30년 이상 다녔지만 사도신경 할 때쯤 교회에 도착해서 주기도문 할 때 교회를 빠져나가고 설교 시간 내내 졸던 강 집사가, 그렇게도 세상의 오락과 방탕한 삶을 즐기던 아들이, 하나님의 크신 은혜 가운데 이단에 빠지게 되었으나 다시 상담을 받고 나오게 되어 이곳 제자들교회에서 김남진 전도사님의 가르침 가운데 3년여 동안 신앙 성장을 하게 되었다.

그동안 김남진 전도사님의 많은 관심과 배려에 너무 감사드린다. 여전히 부족한 점이 남아 있지만 앞으로 더욱 하나님의 은혜 가운데 성장하고, 예수님을 닮은 삶을 날마다 영위하며 살아가리라 확신한다.

결혼하여 우리 부부의 곁을 떠난 보배와 존귀 역시 기도하며 승리하는 인생이 되기를 기도하고 확신한다.

　오늘 하루도 주님의 인도하심을 따르는 하루 되게 하소서.

　안수집사 임직을 받기 전에 성경을 2독 할 것이라며 날마다 말씀을 읽는 남편의 모습을 보며, 주님이 부어주시는 생기가 사람을 이렇게 변화시키는구나 하고 생각하며 감사드린다.

4월 29일

　오늘 같이 기뻤던 날이 언제 또 있었던가 싶다.

　큰아이 결혼 때는 딸아이의 앞날에 대한 염려 때문에 조카들이 "고모 얼굴 좀 펴요"를 연신 할 정도였다. 작은딸 결혼 때도, 딸이 시댁에 들어가서 잘 살 수 있을지 염려가 많이 되어 완전한 기쁨을 누리지 못하였었다. 하나님이 주시는 기쁨이란 이런 것일까? 남지도 모자라지도 않는 이 평안. 세상에서 방황하던 남편이 주님께 돌아온 지 이제 4년째. 오늘 제자들교회에서 안수집사 임직을 받는다.

　하나님의 사람, 기도의 사람이 되기를 하나님께 간절히 기도했던 일들이 생각난다.

　우리의 작은 신음에도 응답하시는 주님, 신실하신 하나님.

　베드로전서 1:24~25 '그러므로 모든 육체는 풀과 같고 그 모든 영광은 풀의 꽃과 같으니 풀은 마르고 꽃은 떨어지되 오직 주의 말씀은 세세토록 있도다.'

　주님, 우리들의 육체는 비록 시들고 있지만 영은 항상 더욱 새로워지게 하시니 감사합니다.

안수집사님의 마음 그릇에 귀한 것으로 채워주소서.

주님, 오늘 하루를 인도하소서.

5월 20일

나의 무거운 짐에 대해 주님께서 알고 계시는 것 같다.

기도할 문제를 허락하신 하나님께 감사드린다.

때로는 귀찮은 마음도 들었지만 걸어서 20분, 고속버스 타고 50분, 전철역까지 이동 15분, 전철 타고 70분을 매주 금요일 밤 11시까지 철야기도회에 도착하려고 부지런히 움직였다. 오늘은 또 어떤 은혜를 주실까? 목사님께서 미가서 3장 말씀을 읽으며 제사장의 타락에 대해 한국교회의 세속화와 연결시켜 말씀하신다. 애통하며 교회를 위한 간절한 기도를 드렸다.

또 응급기도로 인찬이를 위해 기도했다. 인찬이가 팔을 다쳤는데 복합 골절이 되었는지 내일 큰 병원에서 수술을 한다고 했다. 박혜자 권사님, 정은택 권사님, 황영숙 권사님, 주연 자매. 적은 숫자이지만 우리는 정말 간절히 기도했는데, 토요일 오후 목사님으로부터 인찬이가 수술을 하지 않아도 된다는 메시지를 받았다. 할렐루야! 주님이 하셨습니다.

이단에 빠진 기성교회의 성도들을 위한 개체 중보기도와 전도대상자들을 위한 기도, 선교지를 위한 기도들이 계속 이어졌다.

잠깐 쉬는 시간에 신흥대학에 다니는 주연 자매가 엄마와 나누는 이야기를 들었다.

실용음악과에 재학 중인 같은 과 학생은 8명 정도인데 그 중에 신천지에 다니는 친구가 있고, 두세 명 정도가 그 친구와 함께 성경공부를 하고 있다는 이야기였다.

담임 목사님께서 걱정하시며, 신흥대학교의 교목 목사님을 만나보겠다고 얘기하셨다. 학원도 이렇게 이단에 노출되어 속수무책으로 당하고 있구나, 걱정이 되었다.

개인기도 시간이 되어 나는 주님께 "이단들이 이렇게 날뛰고 있는데 우리에게는 대항할 방법이 없습니다. 기도할 수밖에는 없습니다"라고 아뢰며 애통하는 마음으로 기도했다.

느헤미야서의 말씀이 떠올랐다. 포로로 끌려가지 않고 유다에 남은 백성의 고통을 듣고 기도하던 느헤미야의 심정을 조금은 느낄 수가 있었다.

그 가족들의 고통을 생각하며 기도했다. 이단에 무너진 성벽을 재건축하는 일. 주여! 원수의 공격을 방어하기 위해 잠을 잘 때도 무기를 소지했던 유다 사람들을 기억합니다. 마귀를 기도로 방어하며 무시로 대적할 수 있도록 도와주소서.

5월 25일

어제는 큰딸이 다녀갔다. "엄마 통장에 잔고가 빵원이에요. 달랑 차비만 가지고 집에 왔어요" 하는데 그 얼굴을 보니 너무 밝고 넉넉함이 있고, 은혜가 넘치며 활기가 있어 보인다. 예전과는 사뭇 다른 모습이다. 이것이 바로 기도의 힘이다. 하나님께서 공급하시는 삶의 능력임을 느꼈다.

딸자식은 예쁜 도둑이라고 했던가? 이것저것 챙겨 보내려는데 나는 줄 것이 있다는 것이 감사하고, 부모가 주는 것이니 당당하게 받아가는 딸을 보니 역시 감사가 넘친다.

지갑을 뒤져서 돌아가는 딸에게 삼만 원을 주었는데, 내일이면 월급이 나온다면서도 참 좋아하며 받아간다. 하나님께서 큰딸아이를 저렇게 바꾸어 놓으셨다.

오늘도 에스겔 37장의 말씀이 내게 다가온다. 하나님께서 에스겔에게 보여주신 이상이다.

'여호와께서 권능으로 내게 임재하시고 그의 영으로 나를 데리고 가서 골짜기 가운데 두셨는데 거기 뼈가 가득하더라 나를 그 뼈 사방으로 지나가게 하시기로 본즉 그 골짜기 지면에 뼈가 심히 많고 아주 말랐더라 그가 내게 이르시되 인자야 이 뼈들이 능히 살 수 있겠느냐 하시기로 내가 대답하되 주 여호와여 주께서 아시나이다 또 내게 이르시되 너는 이 모든 뼈에게 대언하여 이르기를 너희 마른 뼈들아 여호와의 말씀을 들을지어다 주 여호와께서 이 뼈들에게 이같이 말씀하시기를 내가 생기를 너희에게 들어가게 하리니 너희가 살아나리라 너희 위에 힘줄을 두고 살을 입히고 가죽으로 덮고 너희 속에 생기를 넣으리니 너희가 살아나리라 또 내가 여호와인 줄 너희가 알리라 하셨다 하라 이에 내가 명령을 따라 대언하니 대언할 때에 소리가 나고 움직이며 이 뼈, 저 뼈가 들어 맞아 뼈들이 서로 연결되더라 내가 또 보니 그 뼈에 힘줄이 생기고 살이 오르며 그 위에 가죽이 덮이나 그 속에 생기는 없더라 또 내게 이르시되 인자야 너는 생기를 향하여 대언하라 생기에게 대언하여 이르기를 주 여호와께서 이같이 말씀하시기를 생기야 사방에서부터 와서 이 죽음을 당한 자에게 불어서 살아나게 하라 하셨다 하라 이에 내가 그 명령대로 대언하였더니 생기가 그들에게 들어가매 그들이 곧 살아나서 일어나 서는데 극히 큰 군대더라'(겔 37:1~10).

하나님, 맞습니다. 이단에 빠진 영혼들은 생기가 빠진 마른 뼈들입니다. 하나님의 생기가 그들에게 부어지도록 기도합니다. 주여 저들이 미혹에서 돌이켜 하나님을 찬양하는 큰 군대가 되도록 축복하소서.

6월 1일

지난 주간에는 김정희라는 분의 이단상담이 있었는데, 그분의 아들 딸들이 그분을 모시고 왔다. 남편은 믿음이 없는 분이신데 자녀들이 아버지를 설득해서 모시고 왔다. 그분은 이단도 모든 같은 하나님을 믿는다고 생각하는 분이라고 했다.

김정희 자매님은 자녀들이 모시고 오긴 했지만 자기 말만 계속 늘어놓아 목사님은 한 말씀도 못하셨다고 한다. 서로 대치되는 상황이 계속되고, 신천지 사람들이 상담 중에 또 찾아오고, 영적 전쟁이 심했던 것 같다.

직장을 갔다가 잠깐 들른 황 권사님이 김정희 자매님에게 일단 말씀을 들어보고 아닌 것 같으면 다시 가셔도 좋겠다고 설득했지만 소용이 없더란다.

결국 김정희 자매님은 나중에 교회 근처 숙소로 정해진 곳에서 도망을 했다고 들었다. 과정을 지켜보시던 그 자매님의 남편은 아내가 너무 힘들어 보였는지 자녀들에게 그만하자고 말씀하셨단다. 이단에서 나오는 확률이 로또 맞는 확률이라는 황 권사의 말을 듣고 웃었는데, 답답한 마음만 든다.

자녀들의 마음이 얼마나 아플까 하는 생각도 들고, 김정희 자매님의 남편을 보니 믿음이 있고 없고의 차이가 얼마나 큰지를 실감할 수 있었다. 이단에서 나오는 것은 나로 하여금 이스라엘 백성의 출애굽하는 장면을 연상케 한다.

분명 하나님께서는 이단에 빠진 영혼들에게 관심이 많으시고 그들도 사랑하신다. 하지만 이단에 빠진 사람들은 미혹의 영에 사로잡혀 복음을 받아들일 수도, 예수님을 볼 수도 없다.

자기의 힘으로 이단에서 나온다는 것은 거의 불가능한 일이다. 가족의 사랑과 인내의 기도, 그리고 하나님께서 주시는 지혜로만, 또 이단상담소의 소장님이신 목사님의 주의사항을 그대로 따를 때에야 이 같은 일이 가능한 것 같다.

다시 한 번 남편이 신천지에서 나와 제자들교회의 성도가 됨을 주님께 감사드린다.

영적 대치 상황이 오더라도 포기하지 말고 끝까지 인내하면서 기다려야 한다.

6월 4일

지난 철야 예배에 새로운 얼굴이 보였다. 박현옥 권사님과 조연화 집사님이다.

'내가 불을 땅에 던지러 왔노니 이 불이 이미 붙었으면 내가 무엇을 원하리요'(눅 12:49).

한국교회와 우리 교회에서 곧 있을 전도축제, 그리고 미얀마 연합선교를 위해 기도했다.

전도축제를 위해 단계별 미션을 정했는데, 5.13 전략적 중보기도, 5.20 대상자와 친밀해지기, 5.27 만나서 식사하기, 6.3 작은 선물 전달하기, 6.10 집으로 식사 초대하기, 6.17 교회로의 정중한 초대가 바로 그것이다.

황영숙 권사님이 노주연이란 자매를 위해 기도해 줄 것을 우리에게 부탁하여서 그간 간절히 기도해 왔었다. 그 자매가 어두운 영에 묶여 있는 것 같다며, 당신 딸의 기도보다 노주연 자매를 향한 기도가 더 간절히 나온다며 그 자매의 구원을 위해 한동안 점심금식을 했었던 것으로 기억한다.

지난 주에는 간절한 편지를 써서 주연 자매의 손에 쥐어주었는데, 그 후로 얼마 동안은 소식이 없다고 하더니 어제 통화가 되었고, 곧 노주연 자매의 아들 딸과 함께 식사를 하기로 했다며, 다시 기도를 부탁했다.

주일이 되어 교회에 가니 노주연 자매가 교회에 왔다며 온 교회가 들썩거렸다. 박경옥 권사는 기도한 흔적을 안고 교회에 나왔다. 잠을 못 잔

탓에 실핏줄이 터져서 눈이 충혈되어 선글라스를 끼고 왔다. 그러나 그동안 철야기도회에 참석한 것에 대해 전혀 후회가 없는 눈치다.

이번에 권사임명을 받은 최정아 권사는 신천지에서 7년 동안 헤매느라 권사 임명이 늦어졌다. 철야기도회에 오려고 남편 허락을 받고, 자동차 열쇠도 받아 두었는데 어찌어찌하다 못 왔었다며 웃으면서 이야기했다. 남편과 이런저런 말씨름을 벌이다 보니 시간이 벌써 새벽이 다 되었더란다. 기도도 하지 못하고 쓸모 없는 소모전을 벌인 것에 대해 후회하는 마음인 듯하다.

우리가 기도하려고 할 때 원수의 방해공작은 대단하다. 우리는 이 선한 싸움에서 승리해야 한다. 기도는 우리의 호흡이며 하나님의 생기를 깊이 들이마시는 것이다. 우리가 기도할 때 하나님의 능력을 힘입어서 전도할 수 있고, 하나님 아버지의 뜻을 분별할 수 있으며, 그분의 뜻에 맞게 순종할 수 있는 것이다. 내가 개인적으로 주님의 성전에서 봉사할 때와 전도할 때, 주의 성도들을 돌보며 심방할 때, 지역 안에서 작정기도회를 할 때에 기도를 충분히 하고 나가지 않았던 날은 육신에도 기운이 빠지고 어찌 할 바를 알지 못해 움직이는 것이 무척이나 힘들었던 것으로 기억한다.

지금으로부터 10여 년 전의 일이다. 내가 맡은 지역에서 마귀에 눌렸거나 몸이 아프거나 여러 가지 문제들로 성도들이 심방을 요청하면 일단 그 가정에 가서 문제에 대한 얘기를 듣고 준비했었다. 그 다음 구역장들과 열심 있는 성도들에게 그 가정의 문제를 알려 기도를 요청한 다음, 그 가정에 가서 3일 정도 작정예배를 드릴 것을 결정한다. 그 가정에서 있을 3일 작정예배를 위해 구역원들과 미리 준비 기도를 한다. 사안이 많이 힘들어 보이면 구역원들이 금식을 작정할 때도 있었다.

그 당시 순복음교회의 일꾼들은 타오르는 성령의 불을 주체하지 못하고 문제가정의 일을 자기가 당한 문제인 양 덤벼들었었다는 표현을 하고 싶다. 문제 당한 가정을 위해 물질과 시간을 들여 심방하고 위로하고 기도했다. 3일 작정예배가 보통이었지만 다급한 상황일 때는 7일 작정예배를 드리기도 하였다.

평신도 지도자들에게 예배인도를 할 권한을 주셨던 조용기 목사님께 감사를 드린다. 작정기도회를 20년 동안 셀 수도 없이 많이 드리며 경험했던 주님의 만지심과 치료하심과 회복케 하심은 일일이 다 열거할 수 없이 많지만 지금 이 순간까지도 결코 잊을 수 없는 하나님의 응답에 대한 한 가지 특별한 경험을 지금 쓰고자 한다.

순복음교회 제 5성전에 다닐 때의 일이다. 우리 12지역에 계시던 한 권사님이신데, 슬하에 아들 둘, 딸 둘 등 사남매를 두셨다. 남편이 워낙 술을 좋아하시던 분이었는데, 권사님이 40대일 때에 소천하시어 오산리 기도원 묘지에 모셨다고 들었다. 권사님의 자녀들은 큰 아들을 제외하고는 세 자녀가 한 동네에서 한 교회에 다니고 있었다. 딸들이 열심히 하나님을 섬기고, 어머니 권사님의 이야기도 잘 들어주고, 행복해 보이는 가정이었다. 그 권사님의 둘째 아들은 집안 형편 때문에 장학금을 받을 수 있는 대학에 갔고, 영어경시대회에 나가 1등을 해서 권사님과 함께 TV출연도 했었다고 한다.

영등포 사실 땐가, 둘째 아드님은 구역식구가 중매해서 결혼했다. 처가댁에서 유학을 보내 주셔서 미국 유학을 하고, 그 당시 30대에 유명한 회사의 CEO가 되었다고 한다. 권사님은 바로 그 둘째 아드님과 함께 살고 계셨는데, 마음에 깊이 병이 드셨다. 잠이 안 오고, 불안하고 초조하고, 뒷골이 항상 땡기고, 소화도 안 되고, 급기야는 교회에도 못 나올 정도가 되었다. 좋다는 한의원을 다니고 병원에서 각종 검사를 다 받아봐도 별 대책이 없었다. 얼굴을 뵈면 시커멓고 요즘 얘기하는 다크써클이 깊고 점점 초췌해지셨다.

순복음교회 교구장 목사님들은 바쁘기 때문에 작정예배를 드려주지 못하셨다. 작정예배는 평신도들의 몫이다. 나는 권사님의 가족들을 잘 설득하여 7일 작정예배를 드리기로 했다. 구역식구들과 가족들이 모이기 쉬운 시간, 저녁 8시에 예배를 드렸던 것 같다. 7일 동안 내가 정확하게 어떤 말씀을 전하고 기도했는지 생각나지는 않지만, 그 후 권사님이 차츰 기력을 회복하시어 정신을 차리고 다시 교회에 출석하게 되었고, 권사의 직임을 감당할 수 있게 되었다. 금요일에는 그 댁 둘째 아드님이 예배에 참석해 덜덜 떨던 나는 돋보기 안경을 거꾸로 쓰고 예배를 인도했던 것이 기억난다.

하하. 그 후 기력을 회복하신 권사님께 작정예배 후에 어떤 변화가 있었느냐고 여쭈어 보니, 꿈에 똥독에 빠졌다가 간신히 빠져나오게 되었다고 한다. 하나님께서 계속 그 가정을 회복시키시어 순복음교회에 부정적이었던 며느리는 훗날 지역장으로까지 성장하게 되었다. 세상에서 출세한 둘째 아들과 권사님은 상당한 액수의 십일조를 드릴 수가 없었다고 당시 고백했었다. 작정예배 이후로 그 가정이 십일조 생활을 착실하게 해 나간 것으로 기억한다.

6월 7일

둘째 언니가 우리 집에 오셨다. 저녁을 해서 같이 먹었는데 왜 그렇게도 맛이 없게 되었는지, 자고 나서 아침이라도 맛있게 대접해 드리려고 했는데 또 마찬가지였다. 너무 죄송하지만 별 도리가 없었다. 서울에 서른 즈음에 올라와서 아들 딸 낳고, 모진 풍파를 다 겪으신 우리 언니. 올해 나이 71세. 나하고는 10년이나 차이가 난다.

내가 서울 올라올 때의 나이는 26세 언니는 36세였다. 형부와 함께 장사를 했던 언니는 그 바쁜 와중에도 여의도순복음교회에서 조장일을 맡아 하고 계셨다. 올라오자마자 언니 덕분에 나도 순복음교회로 인도되었다. 힘들게 신앙생활과 장사를 병행했던 언니를 잊을 수가 없다. 겨울에는 연탄도 땔 수 없는 움막 같은 주택에서 살며 소망이 없어 보였지만, 주님만을 붙들고 금식하며 또 기도하고, 수요예배, 기도원, 새벽기도에 다니며 신앙생활을 계속하셨다.

과거에 사업을 하면서도 모아지는 돈이 별로 없었지만, 십일조를 꼬박꼬박 떼어서 드리던 언니를 기억한다. 1977년 당시에도 목돈인 40만 원을 십일조로 떼어 드린 적이 있었다. 20년의 세월이 흘러 50대가 되어도 모진 고생은 여전했다. 하던 장사를 정리하고 치킨집을 운영하던 언니는 그 당시 두 자녀가 모두 대학에 다니고 있었는데, 여자 혼자서 그 둘의 등록금을 다 감당했었다. 사는 것 자체가 기적이었다.

소망은 어느 보이지 않는 곳에 숨어있는 듯, 잡히지 않는 꿈 같은 것으로 느껴질 만한 시기였다. 아이들이 대학을 졸업한 후에는 치킨집을 정리하고 용산에서 토큰 가게를 하였는데, 그냥 쏠쏠하게 괜찮은 정도였다.

자녀들이 졸업 후에 각자가 직장생활을 하여 집안에 보탬이 될 때였다. 당시 토큰 가게에서는 주택복권도 같이 팔았었는데, 형부께서는 평소에 몇 장씩 집에 가져다 놓으셨었다. 언젠가는 정말로 당첨이 되리란 것을 상상이라도 하시어 그렇게 하셨던 것일까?

정말 어느 날 그것이 1등에 당첨되었다. 언니는 복권에 당첨된 사실을 알자마자 아무에게도 그 사실을 알리지 않고 7일 동안 작정 철야기도를 하셨다고 한다.

평소 성품과는 다르게 형부는 언니에게 복권을 맡기고 이 돈을 언니에게 관리하라고, 어떻게 써도 나는 상관하지 않겠다고 하셨단다. 정말 복권에 당첨된 것도, 형부가 그렇게 하신 것도 기적 같은 일이었다. 형부는 내 손에 있으면 다 날아갈 것 같다고 하셨단다.

언니는 정확하게 십일조를 떼어서 하나님께 드리고 나머지를 잘 관리하셨다. 그 끝도 없어 보이던 환란의 세월이 흐르고 흘러 60이 넘은 나이에는 하나님의 깜짝 선물로 살림도 피고, 그동안 세상에 흠뻑 젖어 향락을 즐기시던 형부도 말쑥한 노신사로 전과는 다른 사람이 되어 계셨다. 자녀들은 잘 자라서 각자의 가정을 이루고 나름의 신앙생활을 열심히 하면서 살아가고 있다.

그런 언니와 교회에 대한 문제로 얘기를 나누느라 밤이 가는 줄도 몰랐다. 오래 전에 언니는 여의도순복음교회에서 당시 살고 있던 대방동에 위치한 성결교회로 옮기셨다. 그 교회에서 자녀들도 다 시집장가 보내고 70세가 넘도록 헌신하셨다. 개척을 하셨던 이 모 목사님께서는 교회를 퇴직하시고 새로운 목사님께서 부임하셨는데, 교회 안에서 항상 원로목사님 파와 새 목사님 파와의 충돌 문제가 있어서 시끄럽다고 하셨다.

그런 와중에 수석 장로의 부인인 권사님이 저녁 9시경, 새 목사님과 단독 상담을 하셨는데, 그 장면을 원로목사 파의 성도들이 보고는 불륜 현장으로 몰아붙여 아무리 아니라고 변명해도 소용없고, 새 목사님을 불륜목사로 몰아갔다고 했다. 선한 싸움을 하시던 목사님께서는 다른 곳으로 사역지를 옮기고 싶어하시지만, 이 문제를 완전히 해결하지 않고 다른 곳으로 옮긴다 한들 불륜목사라는 꼬리표가 붙을 터, 금방 다른 곳으로 옮기시지는 못할 것이라고 언니는 말했다.

요즘 언니한테 전화를 하면 다른 권사님들과 식사 중이실 때가 많은데, 나는 언니에게 다른 권사님들과 자꾸 어울려서 의논하고 얘기하지 말고 조용히 기도하면서 예배자의 모습으로 나아가실 것을 말씀드렸다. 권사님들과 교회 제직자들이 모여서 어떤 의논을 하시는지는 알 수 없지만 그것이 상황을 더 혼란스럽게 하지 않을까 하는 생각을 한다.

나는 언니의 가정에 역사하시는 주님을 객관적인 제 3자의 입장에서 다 지켜보았다. 복권 당첨의 행운은 그동안 꼬박꼬박 빠뜨리지 않고 드렸던 십일조의 축복을 주님께서 단번에 주신 것이라고 나는 개인적으로 생각하고 확신한다.

6월 8일

'은택'(은혜로 베풀어진 혜택)

작년 초여름쯤의 일이다. 일산에서 이천으로 이사 온 지가 1년이 넘었고, 그동안 집이 너무 춥고, 눈도 많이 오고, 사업도 오징어 파동으로 손해를 크게 본 터라 많이 지치고 힘들었는데, 섬기는 교회에서도 별 은혜를 받지 못하는 것처럼 느껴졌다. 당연히 교회에 가서도 내 얼굴이 그리 밝지는 않았을 것이다.

이천에서 의정부까지 예배를 드리러 가자니, 인간적으로 생각하면 기름값이며 시간이며 적잖은 부담이 되었다. 조심스럽게 남편에게 교회를 이천으로 옮기면 안되겠느냐고 물었다. 남편은 지금 섬기는 이 교회에서 처음으로 은혜를 받았고, 젊은 성도들과 어울리면서 마음이 이 곳에 있지만 환경적인 여건상 그렇게 하자고 말했다.

그 후로 나는 교회를 찾아 이곳 저곳을 다녔다. 이 교회의 철야기도회, 저 교회의 수요예배, 새벽예배를 다녀 보았다. 여차하면 교회를 떠날 준비 중이었다. '땅' 소리만 나면 뛸 참인데, 아무리 기도해도 하나님께서는 아무 말씀이 없으셨다. 표현하지 않아도 우리의 마음을 아신 것인지, 목사님께서는 7월 중에 있을 미얀마 선교 준비를 하느라 바쁘신 와중에도 15일 비가 장대 같이 쏟아지던 날에 우리 집으로 심방을 오셨다. 하지만 엇나간 나의 마음은 돌아올 줄을 몰랐다.

그러던 주일예배 찬양시간이었다. 우리 부부는 항상 강대상에서 볼 때 맨 좌측 앞자리에 앉아서 예배를 드린다. 일어나서 찬양을 드리는 중 은택이라는 단어가 나에게 확 다가왔다. 순간 은택을 잊으면 안된다는 생각이 들었다. 주님이 주시는 음성일 것이리라.

시편 103:2~4
'내 영혼아 여호와를 송축하며 그의 모든 은택을 잊지 말지어다 그가 네 모든 죄악을 사하시며 네 모든 병을 고치시며 네 생명을 파멸에서 속량하시고 인자와 긍휼로 관을 씌우시며.'

맞다. 우리 담임목사님이 아니셨다면 우리가 어떻게 파멸에서 생명으로 인도하여 구속하신 하나님의 은혜를 입을 수 있었겠는가. 그 기간에 송지선 집사의 가정과 윤소정 집사의 가정이 교회를 떠나 다른 교회로 가셨다. 작은 개척 교회에 두 가정이나 떠나고 나니 빈자리가 상당히 크게 느껴진다. 주의 종의 마음은 또 어떠셨겠는가. 우리가 교회를 옮기는 것은 기도하며 응답을 반드시 받아야 할 일인 것 같다.

교회에서 제자훈련반을 처음 모집할 때 주일반은 40세 이전으로, 수요일반은 40세 이상으로 나눴다. 그래서 수요일반은 권사님들로 이루어졌다. 제자훈련이 시작되었는데 집이 멀었던 나는 참석하는 것이 어려워 미루고만 있었다. 한편 목사님께 서운한 마음이 들었다. 집이 먼 나를 생각해 주일반에 넣어 주시면 좋을 텐데….

수요제자반에 참여하시는 권사님들께서는 너무 좋다고 하시며 나에게도 수요일 하루를 온전히 하나님께 드려 참석하면 안되겠냐며 권유하셨는데 마음이 움직이질 않았다. 몇 주가 흐르고 목사님께서 성도들과 함께 먼 거리 심방을 오신 것이다. 별 말씀을 하지는 않으셨다.

그 후 순종해야겠다는 마음으로 거의 3시간을 걸려서 제자 훈련에 참석 한다. 왕복으로는 6시간이다. 그래도 순종하니 하나님께서 다음 말씀을 주셨다. 그리하여 요즘에는 철야기도회까지 참석하여 큰 은혜를 받고 힘을 얻고 있다. 할렐루야!

삼사 년 동안 기록해 온 이 일기를 문서로 정리해서 저장하기 위해 큰딸 보배에게 보낸다. 두 권의 공책을 품에 안고 간절히 기도했다. 자식을 먼 거리에 보내는 마음이다. 나에게는 이 기록들이 진주 같은 보물인데, 혹시 이동하다가 잃어버리면 안되는데…. 귀중품이 아니니 누군가가 훔쳐가지는 않겠지만 혹시 떨어뜨리면 사람들이 귀히 여기지 않아 쓰레기통에 버려지게 될지도 모른다.

하지만 나에게는 돈 주고도 살 수 없는 귀중한 기록들이다. 이 기록에 하나님의 말씀이 대언되어 살이 붙고, 이 뼈, 저 뼈가 연락하여 붙고, 힘줄이 생겨나기를 기도한다. 하나님의 생기가 불어 넣어져서 큰 군대가 되어 소중하게 쓰임 받기를 기도한다.

이단이 자주 하는 질문

- '목사님이나 교회 리더 말이라고 다 믿으면 안돼'
  = **목회자나 교회 리더들과 불신이 쌓이게 한다.**
- 가톨릭이 중세에 부패한 것처럼 요즘 교회도 썩었어. 우리 교회도 문제가 많아 그치?
  = **교회에 대한 불평과 불만을 갖게 한다.**
- '어제 내 꿈에 당신을 보았다. 힘들어 하던데 요즘 어려운 일 있어?'
- 기도하던 중에 응답을 받았다. = **신비적인 감성을 유도한다.**
- '성경에 대해 궁금하지 않아? 성경 잘 가르치는 선교사님/전도사님이 계신데?'
- 구역예배 드리는데 잘 아는 선교사나 전도사라며 함께 예배에 참여토록 한다.
  = **접촉점을 유도한다.**
- '마 7:21에 주여 주여 하는 자마다 천국에 갈 수 없다고 하는데 천국 갈 자신 있어?'
- '요1 7:3에 영생은 유일하신 참 하나님과 예수를 아는 것이라는데 성경을 얼마나 알아?
  = **구원과 믿음에 의심을 일으킨다.**
- '요한계시록에 대해 궁금하지 않아? 세상 끝날 때는 무슨 일이 있을 것 같아?'
  = **요한계시록을 정확히 이해하는 것처럼 접근한다.**
- '마 25장에 열 처녀 비유에 대해 어떻게 생각해? 준비한다는 것이 뭘 준비하는 거야?'
  = **예수님의 비유를 가지고 접근**
- '아담 이전에도 사람이 있었던 거 알아?' = **성경의 난제를 이용하여 접근한다.**
- '무료로 성경을 알려주는 데가 있는데.' = **성경을 무료로 알려준다고 한다.**
- '설문조사 좀 참여해 주세요. 안쓰는 성경·헌 옷 주세요' = **이단들의 접근방법**

부록

아내의 회고록

남편이 신천지에서 탈출하고 2개월 보름이 지난 5월이었다. 남편은 신앙을 회복하는 과정이었다. 남편의 조금 석연찮은 행동이 엿보여 이단에 속해 있었던 것 말고 어떤 다른 사연이 있나 의심이 들기 시작한 때였다.

연휴를 앞두고 지방 출장 중이던 남편의 서재에서 새벽기도 중 남편의 서랍을 우연히 열어보았다. 평소엔 남편의 서랍을 열어보거나 소지품을 만지거나 휴대폰을 열어보는 일은 거의 하지 않았는데 이 날은 몸이 저절로 움직였다. 서랍 안엔 그동안 사용했던 다이어리 5~6권이 가지런히 포개져 있었다. 한 권을 집어 열어 보았다. 간단명료하게 일과가 적혀 있었다. 대부분 그날그날의 스케줄과 지출 내용, 어떤 일을 했던 결과 등이 적혀 있었다.

한쪽에 영어로 기록된 내용이 눈에 들어왔다. 'RW와 함께, 영원히, 우울' 등 누군가와 함께 동행했던 기록들의 흔적이었다. 생각이 둔했던 나로서는 이것이 어떤 의미인지 명쾌하게 정리되지 않았다. 7여 년 간 쓴 다른 다이어리들도 같은 내용이었다.

애절하게 사귀는 연인 같은데 그간 사용했던 통장이 고스란히 보관되어 있었다. 자세히 보니 모르는 여자의 입·출금 내역이 한 달에 한두 번 빼먹지 않고 찍혀 있었다. 생각이 다부지지 못하고 어리석었던 나는 출장 중인 남편에게 전화를 걸어 추궁했었다.

남편은 자기의 잘못은 인정하지 않고 도리어 자기의 물품에 손을 댄 나에게 심하게 화를 내었다. 집에 돌아와서도 화석 같은 얼굴로 변하며 자기들의 관계를 정당화 했다.

어떻게 행동해야 할지 답을 모르고 황당하고 답답한 마음뿐 생각이 정리되질 않았다. 냉전 상태에서 며칠이 지났다. 그래도 예배는 빠지지 않고 참석했다. (그 당시 순복음 교회) 하나씩 봉사 자리와 책임의 자리를 내려놓으며 (이단 탈출 과정을 아시고 기도하신) 교구장 목사님께 사정을 말씀드렸다. 제자들 교회에서 예배자로만 섬기겠다고 마음의 다짐을 했다. 남편도 좋아했다.

일단 아무 생각 없이 남편과 24시간 동행했다. 밀착이었다. 지금도 나와 단둘이 하는 외출을 달가워하지 않는다. 그때의 숨통이 막히는 고통이 있었음을 이해한다.

나는 남편과 함께하며 싸우고 구슬리기를 반복했다. 내 정신이 아니었다. 내가 실성한 사람이 아닌가 싶을 정도였다. 그래도 이단에서 있을 때 말이 통하지 않고 우겨대었던 때와 비교하면 이 문제의 고통은 그때의 1/10이라고 표현해도 될 것 같다. 남편은 여러 가지 미련이 많이 남아 있었겠지만, 입술로는 그 여인과 정리하겠다고 말했기에 참을 수 있는 시간이었다.

사업과 일상의 이중생활로 세상적인 즐거움과 기쁨이 있었던 남편이 가정으로 돌아와서 아내와 아이들에게 최선의 역할을 하려니 그의 번뇌는 어느 정도였을까…. 그의 허기를 노린 신천지 미혹의 영이 남편을 유혹했다. 남편은 그곳의 달콤함과 악에 갇혀 흑암의 구렁텅이로 한 발 한 발 들어갔다.

신천지로 들어갈수록 그의 모습은 마귀의 몰골로 변해갔다. 헐크 같은 괴물이 되어 소리를 질렀다. 자신을 보지 못하고 분별을 잃으며 그곳에서의 만족과 거짓교리에 속았다. 3년여가 지나면 제사장이 되어 폼 나게 살 것을 믿으며 헛된 욕망과 욕심을 품었다. 그곳은 헛된 허기를 채우기에 충분한 곳이었다.

그때의 일을 회상하는 것만으로도 충분히 혼란스럽고 머리가 어지럽고 가슴이 세게 망치질 당하는 느낌이 든다. 그때의 심경이 되살아난다. 하지만 세월은 지나갔다. 하나님의 만지심과 계획하심 가운데 그 여인과의 관계는 명쾌하게 어느 순간 정리됐다.

우리는 큰 교회에서 유명한 목사님들의 정리 정돈되고 잘 짜인 설교를 듣다가 작은 개척교회의 예배를 나름대로 차분하게 적응해 나갔다.

담임 목사님의 수요구원론 강행, 성경공부, 주일예배, 오후성경공부를 지키며 남편은 구원에 확신은 얻었다. 주님께서는 구원받은 성도의 성결한 삶을 간섭하시고 요구하셨다. 방탕한 아들과 같은 자녀를 감싸 안으시고 위로하시고 극진히 사랑하셨다. 물론 사랑의 손길은 김남진 목사님과 사모님, 제자들교회의 같은 아픔으로 동질감을 느끼는 성도들을 통해 일하셨다.

그 무렵 목사님께서는 성결한 삶을 강조하시면서 구약의 성적으로 타락한 백성들을 향한 하나님의 진노와 형벌에 대해 설교하시며 강조하셨다. 지금 이 순간에도 감사의 은혜가 있다. 우리 부부의 사연을 목사님께서는 알고 계셨는지 여러 가지로 위로하시고 동행해 주셨다. 그중 목사님 내외분과 몇몇 성도 분들과 함께 밤을 새며 걸었던 설악산 대청봉 등반이 또렷이 기억난다. 설악의 좋은 공기로 피곤해도 졸리지도 않았던 기억과 힘들었던 기억이 교차한다. 그 시간이 우리 부부의 회복에 많은 도움이 되었다.

그해가 지나면서 목사님께서는 교회의 재정 관리를 남편에게 맡기셨다. 교회 봉사의 자리가 어설퍼 보였지만 남편은 자신의 자리를 지키며 신실한 믿음의 사람으로 자라가고 있었다. 그러는 와중 큰 딸애의 결혼. 그 이듬해 작은 딸의 결혼. 지금 살고 있는 이천으로 이사했다. 이사 심방을 삼십여 분의 성도님들과 함께 오셔서 주신 말씀이 있다.

시 50:23

'감사로 제사를 드리는 자가 나를 영화롭게 하나니 그의 행위를 옳게 하는 자에게 내가 하나님의 구원을 보이리라.'

연초에 성도 분들의 기도 제목을 받으셨는데 목사님께서는 우리 가정의 기도 제목을 기억하고 계셨다. 목사님께서 설교 중 우리 가정의 기도 제목이 다 응답되었다고 말씀하셨다.

이곳 이천으로 내려와 낯선(연고가 전혀 없는) 곳에 적응하느라 고생했다. 예상치 못했던 허름한 주택은 손봐야 할 곳이 많았다. 관리를 전혀 몰랐던 나로서는 잦은 수도 고장, 전기, 난방 때문에 애를 먹었다. 추위에 떨고, 시리고 아린 고달픔을 경험했다. 사업도 오징어 파동으로 격동기를 거치며 손해를 많이 보았다. 하지만 하나님의 자녀이기에 두려움에서 승리할 수 있었으며 당당함의 여유를 보일 수 있었다.

시 12:5

'여호와의 말씀에 가련한 자들의 눌림과 궁핍한 자들의 탄식으로 말미암아 내가 이제 일어나 그를 그가 원하는 안전한 지대에 두리라.'

정이 안 드는 낯선 동네 허름한 주택을 주님께서는 안전지대라 말씀하셨다. 답답함을 견디지 못하고 생활에 별 도움이 되지 않았지만 주방보조 일을 7개월 동안 했다. 하나님께서는 여러 가지 과정을 통하여 우리에게 고난의 밥을 먹이셨다. 이제는 사업도 어느 정도 안정되어 그간 손해 본 것을 메꿔 나가는 과정 중에 있다.

남편이 구원받은 지 5년 정도가 지난 지금, 구원 받기 이전의 삶과는 비교할 수 없을 만큼 변화된 삶을 살고 있다. 하나님의 간섭하심을 체감하며 말씀묵상을 하며 감사의 삶을 살고 있다.

그때 어려운 상황을 이겨내지 못했다면 큰 후회를 하지 않았을까 할 정도로 남편은 가정과 자녀들에게 마음을 쏟는다. 환갑 진갑이 넘은 늦은 나이에 젊은 때 속상해하면서 지냈던 시절의 보상을 받는 느낌이다. 주님께서 회복하도록 이끄시지 않았나 하는 느낌이 있다.

살전 5:16~18
'항상 기뻐하라 쉬지 말고 기도하라 범사에 감사하라.'

주님의 명령을 머리로 받아들였으나 지금은 가슴으로 받은 것 같다. 죄에서 사망으로 옮겨주신 주님의 은혜에 무한 감사를 드리며 단번에 영원히 온전케 하신 주님 앞에 찬양과 경배를 드린다.

2부 신천지 대처 및 탈출 사례 · 1장

이단 신천지에 빠지는 원인과 대책

김남진 목사
제자들교회 담임
한국기독교이단상담소협회 경기북부상담소 소장

신천지 피해, 예방으로 막을 수 있다

이단 신천지 단체가 포교활동을 시작한지 올해 31년이 되었습니다. 영생불사(永生不死)한다는 교주 이만희 씨는 한국 나이로 84세의 초라한 노인이 되었습니다.

아무리 보고 또 봐도 영생의 기미는 전혀 보이지 않는 이 노인이 영생불사할 것을 믿으며 충성을 다해 144,000명을 모으면 본인들도 영생할 것이라고 믿고 있는 신천지 신도의 숫자는 이미 10만 명을 넘어서고 있고 이 숫자는 계속 늘어만 가고 있습니다. 2006년에 약 6만여 명이었던 신도가 7년 만에 10만 명을 넘어섰으니 대충 헤아려 봐도 1년에 5천 명 이상은 신천지로 입교한 것이 됩니다.

이 숫자를 심각하게 생각해봐야 할 것은 10만 명이 넘는 신천지 신도의 대부분이 전에는 개신교 교회에 출석하던 성도들이었다는 것에 있습니다. 곧 이 말은 이단 신천지 단체의 주요 포교 대상은 개신교 교회의 성도들이며 그 피해를 교회가 모두 당하고 있다는 것입니다.

지금 이 순간에도 전국과 세계의 수많은 교회에서 혹은 교회의 성도가 있는 모든 곳에서 신천지 신도들은 144,000명의 숫자를 채워 신천지를 이루어 영생하겠다는 사명을 가지고 '모략'이라는 신천지만의 독특한 포교방법을 앞세워 교회와 교인들을 대상으로 활동하고 있습니다.

더 큰 문제는 이 문제에 대해 심각하게 고민하는 교회와 목회자의 숫자가 현저하게 적다는 것이며, 혹 이 문제에 대한 고민하고 있더라도 어떻게 대처해야 할지 몰라 발만 동동 구르는 것이 많은 교회들의 현실이라는 점입니다.

요즘 많은 전문가들이 신천지에 대한 예방책을 내놓고 있습니다. 정말 잘된 일입니다. 그럼에도 불구하고 이단 신천지는 계속해서 그 숫자를 늘려가고 있습니다. 그만큼 신천지에서 사용하는 방법은 전략적이고 체계적이며 교회의 대비책을 뛰-어넘고 있다는 것이지요.

"어떤 성도라도 제가 신천지사람인 것을 밝히지 않고 20분만 대화를 나누게 해 주시면 저를 신뢰하게 만들 수 있습니다."

이 말은 지금은 탈퇴하여 신천지 대처 활동을 하고 있는 전 신천지 강사가 한 말입니다. 저는 그 말이 허언이 아니며 또한 가능하다고 생각합니다. 그만큼 그들은 교회에 대해 정확하게 알고 있으며 어떻게 해야 하는지도 잘 알고 있습니다.

이유는 너무나 간단합니다. 그들은 우리 같은 교회의 신자였었기 때문입니다. 그런 그들이 한 사람을 신천지로 끌어들이기 위해 혹은 교회를 무너뜨리기 위해 철저하게 연구하고 연습까지 했다면, 즉 '훈련'을 받고 작정하고 덤빈다면 우리는 이들을 당해낼 수 없습니다.

그러나 필자가 의분이 나는 것은 복음을 가진 우리가 이단사이비, 즉 가짜인 이들에게 무방비상태로 당하고 있다는 것입니다. 우리에게는 생명의 복음이 있습니다. 그리고 이들이 가르치는 소위 계시 받았다는 교리는 여기저기 이단들의 교리를 짜깁기해서 만든, 그것도 허점투성이에 수정에 수정을 거듭한 엉성한 교리에 지나지 않습니다.

그런데 왜 이런 엉성한 교리와 누가 봐도 성경에 약속되지 않은 가짜 보혜사는 신천지는 어떻게 왕성하게 활동하고 있는 걸까요? 결론은 한 가지밖에 없습니다. 이들은 우리를 너무나 잘 알고 준비가 철저한 반면, 우리는 이들에 대한 대처가 전혀 되어있지 않습니다. 그래서 소중한 우리의 자녀들이 신천지로 넘어가고, 우리의 가족들이 신천지로 미혹되는 것입니다.

"왜 우리 가족이 신천지에 빠진 걸까요?"

이 질문은 상담초기부터 계속해서 신천지로 인해 피해 입은 분들에게 들어온 질문입니다. 이단 신천지 단체에 아내가 또는 자녀나 부모님이 빠져서 교회와 가정이 깨어지는 고통 속에 상담소를 찾아온 이들에게 계속해서 들어왔던 질문입니다.

"왜 나의 아내가, 나의 아들이, 내 딸이, 우리 부모님이 신천지에 빠진 걸까요?"

신천지에 빠진 가족들을 놓고 가슴을 치며 한 질문입니다. 또한 주일학교부터 학생회 청년까지 잘 양육해서 결혼까지 시켜 교회의 중직자로 세웠는데 신천지 단체에 몰래 가서 성경공부 하고 미혹되어 평생 존경하고 따르던 담임목사님을 단 몇 개월 만에 '개목자', '거짓목자', '바벨론목자'라고 공격하는 것을 본 목사님이 마음 아파하며 필자에게 한 질문이기도 합니다. 왜 멀쩡하게 신앙생활 잘 하던 성도들이 신천지에 빠지는 것일까요? 그리고 어떻게 해야 교회와 가정에서 가장 효과적으로 대처할 수 있을까요?

지난 10여 년 간 수백 명의 신천지 사람들을 만났습니다. 갓 신천지로부터 접근을 당하고 있는 사람부터 위장신학원에 속아 들어가 신천지임을 모르고 수개월간 신천지 교리 공부를 했던 사람, 1년에서 길게는 10여 년 간 신천지에서 충성하던 골수신자들까지도 만나 상담했습니다.

상담으로 회심한 이들을 통해 알게 된 것은 얼마든지 교회에서 미리 예방했다면 신천지로 미혹되어 빠지는 것을 방지할 수 있었다는 것입니다.

"미리 교회에서 신천지의 문제와 접근방법에 대해 알려주었다면 이 시간을 허비하지 않았을 것 같습니다."

상담을 통해 회심한 성도들이 한 말입니다. 이 말은 곧 이단 신천지 단체에 우리 성도를 빼앗기는 피해를 예방을 통해서도 충분히 줄일 수 있다는 것입니다.

이단 신천지는 다른 이단 단체와는 다르게 독특한 포교방법을 사용합니다. 예수님께서 제자들에게 경고의 말씀을 하셨습니다. '거짓선지자를 삼가라 양의 탈을 쓰고 너희에게 나아오나 속에는 노략질하는 이리라'(마 7:15). 속에는 노략질하는 이리 같은 음흉한 마음을 품고 겉으로는 양처럼 순한 모습으로 접근해 오는 거짓선지자들에 대한 경고의 말씀입니다. 사실 넓은 의미로 본다면 모든 이단 단체가 예수님의 경고 말씀처럼 양의 탈을 쓰고 접근한다고 할 수 있지만 신천지의 독특한 포교방법은 예수님의 경고 말씀과 너무나 동일합니다.

이단 신천지는 자신들을 철저히 위장합니다. 장로교회 간판을 걸고 신천지 포교의 기점으로 하는 위장교회, 문화센터나 선교센터, 위장신학원 등을 만들고 목사, 전도사, 선교사, 사모, 교수 등 위장신분을 만들어서 양의 탈을 쓴 이리처럼 자신을 숨기고 접근합니다.

심지어 교회에 위장신분으로 잠입하기도 하는데, 자신을 성도로 혹은 새신자나 이사 온 사람으로 위장하여 들어오거나 전도를 당해주는 식으로 교회에 들어옵니다. 이렇게 교회에 잠입해 들어와서는 신앙생활 하는 척하면서 포교할 대상을 물색합니다. 포교 대상의 정보를 알아내 또 다른 사람에게 건네면, 자신을 위장하고 우연한 만남인 것처럼 가장하여 접근합니다. 일명 '신천지 추수꾼'입니다. 추수꾼들은 거짓말과 연기를 연구하고 연습하여 성도들에게 접근하는데, 이것을 '모략'이라는 하나님의 방법이라고 말하며 합리화 합니다.

이렇게 상상초월의 방법으로 위장하기 때문에 신천지의 접근을 알지 못하여 점차적으로 미혹되는 것이며, 교회에서도 활동하는 신천지 추수꾼들을 찾아내는 것이 어려운 것입니다.

신천지 단체에 1~3개월 정도 다니다가 초기에 그곳이 신천지라는 것을 알고 상담소를 찾아오는 많은 사람들이 있습니다. 이런 분들이 대부분 하는 말은 그곳이 신천지인 것을 전혀 모르겠다는 것입니다. 심지어는 상담소에 찾아와서도 이단이라는 소리를 듣고 놀라서 오기는 했는데 왜 이단인지 전혀 모르겠다고 합니다.

이렇게 말하는 사람들도 있습니다. "그 사람들 전혀 문제없어요. 정말 좋은 사람들이에요 나쁜 사람들 아닌 것 같아요." 이런 분들에게 늘 하는 질문이 있습니다. "이분들이 이단 같고 신천지 같고 문제 있어 보이면 거기 가셨을까요?"

큰 문제는 교회에서 이단에 대해 몰라도 너무 모른다는 것입니다. 대부분의 많은 성도들이 이단 단체에 가면 전 재산을 다 바쳐야 하고, 그곳의 사람들은 눈에서 불을 뿜고 머리에 뿔이 나고 꼬리가 달린 사람쯤으로 생각합니다. 하지만 실상은 그렇지 않습니다. '이단 신천지는 가보면 전혀 이단 같지 않다.' 이 말은 곧 '사기 치는 사기꾼은 전혀 사기꾼 같지 않다'라는 말과 같은 말입니다.

이들이 이렇게 자신들을 위장하는 이유는 너무나 간단합니다. 신천지라는 이름으로는 전혀 접근이 되지 않기 때문입니다.

길을 가는데 어떤 사람이 '안녕하세요? 저 신천지에서 나왔습니다. 우리 단체에는 31년 전에 말씀을 받아먹으신 약속의 목자 보혜사가 있으신데 그분은 새 요한으로 오신 구원자이시며 영생하실 것입니다. 그분의 말씀을 듣고 그분을 따르며 144,000명을 다 모으면 이 땅에 예수님께서 순교자의 영과 함께 오시는데 우리는 그 순교자의 영들과 합일되어 이 땅을 다스리는 왕 같은 제사장이 되는 것입니다. 우리 같이 만국을 소성하는 신천지로 가시죠!'라고 이야기한다면 어느 누구도 신천지 단체로 가지 않을 것입니다. 그것을 그들도 알고 있습니다.

처음부터 보혜사, 이긴 자, 구원자가 이 세상에 오셨다고 말하는 것이 아니라 '비유풀이'라는 수많은 이단 단체에서 해석법을 먼저 가르칩니다. 미혹의 교리라고도 하는 이 비유풀이는 이것이 이단의 교리라는 것을 모르거나 혹은 비성경적인 것을 미리 알지 못하는 사람이 들으면 누구나 귀가 솔깃해질 수 있는 거짓 교리입니다.

최근 교회에서 이단 신천지 단체에 대한 경각심이 높아져 정말 다행입니다. 그러나 아직까지 교회와 성도들은 신천지에 대해 모르고 있습니다. '신천지 출입금지'라는 글귀를 교회 앞에 붙여놓은 것으로 예방을 다했다고 하기에는 너무나 부족합니다.

우리가 해야 할 일은 정말 많이 있습니다. 그러나 현재 가장 먼저 취할 수 있는 가장 현실적인 대처는 이단에 대한 정보를 성도들에게 미리 알려주는 것입니다. 교회에서 이것이 어렵다면 이단 대처를 위한 세미나를 갖는 것도 한 방법입니다. 이 문제에 관심을 갖고 연구한 전문 사역자들을 초청해 갖는 이단 예방 세미나는 현재 교회가 취할 수 있는 가장 현실적이고 빠른 이단 대처 방법입니다.

상한 음식을 먹고 탈이 나는 것은 음식이 상했다는 것을 모르기 때문입니다. 짝퉁을 진짜로 속아 비싼 값을 주고 사는 것은 가짜에 대한 정보가 부족하기 때문입니다. 현재 가장 빠르고 현실적인 이단 대처는 이것입니다. '이 음식은 상한 음식이다' 그리고 '이 제품은 가짜이다'라는 것을 알려주는 것입니다.

신천지는 상한 음식이며, 이단은 짝퉁이라는 것과 이들이 어떻게 접근하는지를 알려주기만 해도 신천지로 인한 교회의 피해는 지금보다 현저하게 줄어들 것입니다.

2부 신천지 대처 및 탈출 사례 · 2장

신천지에서 탈출한 신자들의 간증

강홍준 집사
정미영 집사
유재경 집사

신천지 탈출기 (1) / 저자 박상분 권사 남편

쾌락 쫓는 삶 돌이키게 하신 하나님께 감사

강준홍 집사

저는 원래 모태신앙으로 중학교 다닐 때까지는 어머님을 따라 감리교회에 잘 다녔으며 중학교 시절엔 중등부 회장도 하며 꽤나 열심히 신앙생활을 한다고 생각했습니다. 그러다가 고등학교를 진학하면서 가정형편이 넉넉지 않아 가정교사 생활을 하며 자력으로 공부하며 시간이 없다는 핑계로 하나님과 멀어지기 시작했습니다.

그 후 학업과 군복무를 마치고 결혼을 하고서야 아내와 함께 여의도순복음교회를 다녔습니다. 아내는 무척 열심히 신앙생활을 하고 전도에 열을 올렸습니다. 그런데 저는 늘 마지못해 교회를 다녔고 성경대학에도 등록하여 수료는 하였으나 제대로 주님을 영접하지 못했습니다. 교회보다는 세상의 친구들, 직장동료들과 어울리며 세상적으로 향락을 누렸습니다.

한번은 순복음교회에서 부구역장을 맡고 있을 때 구역장이 갑자기

지방 출장 관계로 구역예배를 저에게 맡겨 아무런 준비도 없이 많이 당황하고 진땀을 뺐던 일이 있었습니다. 그 후로는 구역예배도 바쁘다며 멀리하게 되었고 언제나 주일 예배만 참석하는 형식적인 신앙인이 되어 버렸습니다.

사실 바로 아래 2년 터울의 동생은 신학대학을 나와 30년이란 세월 동안 서울 홍제동에서 목회를 하고 있습니다. 종종 부흥회를 한다고 해서 아내와 함께 가 보았지만 별 은혜가 되지 않았습니다. 그렇게 형식적인 신앙생활을 하던 중 안양에 위치한 장로교회에서 목회하는 학교동창을 가끔 만나게 되었고 일주일에 한 번씩 성경을 가르쳐주겠다며 함께 공부하자는 권유를 받기도 하였습니다.

그러나 그 당시에는 별로 관심도 없고 시간이 없다는 이유로 거절했었는데, 지난 2007년 봄에 일산 마두전철역 입구에서 무료로 성경공부를 시켜주겠다며 전도를 하는 분들을 여러 번 마주치게 되었습니다. 역시 처음에는 무심코 지나치며 거절했었는데, 4월 중순쯤에 다시 만났을 때는 4월 27부터 '심령이 가난한 자들의 모임'이라는 세미나가 백석역 새천년예식장 건물 5층에서 있다고 소개하며 적극적으로 권유하기에 왠지 이번 기회에 성경을 제대로 알고 신앙생활을 해 봐야겠다는 생각이 들어 수락하고 참석하기로 결정했습니다.

세미나는 오전 11시에 시작하여 12시 30분에 끝나는데 저녁에는 8시에 시작하는 강의도 들을 수가 있었습니다. 첫 날 오전 세미나에 너무나 많은 사람들이 모여 있었고, 강사를 소개하는데 미국 유명 신학대학에서 신학박사 학위를 받고 국내에 스케줄이 많은 분을 어렵게 모시게 되었다며 사회자는 ○○교회 담임목사라고 소개했습니다.

　CBS에 고정 출연하는 하모니카 연주자도 소개하는 등 세미나는 성황리에 시작 되었습니다. 강사가 성경의 모든 말씀은 짝이 있으며, 비유로 된 말을 알아야만 성경을 제대로 이해할 수 있다며 메모지 한 장 없이 거침없이 성경을 줄줄 외우며 강의하는데 마치 성경 전장을 통달한 사람처럼 보였습니다. 성경책도 밑줄 하나 안 그었다며 보여주기도 했습니다.

　세미나에 참석한 모든 사람들이 비유 강의에 감탄했으며 나 자신도 처음 듣고 신비롭게 생각하며 점점 마음이 끌리기 시작했습니다. 지금 생각하니 강사는 윤○○ 교육장이었고 세미나에 참석한 70~80%는 동원된 신천지인이었으며, 나머지 20~30%만이 전도되어 온 새신자였던 것입니다.

　세미나 마지막 예정이었던 둘째 날에 모든 사람이 연장할 것을 요구하자 강사는 일본에서의 일정을 취소한다고 거짓말을 하며 이틀을 더 연장해 나흘을 계속했습니다. 세미나 마지막 날 강의가 모두 끝나고 모두가 아쉬워할 때 저는 정식으로 무료신학원에 등록할 것을 권유받았습니다.

　무엇에라도 홀린 듯 나 자신도 화정신학원에 등록하고 5월 12일에 첫 강의를 듣게 되었습니다.

　강의는 매일 11시에 시작하여 12시 반에 마쳤는데, 강사가 하는 말이 성경은 비유를 모르면 아무리 읽어도 무슨 뜻인지 이해할 수 없다며, 본인이 강의하는 내용은 본인이 하는 말이 아니라 하나님의 영이 함께 하시는, 사람의 인학이 아니요 신의 학문이라는 것을 강조하자 모든 사람들이 더욱 빠져들게 되었습니다.

보통 오전 11시와 오후 8시에는 같은 내용의 강의가 진행되기 때문에 주로 오전반에 출석하면서 바쁠 때는 저녁에 강의를 듣기도 하였습니다.

그 당시 저는 지금과 마찬가지로 전국 고속도로 휴게소에 건포류를 납품하는 개인 사업을 하고 있었는데 언제나 시간에 쫓겼습니다. 지방 출장도 월 2~3회는 1박 2일을 가야만 했고 매일 자정이나 새벽 1시까지 일해도 늘 시간이 모자랐습니다. 그래도 매일 강의를 들으면서 내 사업을 소홀히 하지 않았던 것은 신학원에 담임 강사와 여전도사 세 분이 개인 교수처럼 대해주며 극진히 섬기는 자세로 보강을 해주고 친절하게 모든 교육내용을 가르쳐주었기 때문입니다.

신학원에서 초등, 중등, 고등으로 각각 2개월씩 6개월 코스를 공부했으며, 각 과정이 끝날 때마다 강의실에서 성대하게 회식도 했습니다.

신학원에서의 생활은 날이 갈수록 즐거웠으며 서로 교제를 나누는데 강사나 전도사 세 분은 수강생들에게 어느 형제 자매보다도 친절하고 섬기는 자세가 꿀을 들어붓듯 정성을 다했습니다.

어느덧 중등과정을 마치고 고등과정이 어느 정도 진행되었을 때 가족이나 친지 중 가장 우선적으로 전도할 대상을 구체적으로 명단을 작성하라며 일대일 상담을 통해 전도계획을 세워나가자고 했습니다. 모두들 적극적으로 동참했고 저도 우선적으로 가족을 전도하기로 하고 모사에 들어갔습니다.

  담당 전도사는 성결신학대학을 3년 만에 중퇴하고 결혼 후에 남편의 권유로 이곳에 오게 되어 전도사가 된 김○○ 전도사였는데 감탄사가 나올 정도로 저에게 정성을 쏟았습니다.

  가족을 우선적으로 전도해야겠다는 생각으로 상의하던 중 목포의 ○○대학 교수인 친구가 소개한 것처럼 하고 신천지 강사 송○○을 외국에서 선교활동을 하고 있다가 잠시 들어와 있는 선교사로 소개해 딸을 먼저 설득했고 다음에 아내를 설득해 집에서 한 주에 한 번씩 성경공부를 시작하게 되었습니다.

  가족들이 친구인 박○○ 교수를 너무나 잘 알고 믿었기에 별 의심 없이 성경공부를 하던 중 한 달쯤 되어서 아내가 제 방에서 신천지에서 교육받던 시험지와 노트를 발견하게 되었고 일대 소동이 있었습니다.

  신천지 강사와 사전에 상의하고 집안 식구들 앞에선 "신천지는 이단이다. 절대로 안 나간다"라고 해놓고 노트와 시험지를 강사가 압수해 가는 척했습니다. 이 일이 있은 후 아내는 부쩍 저를 의심하게 되었고 드디어 2007년 11월 27일 큰 문제가 터졌습니다. 아내가 친구에게 확인해 모든 것이 모사로 꾸며졌고 거짓이었다는 게 밝혀졌습니다.

  그 사건 후 12월 초 저는 집안 식구들에게 신천지에 갈 것을 선포하고 12월 6일 신천지 본 교회(도마지파)로 유월하여 새신자 환영회에 참석하게 되었으며, 새신자 교육도 1개월이나 받으며 신천지인이 되어가고 있었습니다.

　어느덧 2008년 2월, 구정이 되어 충주 큰 형님 댁에 구정을 쇠러 가는데 아내도 아이들도 함께 가기를 거부하여 저 혼자 가게 되었습니다. 구정 날 아침식사 후 목회를 하는 동생과 방에서 신앙문제로 이야기 하던 중 신천지에 관한 문제로 제가 옳다며 큰소리로 우기자 감리교회 권사인 형수님이 들어와 신천지는 이단이고 삼촌 큰일 났다며 걱정했지만 저는 더 자신 있게 신천지가 옳다고 큰소리치며 집으로 돌아왔습니다.

　주일이 되면 아내와 두 아이들은 순복음교회로 가고, 저는 신천지 화정교회에서 예배를 드렸고 언제나 가정은 냉랭한 분위기였으며 자주 언성이 높아지고 다투는 날이 많았습니다. 그런데 어느 날인가부터 아내가 다정스럽게 대하며 저더러 그처럼 좋은 하나님을 만나면서 왜 마음에 여유가 없고, 화도 잘 내냐고 했습니다. 사실 저는 평소에 화도 잘 안내고 부드러운 성격이었기에 변한 제 모습 때문에 아내도 아이들도 무척 힘든 나날을 보내는 듯 했습니다.

　그러던 중 아내가 2월 14일 즈음에 대방동 처형을 모시고 오랜만에 외식도 하고 밖에서 즐거운 시간을 보내자고 제안해 흔쾌히 승낙하고, 아내가 운전하는 차에 처형과 나란히 앉았습니다.

　그때 처형께서 말씀하시길, "보배이 아빠, 내가 오랫동안 기도하며 준비했는데 내 힘으로는 보배이 아빠를 설득할 방법도 없고 해서 오래 전부터 알고 지내는 전도사님이 한 분 계신데 신앙상담을 부탁했어요"라며 함께 가서 허심탄회하게 이야기를 해 보자고 권유하셨습니다. 또 미리 보배이와 그 친구들도 함께 불렀다고 하시자 순간 나는 올 것이 왔다는 생각이 들었습니다.

평소 처형과 좋은 관계로 늘 도움을 주시는 분이라 믿을 수 있고 저 자신도 언제나 진리 앞에 서는 것이 내 목표라 생각했기에 쉽게 동의를 했습니다. 또 한편으로는 그 어떤 목회자를 만나도 성경적으로 내가 더 많이 알고 있으리란 오만함이 있었기에 이 기회에 그동안 배워왔던 실력으로 당당히 맞서보자는 마음이 있었습니다.

점심식사 후 상담소에 도착했을 때 신학원에서 강사나 전도사들이 교육하던 말이 생각났습니다. "상담소에 가게 되면 미리 알려라. 가면 감금시키고 강제로 개종을 시킨다." 하지만 잠시 후 듣던 것과 달리 편안한 상태에서 상담은 시작되었습니다.

처음에 놀란 것은 상담하는 분이 생각보다 젊은 전도사님 한 분이었고, 사진으로만 보았던 신천지에서 발간된 10여 권의 책들을 직접 보았을 때였습니다.

상담 중 이단의 종류와 계파가 서로 연결되어 각 이단들이 공통점을 갖고 있다는 것을 알았고, 과거의 신천지 책들은 오류로 인하여 계속해서 이전 것들은 수거해 폐기처분 하고 새롭게 만들어진 책만 현재의 신자들이 볼 수 있게끔 한다는 것도 알게 되었습니다. 절대 진리인 신천지 교리가 계속해서 수정될 수 있다니 이상한 생각도 들었지만 그래도 신천지가 잘못됐다는 생각은 들지 않았습니다. 좀 더 확인이 필요했습니다.

저녁식사 후 또 한 분의 상담자이신 김재훈 목사님께서 오셔서 보혜사 대언자에 대한 설명을 하셨을 때 내 생각이 차츰 무너지기 시작했습니다. 성경은 보혜사를 진리의 영으로서 마음 속에 모시는 것으로, 사람이 볼 수 없는 분이라고 증거한다는 사실을 여러 가지 구절을 근거로 하여 확인하게 되었고, 신천지의 이만희 씨는 요한 일서 2장의 대언자(파라클레토스)와 계시록 19장의 대언하는 영(프롭헤테리아)을 혼동하고 있다는 설명에서 이만희 씨가 가짜 보혜사임을 깨닫게 되었습니다. 또한 세례 요한을 배도자라고 가르치는 것도 실제적으로 신천지를 배도한 특정인물을 배도자로 만들기 위한 잘못된 것으로 전혀 성경적이지 않다는 판단이 들었습니다.

원래 상담은 3일 간으로 예정되었으나 업무관계로 이틀째에 중단할 수밖에 없었기에 중간에 신천지인들과 혹시나 연락할까 두려워하는 가족들의 걱정에 큰 딸 보배이가 함께 일터에 나갔습니다. 하루 종일 일하면서 많은 생각들이 교차했습니다.

다음날 아침 10시부터 다시 상담이 시작됐습니다. 이틀째 날 상담이 중단되었기 때문에 밤 12시까지 상담은 계속 되었고, 그토록 궁금했던 계시록 13장 문제를 전도사님께서 시원하게 설명하시는데 마음이 움직이며 교주 이만희의 실체가 하나하나 벗겨지면서 제 마음은 완전히 무너져 내렸습니다.

그동안 이 땅에서 영생한다는 말과 5년 이내에 신천지가 이루어져 왕 같은 제사장으로 폼 나게 살겠다던 꿈이 깨지면서 허탈하면서도 분노가 끓어올라 견딜 수가 없었습니다. 밤 12시에 전도사님께서 그동안 상담의 소감을 물으셨을 때 저는 긴 터널을 빠져나온 것 같다고 대답했습니다. 그동안 악한 영이 나를 지배했고 달콤한 미혹이 분별력을 잃게 했다는 사실에 전율했습니다.

이튿날 제자들교회 주일예배에 참석할 것을 약속하고 집으로 향하는 발걸음이 한결 가벼워지긴 했으나 머릿속은 온통 그동안 신천지에서 정들었던 생활과 김○○ 강사와 김○○ 전도사 생각으로 가득했습니다. 어떻게든 내가 그들을 설득해서 그 소굴에서 빼내주고 싶었습니다.

주일 예배 후 성경공부를 마치고 집에 왔는데 4시쯤 신천지의 유봉재 구역장으로부터 전화가 왔습니다. 김남진 목사님께서 상담 받은 사실을 알리고 앞으로는 전화하지 말라고 단호하게 하라고 하셔서 그렇게 했으나 저녁이 되자 담당 강사와 전도사 등으로부터 계속해서 전화가 왔습니다. 그때마다 당장 만날 것을 요구했으나 지금은 아니라고 말하며 단호하게 거절했습니다. 이튿날 8시에 담당 김 전도사의 문자메시지를 받았습니다.

개인적으로 만나서 어느 쪽이 옳은지 다시 한 번 따져보고 옳은 쪽을 택해 시간을 내라고 했습니다. 김 전도사는 그동안 온갖 정성을 들여 저에게 잘 대해주었기에 안타까운 마음도 들었고 만나서 설득하면 제가 빼내올 수 있을 것만 같은 자신감이 들었습니다.

아내의 반대를 무릅쓰고 몰래 원당역 부근에서 만나 약 30분 동안 대화하던 중 저는 김남진 목사님의 전화를 받았고, 김 전도사는 신학원 원장의 속히 복귀하라는 전화를 받고 서둘러 자리를 떠났습니다. 나중에 안 일이지만 아내가 몰래 미행해 그 장면을 다 지켜보고 있었다고 했습니다. 또 한 가지 아내가 말하길 사실은 처음 만나서 원당역의 어느 커피숍에 들어서기까지 한 명의 선글라스를 낀 남자가 김 전도사를 미행하고 있었다고 했습니다.

며칠 후 금요일 김 전도사는 자신도 혼동이 된다며 다시 한 번 일대일로 만나서 (다른 사람 없이) 얘기해 보자고 했습니다. 설득해서 빼낼 수 있는 기회가 다시 온 것이라고 생각하며 이번에는 아내와 상의하고 같이 나가되 아내는 차 안에서 기다리기로 하고 차에서내려 약속 장소로 가던 중 김 전도사가 멀리서 강사와 차에서 내리는 모습을 보게 되었습니다. '혼자 나온다더니 속았구나' 하는 생각에 휘돌아 걷기 시작했는데 아내가 바로 차를 가지고 와서 옆에 타고 집으로 향했습니다.

돌아오는 차 안에서 김 전도사가 계속 전화했으나 왜 약속을 어기느냐며 다시는 전화하지 말라고 하며 끊었습니다. 집으로 돌아와 점심식사를 하는데 이번에는 신천지 교육장과 김 전도사, 강사 이렇게 세 사람이 찾아왔습니다. 계속 벨을 눌렀지만 무시하고 나중에는 경찰에 신고하겠다고 하자 그제야 돌아갔습니다. 그들은 참으로 끈질기다는 생각과 한편으로는 불쌍하다는 생각이 들었습니다.

가족들의 사랑과 정성 없이는 절대 회복될 수 없었다는 것을 뼈저리게 느끼고 그동안 신천지에서 가짜 보혜사 이만희에게 무릎을 꿇고 기도하고 예배했던 모든 시간을 돌아보며 가슴깊이 회개합니다.

상담 후에 아내는 그동안 보이지 않는 마귀와의 심한 영적전쟁을 겪었고 죽음을 맛보는 듯한 고통을 감내해야만 했다고 말했습니다.

지나고 보니 이 모든 것이 살아계신 하나님의 크신 은총이었습니다. 우리 가족을 혼자 두지 않으시고 특별한 중보기도의 용사들을 보내어 이 영적전쟁을 함께 싸우게 하신 하나님께 감사드립니다.

살아오면서 잘못할 때마다 주님이 막대기로 인도하셨는데, 계속 잘못된 길을 가니 이번에는 신천지까지 보내셔서 철퇴를 치셨다는 생각이 듭니다.

마지막으로 상담을 통해 긴 터널에서 빠져나올 수 있게 하시고, 단번에 영원히 온전케 하신 주님의 은혜를 알게 하시고, 구원의 확신을 갖게 도와주신 김남진 목사님과 김재훈 목사님 그리고 제자들교회 성도님들께 감사를 드립니다. 살아계신 하나님을 찬양합니다. 할렐루야!

신천지 탈출기 (2) / 모태신앙

신천지는 100% 거짓이었다

정미영 집사

                   저는 2006년부터 2008년까지 강원도 원주에 있는 빌립지파에 속해 있다가, 2008년 10월 말에 하나님의 특별한 사랑을 입어 나오게 되었습니다.

  이 간증을 통하여 동일한 아픔을 겪었던 분들과는 감사함과 기쁨을, 나누고, 이제 막 신천지에서 벗어난 분들과는 신실하신 하나님이 반드시 완벽하게 회복시켜 주시고 평안을 누리게 해주실 것이라는 확신을 나누고 싶습니다. 또한 여전히 외롭게 처절하고 기나긴 전쟁을 치르고 있는 피해 가족 분들과는 낙심되는 일이 많더라도 절대로 포기하지 않고 기다려야만 하는 이유를 나누고 싶습니다.

  하나님은 제가 하나님을 등지고 교만과 욕심을 따라 신천지를 선택하였음에도 불구하고, 어느 한 순간도 저를 외면하지 않으셨습니다.

  처음에 제게 접근한 신천지인들은 독거노인을 돕기 위해 폐지를 모은 자원봉사를 가장하여 방문하였습니다. 성경공부를 하자고 권유하기에 몇 번을 거절하니, 그들은 돌아가서 저를 공략하기 위한 본격적인 전략을 세워서 나타났습니다.

두 번째 팀도 왔으나 실패하자, 세 번째엔 휴직하면서까지 평신도 사역 훈련을 받는 중이라는 중학교 교사를 데려와서 친구처럼 사귀게 하면서 '복음방'을 시도하였습니다.

당시 신천지의 '신'자도 들어본 적이 없던 저는, 그녀가 자신의 일을 휴직하면서까지 제자훈련에 전념하는 열정과 성경구절만 연결하여 매끄럽게 하나님, 예수님, 영생에 관하여 소신 있게 전하게 만드는 제자훈련에 대하여 큰 매력을 느꼈습니다. 그러나 나중에 보니 신천지 복음방 교재를 그대로 외워서 줄줄줄 읊은 것이었습니다.

그녀와 마찬가지로 저 역시 모태신앙으로 자라서 계속 교회생활을 해왔는데도 불구하고, 당시의 모습을 비교해 보니 제가 많이 쳐져 보였습니다. 아이 낳고 낯선 원주에서 생활하면서 점차 안이해졌습니다. 큐티를 해도 아무런 감동이 없었고, 아이와 함께 영아부 예배를 드리면서 말씀을 들을 기회도 적어지자 영적으로 메말라졌습니다. 그러나 원주 생활을 마치고 다시 서울로 올라가기만 하면 제자훈련도 다시 받고, 성경공부도 열심히 하리라는 막연한 생각을 하며 지금은 잠시 쉴 수밖에 없는 상황이라고 저 자신을 합리화시키곤 했습니다.

하나님과의 교제와 공동체 안에서의 교제가 끊어져버린 상태에서 신천지 복음방 교사를 만나 교묘한 자극을 받으니 저도 모르게 죄책감이 싹트기 시작했습니다. 하나님 자녀답게 살아야 하는데, 큐티를 회복해야 하는데, 비전을 발견해야 하는데, 말씀을 많이 알아야 하는데, 그동안의 신앙 연수로 보면 말씀을 전하고 가르치는 입장이 되었어야 하는데 등등 하나님의 인정을 받을 만한 뭔가를 해야 한다는 생각이 들었습니다.

복음방 교육을 받는 초기에 3일 밤낮을 심하게 고민하면서 잠을 못 잤습니다. 눈을 떠도 눈을 감아도 계속 이 성경공부를 해야 할지 말아야 할지 고민만 될 뿐 도무지 분별이 되지 않았습니다. 이미 구원관이 흔들렸고 잘못된 종말관이 자리 잡았으며, 특별한 성경의 비밀을 알고자 하는 욕심이 생겼습니다.

그런데도 저는 제 자신에게 영적인 분별력과 결단력이 있다고 믿고는 나중에 혹시 이상한 곳이면 스스로 그만 둘 수 있다는 자신감을 갖고 있었습니다. 그렇게 복음방을 거쳐 신학원 교육을 받고 수료까지 했습니다.

여집사님들 대부분의 경우는 신학원에서 수강한 지 3개월쯤 지나면 매주일 신천지 집회 장소로 출석하고 매일 추수꾼 교육을 받으며 신학원 공부와 신천지 전도활동을 병행하면서 신천지에 올인하게 됩니다. 그런데 저는 신천지 신앙이 약하고 아직은 활동할 수 있는 상황이 안 된다고 판단이 되어 특별관리를 받았던 것 같습니다.

당시 아들이 3살이었고, 연로하신 아버님을 모시고 있는 데다가 원주 지리도 잘 몰라서 혼자서는 외출을 거의 하지 못하고 있었던 터라 무리한 신천지 활동을 요구하면 오히려 떨어질까 염려했다는 얘기를 나중에 들었습니다.

그리고 남편이 한의대 졸업을 앞둔 학생이고, 아내에 대한 의심이 전혀 없어서 조금만 기다리면 부부가 함께 신천지에 들어올 가능성이 크다고 판단하여 저에게 어떠한 요구도 하지 않았고 부담도 주지 않았습니다. 그저 남편이 신학원 교육을 잘 마칠 수 있도록 협조하라고만 했습니다.

저는 수료한 이후에도 신천지 집회에 참석하거나 동기들과의 교제도 전혀 없었기 때문에 신천지가 어떠한 곳이며 어떠한 생활들을 하는지, 외부에서 어떠한 평가를 받고 있는지도 몰랐고, 특별한 문제가 있다는 생각이 들지 않았기에 문제점을 파악해 보려는 시도조차 하지 않았습니다.

그저 현 시대에 말씀대로 기독교 세상을 변화시키기 위해 모든 비난을 감수하고 올곧게 성경의 비밀을 전하기 시작한 개혁적인 선교단체쯤으로 생각했던 것입니다.

신천지에 대한 아무런 정보가 없던 제가 보기에는, 신학원 강사로부터 들은 놀랍고 재미있는 강의내용과 전도사들의 겸손한 언행과 하나님의 일을 우선순위에 두고 생활하는 신천지인들의 모습은 개개인에게도 세심한 관심을 기울이고 신앙성숙을 잘 돕는 단체로만 보였습니다. 마틴 루터가 그 세대가 인정하는 넓은 길로 가지 않고 하나님의 의를 위해 좁은 길을 선택하기로 결단하고 행동한 것처럼 신천지도 그런 변화를 추구하는 신흥 기독교 분파인 줄 알았습니다.

신천지 첫 해가 그렇게 지나고 이듬해에는 재수강을 착실하게 하면서 같은 교회 출신인 수강자를 잘 관리하자 신임을 받았습니다. 당시엔 교회에 소속이 되어 있어 이단으로 의심받지 않았기 때문에 자원봉사에 관련된 외부 행정업무를 맡게 되었습니다.

저는 2007년부터 전도활동에 투입되지 않고 지파가 아닌 총회의 지시를 따르는 업무를 하였습니다. 대도시 지역에서는 이미 신천지의 추수방법이 많이 드러나서 사회문제가 되자 사이비 이단으로 이미지가 굳어지는 것을 만회할 목적으로 모략상 자원봉사단체를 만들어 이미지 쇄신용으로 사용하고 일석이조로 전도방법으로도 이용하려고 했습니다.

그 일환으로 늦게나마 강원도에도 자원봉사단체를 활성화시키라는 총회의 명령에 따라 문서상의 보고라도 해야 했기에 자원봉사회회장과 총무인 제가 배치되어 따로 사무실을 갖추고 더 나아가 법인단체를 만들어 운영하였습니다. 상당기간 동안은 지파장과 지파총무 외에는 아무도 모르게 일이 진행되었지만 이렇다 할 실적은 거의 없이 보고를 위한 형식상 업무에 지나지 않았습니다.

제가 속한 부녀부, 팀, 구역에서도 제 활동의 우선순위는 자원봉사업무라고 위로부터 전해 들었기 때문에 전도활동을 못해도 간섭을 하지 않았습니다. 덕분에 저는 다른 사람들보다 편하고 부담 없는 생활을 할 수 있었습니다.

그래도 항상 전도에 대한 부담이 컸고, 사무실을 지키느라 전도하지 못해서 다른 사람들보다 뒤쳐진다는 생각에 많이 괴로웠습니다. 지금 돌아보면 전도활동에 전적으로 투입되지 않은 것이 오히려 하나님의 은혜로 생각됩니다.

그러다가 우연히 좋은 사람들을 자연스럽게 사귀어 두 가정을 전도 했습니다. 제 열매인 남편도 아무 문제없이 착실하게 신천지 생활을 잘 하니까 전도 실적이 좋지 않았어도 인정을 받아 2008년에는 부구역장, 구역장을 맡고 교사교육도 받았습니다.

그러던 중 2008년 6월쯤 빌립지파 지파장에게 불려가서 남편이 신천지에 대한 의심을 하여 인터넷에 이상한 글을 올렸다는 얘기를 들었습니다. 그날 밤 11시쯤에 지파장에게 불려가서 둘이 함께 문책을 받았고, 곧바로 저희 집에 있는 신천지와 관련된 모든 자료와 책과 개인 노트까지 압수당했습니다. 다음날엔 남편 몰래 홍보정보부장이 와서 집과 한의원에 있는 컴퓨터 자료들을 검색한 후 신천지 관련 파일을 모두 삭제했습니다.

그때부터 두 달 동안 저는 남편을 설득하고자 무진 애를 썼고 결국 제 눈물과 애원에 마음이 약해진 남편은 다시 마음을 신천지로 돌이키기로 결심하였습니다.

그러나 9월쯤에 남편이 다시금 인터넷에 신천지를 비난한 글을 올린 것이 드러나서 큰 문제가 되었고 배도자로 완전히 낙인이 찍혀버렸습니다.

남편은 인터넷을 통하여 수많은 정보를 확인한 후, 신천지가 이단임을 확신하게 되었고, 제게도 여러 가지 의문점을 제시하면서 이메일로 자료를 보내주며 확인해보라고 했지만 저는 두려움이 앞서서 열어보지도 못했습니다.

예전부터 저 역시도 여러 가지 의문점과 오류를 느끼기도 했습니다. 하지만 언젠가는 남편이 돌아올 것이라고 믿었고, 그래서 남편에게는 더욱더 확고한 의지를 보이며 떨리고 갈팡질팡하는 속마음을 들키지 않으려 무던히도 노력했습니다. 설마 제가 이단상담소로 보내지리라고는 전혀 예상하지 못했습니다. 남편이 저를 무작정 믿고 신천지에 따라왔듯이 저도 남편이 저를 그토록 곤란하게 만들지는 않으리라 대책 없이 믿었던 것 같습니다.

이때쯤 남편은 의정부에 이단상담소가 있다는 것을 알게 되었고, 저의 친정 가족들과 남편의 누님께도 모든 사실을 알린 후 암암리에 상담을 계획하고 차근차근 진행했습니다.

2008년 10월 26일 주일날, 아무것도 모르고 오랜만에 친정나들이를 했습니다. 밤이 되어 다시 원주로 돌아갈 시간이 되었는데도 남편은 평소와 달리 전혀 서두르는 기색 없이 느긋하게 있다가 오빠네 집에서 뭘 좀 가지고 가야 하니 잠깐 들렀다 가자고 했습니다. 엄마도 동행해서 가는데도 저는 아무런 의심 없이 따라갔습니다.

오빠네 집에 가자마자 남편은 제 휴대폰을 압수하였고, 남편, 엄마, 오빠, 새언니가 저를 둘러싸고 앉아서 월요일부터 일주일 동안 상담을 받아보라고 권하기 시작했습니다. 저는 순간 너무 당황스러웠고 저를 속인 남편에게 배신감을 느꼈으며 졸지에 제가 골칫거리가 되어버린 상황이 용납되지 않았고 화가 났습니다. 한편으로는 어떻게 대처해야 할지를 생각해 보며 상담은 절대로 받을 수 없다고 거절했습니다.

몇 시간에 걸쳐 설전을 벌였지만 결말이 나지 않았고 지친 가족들은 모두 잠이 들었으나, 저는 도저히 잠을 잘 수 없어서 다시 거실로 나와 외투를 입은 채로 소파에 앉아 뜬 눈으로 밤을 지새웠습니다. 그런데 가족들은 제가 도망갈지도 모른다는 생각은 전혀 하지 않는지 모두 잠을 자러 들어가 버렸습니다. 혼자서 우두커니 몇 시간 동안 이 생각 저 생각을 떠올렸습니다.

당시 신천지에서는 가족들에 의해서 상담소로 끌려갈 경우를 대비해서 비상연락처를 몇 개 외우게 했기에 저도 부녀회장, 전도부장, 팀장, 구역장의 전화번호는 알고 있었으나 휴대폰 배터리를 빼앗긴 상태라서 당장은 연락할 수가 없었습니다.

그러나 모두들 잠든 새벽녘에는 충분히 도망갈 수도 있었습니다. 현관문을 몇 번이나 쳐다보며 망설이다가 내일 아침에 다시 한 번 남편을 설득하여 반드시 원주 집으로 가야겠다고 결심했습니다. 사실 그대로 나가버리면 저희 가정이 파탄이 날까봐 두렵기도 했습니다. 이때 심한 지경에 이르지 않도록 제 마음을 약하게 만들어 저희 가정을 보호해 주신 하나님께 감사드립니다.

월요일 아침부터 오후까지 식구들이 또 다시 상담을 권유했습니다. 억지로 끌고 갈 생각은 없으니 한 번만 마음을 돌이켜 들어보기만이라도 해달라는 것이었습니다. 회심하지 않으면 정신병원에 감금한다느니 하는 말도 많이 듣긴 했지만, 저는 상담소에 대한 무서움보다는 상담소에는 무조건 가지 말라는 명령에 불순종한다는 죄책감이 견디기 힘들었습니다.

결국 월요일 오후에 제자들교회에 도착했고, 김남진 목사님으로부터 상담 받으러 온 것이 본인 의사가 맞느냐는 확인을 받은 후, 본격적인 상담을 받기 시작했습니다. 저는 상담을 받는다기보다는 할 얘기가 있으면 어디 한 번 해보라는 삐딱한 마음으로 그냥 들었습니다. 상담을 받으러 온 것이 아니라 3일 동안 들어주기로 협상했기 때문에 듣는 것일 뿐 제 이야기는 하지 않겠다는 자세였습니다.

처음엔 신천지의 거짓말에 대한 증거자료인 사진, 공문, 서류 등을 보았고, 오래 전에 신천지에서 진리를 담은 책으로 발간했으나 바뀐 것이 너무 많아서 스스로 폐기했을 뿐 아니라 저술 자체를 부인하기까지 하는 책을 보았습니다. 신천지에 2년 넘게 있으면서도 구경은커녕 제목조차도 전혀 들어보지 못한 책들이었습니다.

그리고 자칭 이긴 자라고 하는 총회장의 파렴치한 행적들, 핵심간부들의 비리, 한 지파 전체의 배도에 대한 진실을 들었습니다. 그러나 모두 모함이고 조작된 자료들이라고 믿었습니다.

화요일엔 오전부터 상담을 받았습니다. 구원론, 영육합일, 세례요한, 비유론, 이단의 계보, 실상의 허구, 수많은 이탈자 및 회심자에 대한 자료 등을 가지고 밤 늦도록 강의를 들었습니다. 신천지가 이단임을 증거하는 수많은 자료들을 제 눈으로 보고 확인했지만 선뜻 받아들일 수가 없었습니다. 이곳에서 확인한 것들을 신천지에서는 어떻게 이야기 하는지 들어보고 나서 제 스스로 옳고 그름을 판단해야겠다는 생각이었습니다. 그래서 수요일까지만 더 들어보고 원주에 가서 수요예배를 드릴 결심을 꺾지 않았습니다.

화요일 11시쯤 상담을 마친 후 집에 가려고 나와보니 신천지 사람들 몇몇이 저를 데려가기 위해 기다리고 있었지만 가족들이 막아 그냥 돌아갔습니다. 수요일 아침이 되어 남편에게 전날 밤에 얘기한 대로 원주에 가자고 했더니 자기는 결코 여기서 움직이지 않을 거라면서 눈을 꼭 감은 채 누워만 있었습니다.

이 분위기가 심상치 않음을 느낀 지찬이가 하루 이틀은 금이네 집에서 노는 것을 무척 즐거워했지만 이젠 원주 집으로 가고 싶다고 아빠를 조르길래 내심 지찬이를 응원했습니다. 하지만 남편은 아이를 살살 달래며 대신 재밌게 놀아주겠다고 하자 야속하게도 지찬이는 금세 마음을 바꾸어버렸습니다. 그래도 지찬이만은 엄마 편이라고 생각했었는데 이제는 지찬이마저 제 곁을 떠났다는 느낌이 들어 우울해졌습니다.

이틀 동안의 상담 내용을 통하여 신천지의 오류를 많이 알았지만 제 안에 깊이 심겨진 두려움과 죄책감 때문에 괴로웠습니다. 이렇게 배도하면 하나님께 인정받지 못해 버려질 것이란 두려움과 먹지 말라고 명령한 선악과를 먹었다는 죄책감이 제 영혼을 옭아매었습니다. 신천지에서 말씀과 전도를 통하여 하나님의 절절한 마음을 체험했다는 생각을 저버릴 수 없었습니다.

그리고 많은 집사님들의 순수한 열정과 헌신, 연단과 인내, 변화된 삶을 곁에서 직접 보고 들었기 때문에 그 모든 것을 헛된 것이라고는 차마 인정할 수가 없었습니다. 신천지에 미혹된 많은 분들의 경우, 말로 다 표현할 수 없을 만큼 상하고 지친 상태에서 사단이 하는 위로와 인정의 말을 하나님의 음성으로 잘못 들은 것입니다. 그토록 절박할 때 참 하나님을 만났다고 믿으면 누가 뭐라고 해도 자신의 영적 체험과 믿음을 가장한 헛된 신념을 저버리지 못합니다.

저 역시 아무도 제 마음을 이해하는 사람이 없는 것 같고 앞으로 어떻게 해야 할지 막막하기만 했습니다. 그전에 간혹 들었던 생각은, 만약 신천지가 진짜 이단이라면 하나님께서 반드시 언젠가는 저를 건져주실 것이란 생각이었습니다. 그래서 혹시 지금이 바로 그 때인데 바보같이 제가 알아채지 못하는 것은 아닐까 싶어 몹시 불안했습니다.

이런 저런 고민에 식사도 하지 않고 반나절을 멍한 상태로 힘없이 누워있는데 이번에는 동생이 7개월짜리 어린애를 들쳐 업고 양주 오빠네 집까지 찾아와 저를 붙잡고 눈물바람을 했습니다. 제 마음이 또 무너졌습니다. 도대체 어떻게 제게 이런 상황이 벌어졌는지 알 수가 없었습니다. 제가 이단에 빠졌다고 남편이 폭로해버린 탓에 저와 가족의 관계가 끝날 것만 같아서 괴롭고 다시 화가 났습니다.

상담은 금요일까지 계속됐습니다. 여러 가지 강의를 더 듣고, 다른 개종자들에 대한 사례도 들었습니다. 사실 저는 불순종한다는 죄책감 때문에 상담을 꺼렸지, 상담내용이 어떤지 궁금하기도 하고, 절대 흔들리지 않을 것이라 자신하면서 제 믿음의 정도를 시험해보고 싶은 생각도 있었습니다.

신천지 교리에 미혹되었을 때엔 지금이 예수님 재림의 때인 계시록 시대라는 것이 큰 충격이었습니다. 그래서 재림 때에 합당한 삶을 살아야 한다고 믿었기에 힘들어도 열심히 신천지 생활을 해왔던 것인데, 며칠 동안의 상담을 통하여 신약 시대 이후 계시록 시대가 있다는 것은 신천지가 만들어낸 거짓말임을 알았습니다. 또 신천지가 수없이 많은 이단 중에 하나일 뿐이고, 모략이라는 사단의 속임수로 영혼을 노략질하는 사이비단체임을 확실히 알게 되었습니다.

머리뿐만이 아니라 가슴까지 당장에 100% 인정하고 받아들이기는 힘들었지만 그들이 자랑하는 진리와 실상이라는 것이 문제가 될 때마다 계속 수정된 것을 확인하니 어이가 없었습니다.

거짓된 교리들뿐만 아니라 교인들에게는 끝없이 진실과 화평을 요구하면서도 총회장을 비롯한 핵심 간부들은 비리와 불법으로 얼룩져 있는 실체를 보니 더 이상 기다려 볼 여지가 없었습니다. 그들로부터 100% 중에서 1%라도 거짓이 있으면 진리가 아니란 말을 누누이 들었는데, 사실을 알고 보니 신천지는 100%가 거짓이었습니다.

그리고 살후 2:4 말씀처럼 성전에 앉아 자기를 보여 하나님이라 하는 자가 바로 이만희 총회장이었다는 것을 듣는 순간 머리가 멍해졌습니다. 그가 나타나면 저를 비롯한 수많은 신천지 사람들이 박수치고 환영하며 찬양하고 경배했던 모습들이 생각나면서 사단의 역사에 따라 많은 영혼을 노략질한 악한 자임을 부인할 수 없었습니다. "오직 예수"라는 진리를 초보적인 신앙이라며 비웃고, 계시록 때엔 이긴 자인 자신의 말이 바로 하나님의 말씀이라며 자신의 말에 맹종할 것을 늘 강요했던 것이 깨달아졌습니다.

하나님의 은혜와 간섭하심으로, 더 이상 이런 신천지에는 내 영혼을 맡길 수 없다는 결론을 내고 드디어 신천지에 가지 않겠다는 대답을 했습니다. 그제야 목사님이 웃으시면서 회심 기념으로 부대찌개를 쏘겠다고 해서서 저희 가족은 6일 동안의 악몽에서 벗어나 맘 편히 식사를 했습니다. 남편도 환하게 웃었습니다. 집을 원주에서 의정부로 이사했습니다.

2008년 11월 9일 주일날, 남편과 저는 처음으로 제자들교회에서 예배를 드렸습니다. 얼마간은 남들의 시선이 집중된 듯해서 부담스럽고 창피했습니다. 그러나 교인들 거의 대부분이 동일한 아픔을 겪었거나 이해할 만한 분들이어서 점차 마음이 편해졌습니다.

그 주 토요일에, 신천지 섭외부장이 연락을 해왔습니다. 제 의사를 정확히 파악해서 그날 총회에 최종 보고를 해야 한다며 전화상으로라도 대답하라고 요구했습니다. 주위에 가족들이 있어 대답하기 곤란하면 1번, 2번으로 대답하라고 했습니다. 친절하게도 1번 "당분간만 모략상 잠자코 있다가 환경이 되면 다시 돌아올 생각이다", 2번 "이미 마음이 떠나 아예 돌아올 생각이 없다" 중에 하나를 선택하라는 것이었습니다. 제가 아무런 망설임 없이 2번을 선택하자, 섭외부장은 알았다며 평안하시라는 정중한 인사와 함께 전화를 끊었습니다.

신천지에서는 전도된 한 사람 한 사람도 중요하지만 신천지의 내부 정보나 문서를 목숨처럼 지키려고 합니다. 그런데 저나 남편에게 있는 자료는 그 전에 이미 모두 압수했기 때문에 더 이상의 개입 없이 물러난 듯 합니다. 이렇게 저와 신천지와의 관계는 깨끗하게 정리되었습니다.

이전에는 이단에 빠진 사람들에 대해 정죄만 했지 단 한 번도 긍휼한 마음을 품었던 적이 없었음을 고백합니다. 제가 처절하게 겪고 나서야 그들의 아픔을 알게 되었고 그들을 향한 끝없는 하나님의 애달픈 사랑을 조금이나마 느끼게 되었습니다. 비록 부작용이 심한 예방접종을 받은 셈이 되었지만 다시는 신천지를 비롯한 어떠한 이단도 저와 저의 가족들의 영혼 안에 들어올 수 없게 된 것이 감사합니다.

  제가 신천지에 미혹되어 있을 때조차도 저를 참아주시고 기다려주신 하나님의 사랑, 제 영혼의 유일한 구원자이신 예수님, 제 연약함을 도우시고 말할 수 없는 탄식으로 저를 위해 친히 간구해주신 성령님께 감사드립니다.

신천지 탈출기 (3) / 목회자의 딸

"하나님이 하셨습니다"

유재경 집사

　　　　　　저는 2006년부터 2009년까지 경북 포항에 있는 신천지 다대오지파에 속해 있다가 2009년 10월 하나님의 은혜로 영적으로 다시 태어났습니다.

저는 목회사역을 하고 계신 부모님의 1남2녀 중 장녀로 태어나 엄마 뱃속에서부터 교회를 다니기 시작했습니다. 시골교회로 다니시며 목회를 하신 부모님께서는 고생을 많이 하셨고 일꾼 또한 없었기 때문에 교회에 살고 있었던 저는 자라면서 교회의 이 일 저 일을 해오며 지냈습니다. 그저 아빠가 목사님이니까 해야 한다는 의무감 때문에 힘들 때도 있었지만 나름 재미도 있었기에 할 수 있었습니다. 22살 때 신학교에 다니던 여동생으로부터 신앙적인 도전을 받고 회개라는 것을 했습니다. 나를 위해 돌아가신 예수님을 생각하며 한 달을 거의 매일 울었습니다.

얼마 동안은 뜨거운 마음이 있었으나 오래 가지는 못했습니다. 그리고 몇 해가 흘러 남편을 만나게 되었고 믿지는 않지만 성실한 모습에 끌려 결혼을 하게 되었습니다. 제 마음 속에는 전도할 수 있다는 교만한 자신감이 있었던 것 같습니다. 남편은 신혼 초에는 교회에 몇 번 함께 다녔지만 믿어지지 않는다며 점점 다니지 않았습니다. 하지만 제 신앙에 대해서는 간섭하지 않았습니다. 결혼과 함께 삶의 현실을 극복하기 위해 사회생활을 하며 주일만 겨우 지키는 신앙생활을 하게 되었습니다.

첫째 아이에 이어 둘째가 태어났고 나름 신앙생활 한다며 포항에서는 제법 큰 교회에서 찬양 봉사활동과 주일학교 교사 등을 했지만 무언가 채워지지 않는 허전함이 있었습니다.

그러던 중 2006년 크리스마스가 지난 12월 말쯤 초인종 소리에 나가보니 청년들 여럿이 추위에 떨고 있었습니다. 그러면서 하는 말이 연말이 되어 고아원 아이들을 돕기 위해 물품 수집을 하고 있으니 작아서 못 입는 옷이나 재활용 할 수 있는 물품들이 있으면 도와달라고 했습니다.

고생하는 청년들이 안쓰러워 집으로 들이고 따뜻한 차와 옷가지, 비누, 샴푸 등 많지 않지만 몇 가지를 챙겨주며 갑자기 찾아와 깊이 있는 옷은 못 찾았으니 다음에 다시 오라며 청년들을 보냈습니다. 얼마 지나지 않아 그 청년들에게 다시 연락이 와 들른다기에 물품을 준비해 청년들을 기다렸습니다.

처음과 달리 두 명만 왔고 자신들은 모 대학 네비게이토 써클을 통해 선교사역을 하고 있다며, 기도제목을 알려주면 기도하겠다고 했습니다. 그리고 선교사역을 위한 논문을 교수님과 준비 중이라며 많은 영혼을 구하는 일을 도와달라고 했습니다. 그저 선교자료를 위한 논문을 듣고 평가만 해주면 된다고 해서 가벼운 마음에 도와준다고 했지만, 그래도 썩 내키지 않아 그다음에 왔을 때는 문을 열어주지 않았습니다.

하나님 일을 하는 학생들을 그냥 돌려보냈다는 죄책감에 다시 연락이 왔을 때는 다시 도와준다고 하여 본격적으로 복음방이 시작되었고 처음에는 대수롭지 않게 듣다가 회가 거듭될수록 성경도 안보고 성구를 찾아내는 열정과 퍼즐 맞추듯이 성구를 맞추며 설명하는 것이 신기하여 조금씩 빠져들고 있었습니다. 모르던 것을 알아간다는 기쁨 속에 갈수록 이해하기 어려운 말도 있었지만 저를 가르치던 간사는 조금 더 지나면 다 깨달아진다고 했기에 기다렸습니다. 그리고 앞에 것이 맞았으니 맞겠지 하며 제가 깨달음이 부족해서 그렇다고 생각했습니다.

복음방 교육을 받으며 마음이 너무 힘들어 입맛도 없고 잠도 안 왔습니다. 교육자와 관리자는 그것이 마태복음 24장에 기록되어 있는 영적 지진이라며 나를 안심시켰습니다. 어렵게 유월을 하고서야 그곳이 신천지라는 것을 알았고, 저는 신천지에 대한 정보가 전혀 없었기에 그저 또 하나의 교단이라 생각했습니다. 그렇게 해서 그 해 8월에 복음방을 수료하게 되었습니다.

 신천지 교리를 다 배우고 나서부터는 다니던 교회의 설교를 듣는 것이 너무도 힘들었기에 교회를 나오고 싶다 하니 신천지에서는 반대를 했습니다. 알곡들을 빼내야 하니 조금 더 다니라고, 그것이 사명이라고 했습니다. 그렇게 저는 신천지와 교회, 이렇게 이중생활을 하며 1년 반을 지냈고, 그 사이 교회와는 별도로 운영되는 추수밭팀에서 활동하며 지냈습니다.

 그러던 중 같은 전도회 친구와 찬양단에서 함께 사역한 언니를 소개하여 신학원에 데리고 왔습니다. 교육 도중 이상한 낌새를 눈치 챈 친구는 바로 의심하여 그곳이 신천지 신학원이라는 것을 알아냈고, 그 사실을 교회에 알려버렸습니다. 그로 인해 저는 교회에서 의심을 받게 되었고 교회 생활은 더욱 힘들어졌습니다. 급기야 교회에서 나오게 되었고 그것을 하나님의 인도하심이라 믿으며 그야말로 신천지인으로서 하루하루를 보내게 되었습니다. 긴장의 나날들이 시작된 것입니다.

 몇 주간 집에서 숨죽여 지내고 있다가 재수강을 권유받고 다시 신학원에 출석하기 시작했고 그때부터 복음방 교사로서의 훈련과 교육이 시작되어 정신없는 나날을 보내기 시작했습니다. 갑자기 변화된 저의 생활에 남편은 당황했고 신천지임을 모르던 남편에게 저는 그저 교회를 옮겼고 그곳에서 좀 더 열심히 행복한 신앙생활을 하고 있다고 생각해 달라고 말했지만 그러기에는 너무도 달라진 제 생활에 걱정 반 불만 반으로 지켜보고 있었습니다. 처갓집이 목회자 집안인데 교회를 가지 않고 있던 터라 처갓집에도 제게도 강하게 말하지 못하고 가슴앓이만 하고 있었던 것입니다.

  몇 달 후, 다니던 교회 집사님 한 분이 제 부모님께 제가 신천지에 빠져 있으며 교회도 나오지 않고 있다고 전화 드렸습니다. 청천벽력 같은 말에 너무도 놀란 부모님은 제게 전화를 하셨습니다. 저 또한 너무 놀랐지만 교회에서 무조건 숨겨야 한다고 교육을 받았던 터라 아니라고, 걱정 말라고 말씀드렸지만 조금 수상했던 제 행동들이 부모님의 의심을 잠재우기는 역부족이었습니다.

  그때부터 저와 저의 부모님과의 치열한 시간들을 보내게 되었습니다. 남편 또한 제가 다니고 있던 그 교회가 신천지라는 것을 그때서야 알게 되었고, 저의 부모님이 반대한다는 그 사실이 무척이나 힘이 되었던지 강한 압박이 들어오기 시작했습니다.

  그때 저의 상태는 이미 신천지에 물들대로 물들어 있었기 때문에 그것이 아니면 죽음이라는 생각을 갖고 있었고, 사명은 곧 생명이라는 문구 대로 어떻게든 견디고 이겨야만 한다는 절박한 심정으로 하나님께 기도 했습니다. 제사장이 되기만 하면 내가 가족을 구원할 수 있는 구원자가 되는 것입니다.

  지금 생각하면 참으로 어이없는 것을 그때는 왜 그렇게 그것이 진리인 양 믿어졌는지, 제 자신이 너무도 부끄러울 뿐입니다. 신천지교회 사람들은 제게 핍박이 오면 올수록 진리를 위한 핍박이니 이번만 견디면 더 좋은 길을 열어 주시려 연단하는 것이라며 잘 이기라고 격려를 해주며 위로했습니다. 남편도 남편이지만 친정엄마의 끊임없는 전화가 저를 너무도 지치게 했고 보다 못한 남편이 아이들과 저를 제 여동생 집으로 보냈습니다. 여동생이 신학을 전공했고 사역자였기 때문에 여동생이 허락하면 신천지에 보내주겠다고 했습니다.

남편은 제가 없는 사이에 신천지 교회에 찾아가 가정을 돌아보지 않는다며, 교회에서 그런 것은 제재해야 하지 않느냐며 협박 아닌 협박을 하였습니다. 나중에 안 일이지만 남편은 그렇게 하면 제가 신천지에 못 나갈 줄 알았답니다. 일주일 뒤 저는 다시 포항으로 왔고 친정 식구들에게 신천지 사람들과 안 만나고 교회도 안 다니고 기존 교회도 당분간은 다니기 힘들 것 같다고 말했습니다. 그 후 몇 달간 외출을 거의 못하고 집안에만 있던 저는 이렇게 있어서는 안 된다는 조급함과 불안감에 다시 주일날 남편 몰래 신천지 예배에 참석했고 모임과 전도활동을 하게 되었습니다. 이를 알아챈 남편은 완강하게 반대했지만 신천지에서 핍박이 오면 싸워야 된다는 말을 들은 저는 저의 주장을 펼치며 달려들었습니다.

다시 신천지에 나갔을 때는 가정의 핍박이 거세기 때문에 강하게 교육받아야 하고, 교회 일꾼도 없고 하니 사명을 맡아야 한다며 여러 가지로 자격이 부족했지만 부녀회 소속 문화부장이라는 직함이 주어졌습니다. 부담을 느끼며 망설이니 가정 사정을 아니 많은 부분을 배려해 주겠다는 약속을 받고 일을 맡게 되었습니다.

하지만 그것은 그리 쉽지가 않았습니다. 그 해에 신천지에서 내세운 목표는 개인전도가 아닌 구역배가운동이었고, 이에 발맞추기 위해 포항에서는 제사장 훈련이라는 타이틀로 강도 높은 교육에 돌입했습니다. 주어진 일에 더 많은 일들이 가중되어 신천지 생활에 거의 올인하며 하루하루를 지냈습니다. 다른 일들은 신경 쓸 여유가 전혀 없었고 소홀해졌으며 시댁이든 친정이든 가정이든 그때그때 닥치는 일들만 겨우 넘기며 지나가곤 했습니다.

그런 저를 붙잡고 남편은 어르고 달래고 협박도하고 사정을 하기도 했습니다. 그런 남편에게 걱정하지 말라고, 나중에 내가 돈 많이 벌어 호강시켜 주겠다며 막무가내였습니다. 집을 너무 자주 비워 연락이 몇 번씩 안 되자 친정에서 눈치를 챘고 또다시 엄마와의 싸움이 시작되었습니다. 급기야 신천지 교회로 시도 때도 없이 전화를 하여 난리를 치고 싸우고 하여 교회를 발칵 뒤집어 놓은 것이 한두 번이 아니었습니다.

그럴 때마다 제게 연락이 왔고 핍박받는 것이 복이라며 위로해주는 사람들이 있는가 하면 지혜롭게 처신하지 못해서 그런 것 같다며 교회에 피해를 준다며 충고를 하는 사람들도 있었습니다. 즉, 모략을 잘 써야 핍박도 피해갈 수 있다는 것이었습니다.

가정에서 남편과의 대립, 친정과 언제 끝날지 모를 싸움의 나날들, 이런 일들로 내 나름대로는 최선을 다한다고 했지만 제대로 감당 못하는 사명 때문에 교회에 눈치가 보이고, 점점 조이는 쇠사슬처럼 모든 환경은 나의 숨통을 조여오기 시작했습니다.

급기야 남편의 폭탄선언, "이혼하자." 저는 이혼만은 안 된다면서 울며 매달렸고, 그런 저를 억지로 데리고 남편은 법원으로 향했습니다. 그 말을 하면 제가 신천지 안 간다고 할 줄 알았답니다. 그렇지만 제 입에서는 끝까지 그 말은 나오지 않았습니다. 이혼 서류에 도장을 찍고 울면서 집으로 왔습니다. 나중에 안 일이지만 남편은 그 날 오후에 혼자서 법원에 갔고 서류를 취하했다고 합니다. 그 당시 저의 상황과 이 문제는 교회에 그대로 보고 되었습니다. 신천지 교회에서는 이혼하는 것이 신천지 신앙을 지킬 수 있는 길이 아니겠냐고 말했습니다.

이 소식을 들은 친정 아빠가 한걸음에 달려 왔고 저를 설득하기 시작했습니다. 저는 너무 지쳐 있었고 빨리 아빠를 보내고 싶은 마음에 조금의 언쟁을 하다가 신천지에 안 갈 테니 걱정 말라는 거짓말로 아빠를 안심시켰습니다. 너무도 좋아한 아빠는 남편에게 이 사실을 알렸고 남편은 아빠에게 식사 대접을 하고, 그렇게 아빠는 가셨습니다.

아빠가 가신 뒤 저는 남편에게 절대로 신천지 신앙은 포기할 수 없고 아빠에게 그렇게 말한 것은 빨리 아빠를 보내기 위해서 한 말이라고, 내 신앙을 이해해 달라고 했습니다. 남편의 절제력은 한계에 다다랐고 제발 좀 정신 차리라며 안하던 손찌검을 했습니다.

너무도 두려워 꼼짝 못하고 울기만하고 있을 때, 이것이 다 신천지 때문이라며 남편은 저를 차에 태우고 신천지 교회로 향했습니다. 신천지에 도착한 남편은 교회 문을 발로 차고 소리 질렀습니다. 교회 안에 있던 사람들이 놀라서 내려왔고 서로가 대립된 상황에서 몇 분이 흘렀을까. 경찰차가 교회 앞으로 왔고 저와 남편, 교회의 관계자 몇 사람이 함께 경찰서로 가게 되었습니다. 남편이 이미 친정 식구들에게 이 사실을 알려 포항으로 내려오던 중이었습니다.

얼마간의 실랑이 끝에 친정 부모님을 보고 가라는 남편을 뒤로 한 채 저는 신천지 사람들과 함께 경찰서를 나왔습니다. 교회에 있으면 안 된다는 말과 함께 신천지 관계자는 저를 포항 시내 한 찜질방으로 데려갔고 제 손에 얼마 안 되는 돈을 쥐어주고는 연락할 때까지 기다리라는 말과 함께 가버렸습니다. 아이들이 너무 보고 싶었고, 제 상황이 너무도 기가막혀 눈물도 나오지 않았습니다.

심신이 모두 지쳐있었던 저는 깊은 잠에 빠졌고 얼마를 잤는지 깨어보니 해가 중천에 떠 있었습니다. 이래서는 안 되겠다 싶어 몸과 맘을 추스르고 교회로 향했습니다. 그리고 아이들도 보고 몇 가지 옷도 챙겨 나올 겸 교회집사님과 함께 집으로 갔으나 아이들은 없었고 문도 열 수 없도록 보조키의 비밀번호마저 바뀌어져 있었습니다.

몇 번의 통화 끝에 큰 아이가 많이 아프다는 말과 함께 아이들이 여동생 집으로 보내진 것을 알았습니다. 아이들을 보호하고자 하였던 것입니다. 몇 년처럼 느껴졌던 며칠이 지난 후 엄마가 해주는 밥이 먹고 싶다는 아이들 말에 마음이 아팠다던 동생에게 전화가 와서 아이들을 데려왔습니다.

그런 일이 있었음에도 교회 일은 진행되었고, 그것이 핑계가 될 수 없었습니다. 직책이 있기 때문에 다른 사람에게 영향을 준다는 이유에서였습니다. 아이들과 교회에서 생활하던 중 일하는데 도움이 안 되고 눈치가 보여 아이들을 시댁에 맡겨야겠다는 생각을 했습니다.

하지만 시어른들을 뵐 자신이 없어 아이들만 대문으로 밀어 넣은 채 도망 나와 같이 간 집사님 차를 타고 멀리 와서야 전화를 드렸습니다다. 아이들을 좀 부탁드린다고, 아버님 어머님밖에 믿을 분이 없어 이런다며 뵙고 가지 못해 죄송하다며 이럴 수밖에 없는 저를 이해해달라고 전화로 울면서 사정하고 우는 아이들을 뒤로한 채 교회로 와버렸습니다.

도저히 이해가 안 되는 행동이었습니다. 다리에 힘이 풀리고 내 마음이 내 마음이 아니었습니다. 시댁에도 모든 것이 알려졌고 저는 혼자서 남편, 시댁, 친정과의 전쟁을 해야 한다는 생각과 사명을 감당해야 한다는 압박감에 너무도 힘들었습니다. 오직 이 세상에 홀로 버려졌다는 생각에 '하나님' 제발 도와주셔서 이 상황에서 벗어나게만 해달라고 울면서 울면서 기도했습니다.

이래서는 죽을 것 같다는 생각이 들었습니다. 남편에게 전화했습니다. 미안하다고, 내가 잘못했다고, 집으로 갈 거니까 나 좀 데리러 오라고. 몸도 맘도 너무 아팠습니다. 남편이 아이들과 함께 교회로 데리러 왔고 저는 남편을 보는 순간 저도 모르게 도망하기 시작했습니다. 순간적으로 두려운 마음이 생겼던 것입니다. 신천지 신앙을 포기하지 않는 한 집으로 들어간다 한들 또다시 반복 될 것 같은 악몽 같은 나날들에 대한 두려움 때문이었습니다.

포항을 벗어나고 싶었던 저는 그 길로 서울로 가는 기차에 몸을 실었고 열흘 간의 방황이 시작되었습니다. 낮에는 여기저기 다니며 걷고, 걷고, 또 걷고, 밤에는 지친 몸을 이끌고 근처 찜질방에서 겨우 눈을 붙이며 거의 먹지도 못하면서 깊은 생각에 사로잡혔습니다. 핸드폰은 꺼놓고 그 누구의 전화도 받지 않았습니다. 간간이 아이들이 보고 싶으면 한 번씩 전화하고, 언니와 아버님께 살아있다고 걱정하지 마시라고 전화를 하는 정도였습니다. 그렇게 일주일쯤 지났을 때 저는 생각의 결론을 내리고 포항으로 돌아왔습니다.

"과연 신천지의 삶이 천국의 삶이 맞는 것일까. 진리를 위해 고난 받는 나는 그렇더라도 주위 사람들은 언제까지 참아야 하나. 각자의 열매와 사명 감당을 위해 사랑하고 싶어도 사랑할 수 없는 여유 없는 삶, 나는 어떻게 해야 할까. 포항을 떠나 다른 곳에서 신천지 생활을 한다 한들 똑같이 돌아가는 시스템은 거기서 거기일 테고, 그렇다고 바벨론인 기존 교회는 돌아가기가 정말 싫고….

생각과 고민 끝에 포항으로 돌아가 어떤 활동도 안하고 신천지 교회에서 예배만 드려야겠다는 결론을 내렸던 것입니다. 포항으로 돌아온 저의 모습은 너무도 처참하여 모두가 놀랐고, 열흘 동안 거의 물만 먹고 걷기만 해 말라버린 제 모습에 가족들이 너무도 마음 아파했습니다. 저는 가족들의 사랑 속에 병원과 시댁에서 몸을 추스르고 건강이 조금씩 회복되기 시작했습니다.

그 동안에 남편과 가족들은 저를 상담소에 보낼 것을 비밀리에 추진하였고 그 기간에 남편은 평생 하지 않던 설거지 및 집안 청소를 해 주었고 몇 년만에 우리 가족은 강원도로 여행을 하며 즐거운 시간을 보냈습니다. 저를 안심시켜 상담소로 데려오기 위한 남편의 노력이었고 그런 사실을 전혀 모르고 있었던 저는 저의 생각대로 주일날만 신천지에 가서 예배 드리고 곧장 집으로 돌아왔습니다.

그러던 중 어느 날 아침, 부천에 계신 남편의 작은 아버님이 갑자기 돌아가셨다고 급히 가야 한다는 말을 듣고 너무 놀라서 남편을 따라 나섰고 그길로 저는 상담소에 가게 되었습니다.

상담소에 온 저는 남편에게 핸드폰을 빼앗겨 신천지에 연락하려 해도 연락할 길이 없었습니다.

전도사님의 상담이 진행되었으나 저는 아무 대꾸도 하지 않았고, 숨 막힐 듯한 시간들이 지루하게 흘러갔습니다. 전도사님의 매서운 눈빛과 날카롭게 파고드는 신천지에 대한 반론들, 귀에 잘 들어오지도 않았습니다. 그때 신천지에 있다 돌아오셨다며 여 집사님 몇 분이 오셨지만 짜인 각본이라 생각해 처음에는 거북스러웠으나 점점 마음이 열리기 시작했습니다. 그때서야 제 눈에 보인 것이 있었습니다. 이상하게도 신천지에서 나오면 배도자이고 불행자가 되어야 하는데 나오신 분들이 너무나 평안해 보인다는 것이었습니다.

하루하루 저의 표정은 조금씩 밝아졌지만 그래도 배도자가 되면 안 된다고 귀에 딱지가 앉도록 들었던 터라 마음 문을 쉽게 열수가 없었습니다. 사실 처음 며칠간 신천지의 잘못된 것을 전도사님을 통해 듣기는 했으나 마음으로 와 닿지가 않았습니다. 신천지에 갈 때 실상을 중요시하여 간 것이 아니라 잘 짜인 퍼즐처럼 신기하게 맞아가는 말씀을 보고 갔기 때문에, 그리고 그것이 다 맞다고 생각했기에 신천지 신앙을 포기하기가 그렇게 힘들었던 것이었습니다.

그러나 복음으로 하나하나, 원어를 통해 여러 가지 해석된 성경을 제시하며 다른 각도에서 말씀을 풀어주시는 것을 들으면서 제가 생각하는 것이 틀릴 수도 있다는 생각을 하게 되었습니다. 계속 상담을 받던 중 계시록 20장을 풀어주실 때 무엇인가 중요한 것이 무너지는 듯한 마음이 들었습니다.

상담하고 2주 정도가 지났을 때쯤 남편에게 저는 어렵게 입을 열었습니다. 그리고 진심으로 이야기 했습니다. "하영 아빠, 나 신천지 안 갈게." 이 한마디에 남편은 너무 기뻐했고 곧바로 전도사님께 흥분하며 말했습니다. "이 사람 이제 신천지 안 간답니다." 그날 전도사님께서는 부대찌개를 사주셨고 남편과 저는 의정부 밤길을 산책하며 한참을 돌아다녔습니다.

얼마 후에 급하게 이사를 했습니다. 의정부에서의 길고 긴 겨울이 시작되었습니다. 회심을 하고 돌이킨 후에도 그 후유증은 한동안 저를 힘들게 했습니다. 철썩같이 믿고 있었던 것이 무너지는 순간에 오는 커다란 상실감, 그리고 혹시 만에 하나라도 그것이 맞으면 어떻게 하나 하는 불안감들 때문이었습니다.

하지만 시간이 지나고 제자들교회 공동체 생활을 하면서 조금씩 회복되는 저를 느낄 수 있었습니다. 그리고 신천지인들의 일인시위가 교회 앞에서 진행됐는데, 그것을 바라보는 저는 어떻게 말할 수 없는 미묘한 마음이 들었습니다. 신천지 밖에서 보는 신천지는 안에서 볼 때와는 차이가 있었던 것입니다.

제자들교회에서 예배드리는 것이 처음에는 낯설고 힘들었습니다. 하지만 동일한 아픔 속에서 회복되어 평안함 가운데 생활하고 계신 분들을 보면서 힘을 얻었고 회복되어 갔습니다.

주일날 말씀을 들으며 생각했습니다. 복음에 대해 잘 알고 신앙생활 했다고 생각했는데 기본마저 너무도 모르고 있었던 제 자신을 발견하고는 놀랍기도 하고 부끄럽기도 했습니다. 대단한 무엇인가가 되고자 했던 욕심과 모르면서도 안다고 생각했던 자만심, 감사에 메말라있던 제가 너무도 부족한 사람임을 깨달았습니다.

예수님께서 완성하신 완전한 복음에 대해 이제 다시는 흔들리지 않을 것입니다. 부족한 저를 향한 사랑과 가정을 지키고자 했던 남편의 절실함이 저를 여기에 있게 하였습니다.

그리고 꿈에서 깬 듯 두 아이를 바라보니 너무도 훌쩍 자라있었고, 그 긴 시간동안 나는 아이들에게 무엇을 해주었나 싶어 마음이 아팠습니다. 많은 시간 함께 하지 못하며 잘 챙겨주지 못해도 잘 자라 준 두 아이에게 너무도 미안하고 고마울 뿐입니다. 지나간 날들은 고통이었지만 그것으로 인해 더 겸손하게 남은 날들을 이제는 함께하며 작고 평범한 것에도 감사하며 그렇게 살고 싶습니다.